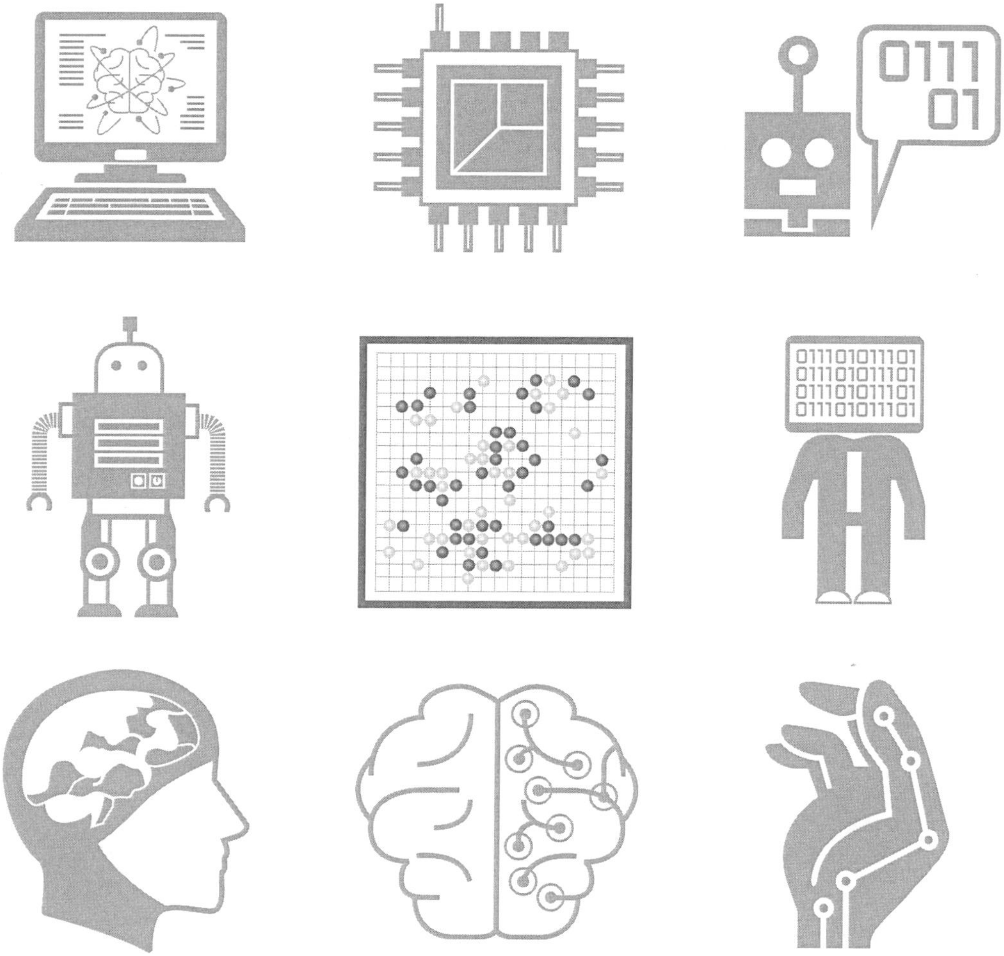

실용적인 예제를 통해 배우는 인공지능 입문서

체험 인공지능

Artificial Intelligence: A.I.

정기철 지음

홍릉과학출판사

서문

저자는 1994년 대학원 석사 과정 재학시절부터 인공 지능Artificial Intelligence: AI 관련 분야를 공부하고 있지만 아직도 인공 지능이라는 분야는 낯설다. 석사 과정을 하던 20년 전에는 많은 인공 지능 기술들이 지금처럼 일상 생활에서 실제로 활발하게 사용될 수 있으리라고는 상상할 수 없었다. 그냥 연구실에서의 연구, 실험실에서의 개발이라고 만 생각했었다. 그 당시에는 아직 일상 생활에 적용하기에는 인공 지능 기술의 수준이 미치지 못했었고, 컴퓨터 하드웨어와 소프트웨어 기술 또한 여전히 요구 수준을 충족시키지 못했기 때문이다. 그러나 지금은 스마트폰, 클라우드, IoT Internet of Things 등의 서비스 등장으로 지능적intelligent인 서비스에 대한 요구가 많아지고, 하드웨어와 네트워크 기술의 엄청난 발전, 그리고 그와 더불어 소프트웨어 기술이 발전함에 따라 인공 지능 기술의 보급이 점차 일상화되고 있다.▼

▼ 최근 엄청나게 발전하는 인공 지능 분야의 연구

이러한 영향으로 대학원 과정에서만 다루던 인공 지능 교과목이 요즘은 대학의 학부 과정에서도 개설하는 경우를 많이 볼 수 있다. 저자의 학과 또한 인공 지능 과목을 4학년 전공 과목으로 개설하고 있어서 강의를 해 본 경험이 있다. 그때 가장 힘들었던 점은 교재 선택이었다. 인공 지능 관련 교재는 대부분이 대학원 과정에서 사용하기에 적합한 수준/난이도의 교재들이라서, 학부 수준의 그리고 수학이나 컴퓨터 프로그래밍 경험이 많지 않은 학생들에게는 가르치는 사람도 배우는 사람도 쉽지 않은 일이었다.▼

▼ 학부 과정에서 사용할 수 있는 교재 필요

또는 대부분의 교재가 인공 지능의 이론적인 이야기에 집중하고 실제적인 문제를 다루지 않아서 입문자에게는 배움의 즐거움이 잘 느껴지지 않는 것 같다. 또 다른 이유는 인공 지능이라는 단어가 주는 어감 자체가 왠지 다가가기 힘든 느낌을 부여해서일 수도 있을 것이다. 아니면 인공 지능 관련 내용을 이론적으로 많이 배우더라도 "내가 지금 사용하고 있는 많은 기존 시스템에서 제공되는 '지능형 시스템'들이 실제로 어떻게 구현되었을까?"에 대한 답을 하기가 쉽지 않아서 일까? 현재 다양한 분야에서 다양한 종류의 인공 지능 기술이 사용되고 있고 서비스되고 있다. 본인이 배운 인공 지능 기술을 이용해서 유사한 시스템을 만들 수 있다면 배움의 즐거움이 커질 것이다. ▼

▼ 보다 구체적인 인공 지능 구현 경험

이런 생각을 바탕으로 인공 지능 관련 많은 기술들이 작지만 실제 활용될 수 있는 방안/분야에 대한 정보가 제공된다면 이러한 고민은 많이 없어질 것이라는 생각, 그것이 바로 이 책을 쓰게 된 계기가 되었다.

이 교재는 인공 지능의 전체적인 내용을 실용적인 예제와 함께 풀어보는 곳이다. 여기서 '실용적인 예제'라는 말은 "실제로 생활에서 사용 가능한 예제"라기 보다는 "내가 실제로 만들어 볼 수 있는 수준의 예제"라는 의미가 더 강한 의미로 사용한 용어이다. 즉, 작은 지능형 시스템이라고 할지라도 본인이 작성해서 만들어 볼 수 있는 내용을 다루어보려고 한다.이 책의 내용은 컴퓨터에 대한 이해가 어느 정도 있는 독자(컴퓨터를 전공으로 하는 대학 2~3학년 학생 또는 어느 정도의 컴퓨터 프로그래밍 경험이 있는 독자)를 대상으로 설정하였다.이런 독자들은 이 책에서 개념적으로 또는 서술식으로 설명된 특정 인공 지능 기술의 개념이나 알고리즘을 이해할 수 있을 것이다. 인공 지능 각 분야의 개념적인 내용을 이해하고, '자료 구조', '알고리즘', '프로그래밍 언어 실습' 등의 선수 지식이 있다면 한번씩 실제적으로 구현해보길 권한다.

이 책은 '인공 지능 입문서'이기 때문에 각 분야의 실제 구현 결과로써의 소스 코드source code를 제공하지는 않는다, 그러나 상세한 pseudo-code를 통한 알고리즘은 대부분 제공하려고 노력하였다. 따라서 컴퓨터 프로그래밍에 어느 정도의 경험이 있는 독자는 이 책을 바탕으로 해당하는 부분을 스스로 구현할 수 있을 것이고, 그렇지 않은 독자는 개념상으로 이해할 수 있기를 바란다. 또한 이러한 구체적인 구현 결과를 포함한 내용은 향후의 조금 더 심화된 교재에서 만나기를 바란다. ▼

▼ 본 교재와 관련된 최신의 정보는 다음과 사이트에서 제공한다.
https://sites.google.com/site/aiwithprogramming/

이 책에서는 각 주제의 서두에서 가능하면 직관적인 설명을 많이 하려고 노력하였다. 직관적인 설명 이후에, 이론적인 설명과 이를 예제를 통한 설명을 하고, 새로운 문제를 직접 해결해보는 순서로 기술하였다. 부디 이 책이 인공 지능을 처음 공부하려는 독자에게 긍정적인 생각을 심어줄 수 있는 책이 되기를 바란다.

2016년 봄 상도골의 숭실에서

목차

Chapter 3 전문가 시스템(Expert Systems): 인공 지능 언어(Prolog)를 이용한 추론 시스템

Chapter 4 탐색(Search)

Chapter 6 클러스터링(Clustering) 알고리즘

Chapter 7 패턴 인식(Pattern Recognition)

1

CHAPTER

인공 지능(Artificial Intelligence: AI) 개론

지금부터 시작되는 1장에서는 인공 지능Artificial Intelligence: AI 전반에 걸친 이야기를 하려고 한다. 인공 지능이 무엇인지? 인공 지능 분야가 왜 중요한지? 이런 이야기를 해보자.

2010년대 중반인 지금 IT업계 전체가 인공 지능 연구로 들썩이고 있다. 지금 최고의 IT기업이라고 하는 구글, 애플, 삼성, 마이크로소프트, 아마존, 페이스북, 트위터 등의 기업들은 경쟁적으로 인공 지능 관련 연구와, 관련 회사 인수 등을 통해서 다양한 AI 서비스들을 경쟁적으로 출시하고 있다. 페이스북에 업로드 된 사진의 얼굴 자동 인식 및 태깅, 구글의 이메일 필터링 또는 이메일 내용과 스케쥴러의 동기화, 마이크로소프트와 아마존 등의 기업에서 제공하는 인공 지능 엔진 등, 가히 인공 지능의 전성시대라고 해도 모자람이 없을 정도이다.

이 책의 1장에서는 먼저 인공 지능의 전반적인 면을 한 번 살펴보고 넘어가자. 우리가 지금 궁금해하는 인공 지능을 이야기하기 전에 근본적으로 지능intelligence이 무엇인지, 그리고 인공적artificial이라는 말이 무슨 의미인지, 인공 지능이라는 연구 분야가 궁극적으로 추구하는 목적이 무엇인지 등에 관한 이야기로 풀어가자.

음성 인식, 얼굴 인식, 자율 주행 자동차, 게임, 금융, 유통, 의학…… 너무나도 많은 AI 응용 분야가 있고, 이제 AI 분야가 IT 연구 분야의 마지막 남은 분야인 것처럼 거의 모든 회사들이 이 연구 분야로 뛰어들고 있다(실제로 저자도 AI가 마지막 남은 대규모 IT 분야라고 생각하고 있다). 그런 반면에 많은 AI 연구/개발이 진행되는 긍정적인 측면 이외에도 향후의 AI의 부작용에 대한 경고도 많이 제기 되고 있는 상황이다. 이는 산업 혁명으로 기계가 인간의 노동력을 대체하는 과정에서 제기되었던 우려와 유사하게, 로봇의 등장으로 인해서 조금 더 고도화된 인간의 노동 분야가 위협받는다는 부작용을 고민하는 것이다.

이제까지 많은 소설이나 공상 과학 영화 등에서 사람처럼 동작하는 로봇을 볼 수 있었다. 이제는 그러한 영화 속의 내용이 곧 실체화 될 것 같은 생각이 든다. 지금 부터는 인공 지능을 구현하는 것이 얼마나 어려운 일일까? 도대체 인간이 가진 지능이라는 것이 무엇이고 또 어떻게 동작하는 것일까? 인공적인 지능, 즉 인공 지능이 무엇이고 얼마나 어렵거나 복잡한 것일까? 도대체 인공 지능이라는 학문은 무슨 내용을 다루는 학문일까? 이에 대한 고민을 차근 차근 풀어가 보자.

수학에서의 방정식 풀이

첫 장에서는 인공 지능의 개념을 이해하기 위해서 수학의 ▼'방정식 풀이' 문제로 시작해보자. 인공 지능의 개괄을 이야기하려는 단계에서, 뜬금없이 수학에서의 방정식 풀이라는 문제를 왜 꺼내는 걸까? 그 이유는 우리가 접할 수 있는 인간의 지능을 이용한 문제 풀이 중 간단한 예가 무엇일까라는 생각에서 출발해서, 방정식 풀이라는 간단한 예를 통해서 지능이 무엇인지, 또 인공 지능이 무엇인지에 대한 고민을 열어보려고 하는 것이다.

▼방정식(equation): 식에 있는 미지수(未知數)의 값에 따라 참이나 거짓이 결정되는 식

그럼 다음과 같은 방정식을 한번 살펴보자.

$$3x^2 + 7x + 2 = 0$$

위의 방정식은 미지수 x에 대한 ▼2차 방정식이다. 이 미지수 x의 값에 따라서 위의 등식이 참이 되기도 하고 거짓이 되기도 하는 위와 같은 식을 방정식이라고 한다.

▼2차: 2차라는 말은 미지수가 2개 곱해진 식이라는 말이다. x^2이니까 $x*x$, 즉 x가 2개 곱해진 식이다.

인간은 위와 같은 방정식의 해를 구하기 위해서 다양한 방법을 사용한다. 먼저 '근의 공식'을 이용한 풀이 방법과 '인수 분해'를 이용한 풀이 방법을 소개하고, 컴퓨터를 이용해서 풀 수 있는 방법이 무엇이 있을지 살펴보기로 하자. 그리고 이를 통해서 인공 지능(컴퓨터를 이용한 문제 풀이)의 필요 조건에 대해서 자연스럽게 고민해보자.▼

▼방정식을 풀이 방법 중 근의 공식과 인수 분해를 이용한 방법을 살펴보자.

근의 공식 사용하기

중·고등학교를 다니면서 2차 방정식의 근roots(해solutions)의 공식quadratic formula을 배웠을 것이다. 다음과 같은 형식의 2차 방정식에 대한 근의 공식은 다음과 같다.

$$ax^2 + bx + c = 0$$(a, b, c는 상수, a는 0이 아님)▼

$$x = \frac{-b \pm \sqrt{b^2 - 4ac}}{2a}$$ ▼

▼a가 0이 되면 더 이상 2차 방정식이 아니게 된다.

▼물론 2차 방정식의 근의 공식이 이와 같은 하나의 종류만 있는 것은 아니다.

즉, 다음과 같은 2차 방정식은 근의 공식을 이용해서 해를 구할 수 있다.

$$3x^2 + 7x + 2 = 0$$

$$x_1 = \frac{-7 + \sqrt{7^2 - 4 \times 3 \times 2}}{2 \times 3} = \frac{-7 + \sqrt{49 - 24}}{6} = -\frac{2}{6} = -\frac{1}{3}$$

$$x_2 = \frac{-7 - \sqrt{7^2 - 4 \times 3 \times 2}}{2 \times 3} = \frac{-7 - \sqrt{49 - 24}}{6} = -\frac{12}{6} = -2$$

3차 방정식 이상의 식인 경우는?

3차 방정식, 4차 방정식까지는 근의 공식이 존재하고, 5차 방정식 이상의 경우는 특수한 형태의 방정식은 근의 공식을 가지고 있지만 일반적인 경우를 해결할 수 있는 근의 공식은 존재하지 않는다라고 증명되었다.

"일반적인 5차 이상의 방정식을 대수적으로 푸는 것은 불가능하다. 즉, 일반적인 5차 이상의 방정식에 대하여 그 근을 계수들의 사칙연산과 거듭제곱이라는 연산을 유한(有限)번 시행하는 식으로 나타내는 공식은 존재하지 않는다." –수학자 Abel(1802~1829)

이러한 경우는 어떻게 근을 구할 수 있을까? 보통 수치 해석numerical analysis 분야에서는 근사값으로 수렴해가는 일련의 반복적인 과정을 거치면서 해를 찾아가는 방법을 사용한다.

인수 분해 하기

방정식의 해를 구하는 다른 방법은 어떤 것이 있을까? 중·고등학교 과정에서 배운 수학을 잠깐 더듬어 보자. 여기서는 인수 분해(因數 分解)factorization라는 것을 이야기하려고 한다. 이를 위해서 '인수'가 무엇인지부터 한 번 되돌아보자.

인수(因數)factor, 또는 약수 라고도 하는데, '어떤 수를 인수 분해한다'는 것은 '해당하는 수를 다른 수(인수)들의 곱으로 표현'하는 것을 말한다. 예를 들어, 8 = 2 × 4라고 표현할 때, 8을 2와 4로 인수 분해했다고 할 수 있다. 즉, 인수분해란 특정 수를 인수들의 곱으로 표현하는 것을 말한다.▼

▼인수와 약수는 동일한 것인데, 약수는 나눗셈을 기준으로 생각하고, 인수는 곱셈을 기준으로 생각한다는 차이점이 있다.

인수분해, 즉 factorization은 숫자에만 적용되는 것은 아니다, 다항식도 인수 분해할 수 있다. 예를 들어 숫자 15는 3×5로 인수분해factorization되고, 다항식 x^2-1은 $(x-1)\times(x+1)$로, 다항식 x^2+2x+1은 $(x+1)\times(x+1)$으로 인수분해될 수 있다. 다시 본론으로 돌아와서, 방정식의 해를 구하기 위해서 우리가 실제로 사용하는 방법 중의 하나가 인수 분해factorization이다.

다음 수식은 인수 분해를 거쳐 다음과 같은 식으로 변경한다.

$$3x^2 + 7x + 2 = (3x+1)(x+2) = 0$$

이렇게 인수분해를 하면, 위의 등식을 만족하는 경우는 $x = -\frac{1}{3}$ 또는 -2라는 것을 쉽게 알 수 있다.▼

당연히 근의 공식을 사용한 결과와 인수 분해를 사용한 결과는 동일하며, 인수 분해에 비해서 근의 공식을 이용하는 방법은 식에 해당하는 숫자를 대입하는 방식으로 컴퓨터 프로그래밍을 통해서 비교적 단순하게 구현할 수 있다.▼

▼방정식 풀이에서 식을 인수분해한 결과식이 0을 이루는 경우는, 식의 각 '인수'들이 0이 되는 경우이다. 즉, 두 식을 곱셈해서 0이 나오는 경우는 두 식 중 일부(또는 전부)가 0이 되는 경우이기 때문이다.

▼이러한 인수 분해 과정은 인간이 가지고 있는 '직관'이라는 능력이 발휘되는 순간이다.

숫자만 인수 분해?

인수분해, 즉 factorization은 숫자에만 적용되는 것은 아니다. 다항식 또는 행렬 등의 보다 추상적인 형태에도 적용되고 있는 중요한 개념이다. 즉, 다음과 같은 다양한 인수 분해가 가능하다.

- 수의 인수 분해
- 다항식의 인수 분해
- 행렬의 인수 분해

수의 인수 분해: 숫자 15는 3×5로 인수 분해factorization 되고,
다항식의 인수 분해: x^2+2x+1는 $(x+1)\times(x+1)$로 인수 분해되고,
행렬matrix의 인수 분해: 다음 예제는 LU decomposition이라고 해서, 하나의 행렬을 Lower Triangular matrix와 Upper triangular matrix로 분할한 결과이다.▼

$$\begin{bmatrix} 4 & 3 \\ 6 & 3 \end{bmatrix} = \begin{bmatrix} 1 & 0 \\ 1.5 & 1 \end{bmatrix} \times \begin{bmatrix} 4 & 3 \\ 0 & -1.5 \end{bmatrix}$$

와 같이 인수분해factorization라는 개념이 아주 많은 곳에서 사용된다. 즉, 숫자의 인수 분해, 수식의 인수분해, 행렬의 인수분해matrix decomposition 등으로 확장해서 설명할 수 있는데, 마지막의 matrix decomposition은 인공 지능 등의 분야에서 많이 사용되는 기법이다.

▼LU Decomposition: 선형대수(Linear Algebra) 등의 분야에서 아주 중요한 개념이다. http://en.wikipedia.org/wiki/LU_decomposition

행렬의 인수분해를 이해하려면 행렬의 곱을 알아야 한다.

소인수 분해

인수 분해를 이야기한 김에 '소인수 분해(素因數分解)factorization in prime factors'가 무엇인지도 덤으로 한번 살펴보자.

인수 중에서 '소인수'라는 것은 '소수prime numbers로 구성된 인수'를 의미한다. 소수는 1과 자신으로만 나누어지는 수를 말한다. 즉, 인수 분해 중에서도 소인수 분해란 소수를 인수로 하는 분해 과정을 말한다(예: 15=3×5).

그러니까, 소인수 분해란 어떤 수를 소수들의 곱으로 표현하는 것을 의미한다. 이러한 소인수 분해의 결과는 인수(약수)들의 순서를 무시한다면 언제나 하나의 결과를 가진다는 의미에서 중요하다. 그냥 인수 분해는 다음과 같이 다양한 결과를 가질 수 있기 때문이다.

$$12 = 1\times 12 = 2\times 6 = 3\times 4$$

그러나 12를 소인수 분해하면 다음과 같다.

$$12 = 2 \times 2 \times 3$$▼

▼
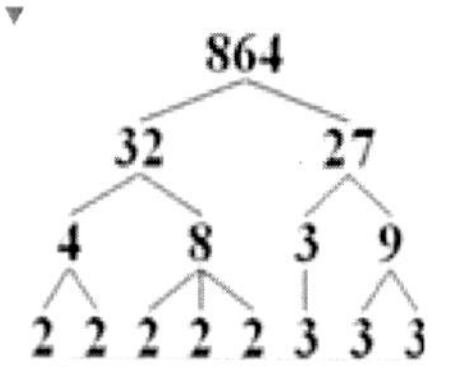

숫자 864의 소인수 분해과정

그럼, 이러한 소인수 분해를 왜 할까? 화학 시간에 자주 이야기하는 원자와 비슷한 개념이다. 예를 들어, 물 분자(H_2O)는 수소 원자와 산소 원자로 이루어져 있는데, 이처럼 특정 화합물이 어떤 원자들의 결합으로 이루어졌는지를 알 수 있다면, 그 화합물의 특성도 각 원자들의 특성으로부터 유추할 수 있기 때문이다.

물질의 구성 입자에 대한 인간의 호기심이 원자를 발견한 당시, 원자가 더 작은 단위로 쪼개지는지 아닌지 궁금해하는 상황이 있었다(물론 지금은 다 밝혀진 사실이지만…). 수학에서도 곱셈 연산에 의해서 더 이상 쪼개지지 않는 수가 소수이다. 따라서 소인수 분해는 분자를 이루는 원자와 비유해서 설명할 수 있다는 것이다. 이러한 소인수 분해는 공배수를 찾거나 약분, 암호학 등에 아주 중요한 개념이다.

인공 지능적인 문제 해결이란?

지금까지는 수학에서 배웠던 방정식 풀이 방법을 이야기하였다. 이제 컴퓨터를 이용한 방정식 풀이 방법을 이야기해보자. 인공 지능이라는 것이 기본적으로 컴퓨터를 이용한 문제 풀이를 의미하는 것이기 때문에(문제는 그때 그때 달라지겠지만…), 지금부터는 위에서 이야기한 방정식 풀이 방법과 비교하여 컴퓨터를 이용한 방정식 풀이 방법이 어떤 것이 있을 수 있는지 생각해보자.

1. 근의 공식 이용

   컴퓨터를 이용한 방법으로는 가장 단순한 방법으로는 근의 공식을 사용하는 방법을 생각할 수 있다. 즉, 근의 공식을 그대로 컴퓨터 프로그래밍 언어로 구현하는 방식이다. 2차 방정식의 근의 공식은 다음과 같이 적을 수 있다. 물론 실제로는 2차 방정식이 하나의 근multiple roots(重根)을 가지는 경우도 있고, 근이 존재하지 않는 경우도 있어서 예외 조건을 고려해야 하지만, 이 교재에서는 2개의 근을 가지는 경우 만을 고려해서 설명하고 있다.

   2차 방정식의 근의 공식을 식으로 써보면 다음과 같다.

   root_1 = (−b+sqrt(b×b − 4×a×c)) / (2×a);
   root_2 = (−b−sqrt(b×b − 4×a×c)) / (2×a);

   다음 예는 $x^2-2x-3 = 0$의 해를 C언어를 이용하여 근의 공식을 프로그래밍 한 예제이다.

```
#include <stdio.h>
#include <math.h>

int main(void) {
     double a = 1;
     double b = -2;
     double c = -3;

     double root1= (-b + sqrt(b*b - 4*a*c)) / (2*a);
     double root2= (-b - sqrt(b*b - 4*a*c)) / (2*a);

     printf("Root 1 : %f\n", root1);
     printf("Root 2 : %f\n", root2);

     return 0;
}
```

컴퓨터 프로그래밍에 익숙한 사람은 자신이 사용하는 컴파일러를 사용하여 확인을 해보자. 프로그래밍에 익숙하지 않은 사람은 컴퓨터에 별도의 컴파일러를 설치하지 않고, 웹 컴파일러web compiler를 사용하면 된다.

http://www.ideone.com에서 다음과 같이 입력하고 실행 결과를 확인할 수 있다.▼

▼ 간단한 검색으로 다양한 웹 컴파일러를 찾을 수 있다. 이 외에도 http://codepad.org/ 등의 많은 웹 컴파일러가 있다.

```
#include <stdio.h>
#include <math.h>

int main(void) {
    double a = 1;
    double b = -2;
    double c = -3;

    double root1= (-b + sqrt(b*b - 4*a*c)) / (2*a);
    double root2= (-b - sqrt(b*b - 4*a*c)) / (2*a);

    printf("Root 1 : %f\n", root1);
    printf("Root 2 : %f\n", root2);

    return 0;
}
```

C ▲ | stdin | more options | Run

Success comments (0)

stdin copy

```
Standard input is empty
```

stdout copy

```
Root 1 : 3.000000
Root 2 : -1.000000
```

실제로 이렇게 하면 2차 방정식의 해를 구할 수 있다. 그러나 이러한 방법이 지능적intelligent이라고 하기에는 뭔가 부족해 보인다. 왜 그럴까? 이러한 방법은 지능적이라고 보기 보다는 단순한 계산computation이라고 하는 것이 적당할 듯하다. 이런 방식을 "인공 지능"이라고 할 수 있느냐는 것이 문제인 셈인데, 이는 궁극적으로 우리가 "무엇을 지능이라고 할 수 있는가?"라는 문제와 동일한 문제이다. 이 문제는 이 교재에서 계속적으로 언급되는 문제이기도 하다.

2. Generate and Test

Generate and Test 방법은 가능한 해promising candidates를 모두 직접 검사해 보는 방법인데, 해가 존재할 가능성이 있는 영역을 대략적으로 알고 있는 경우에 가능한 방법이다.▼

▼찍기: 시험 문제를 풀 때, 특히 '4지 선다형'과 같은 객관식의 수학 문제는 찍기를 통해서 문제를 풀어본 경험들이 있을 것이다. 이와 유사하다.

다음 방정식을 만족하는 미지수 x의 값을 구하기 위해서는, 그림과 같이 $-\infty$에서 $+\infty$ 사이(worst case인 경우로써 해의 대략적인 위치를 알 수 없는 경우는 모든 가능한 후보를 다 확인해야 한다)의 모든 수를 식에 대입해서 등호가 만족하는 수를 구하면 된다. 물론 컴퓨터는 아주 빠르다는 가정하에.

$$3x^2 + 7x + 2 = 0$$

이를 위해서 가장 직관적인 방법은 위의 방정식을 $y = 3x^2 + 7x + 2$ 형식의 ▼함수로 표현하고 이를 그래프로 그리는 방법일 것이다. 원래의 방정식 $3x^2 + 7x + 2 = 0$을 만족하는 값 x는 그래프가 X축과 만나는 교점의 x 값을 의미한다. 따라서 다음 그래프를 보면 위의 방정식을 만족하는 해solution는 대략 -2 근처와 -0.4 ▼근처라고 짐작할 수 있다.

▼함수(function): 집합 간의 대응 관계를 나타내는 식. 이 예제는 x 값과 y 값 사이의 관계를 나타내는 함수이다. 즉, x 값에 해당하는 y값을 표현한 함수이며 좌측의 그림은 이 함수를 그래프로 나타낸 것이다.

▼왜 근처라고 말을했을까? 여기서 문제를 한번 내보자.
- 1에서 10 사이의 정수의 개수는? → 10개
- 1에서 10사이의 실수의 개수는? → 무한개

즉, 무한개의 후보를 모두 검사할 수는 없기 때문에 근사값을 구할 수밖에 없다.

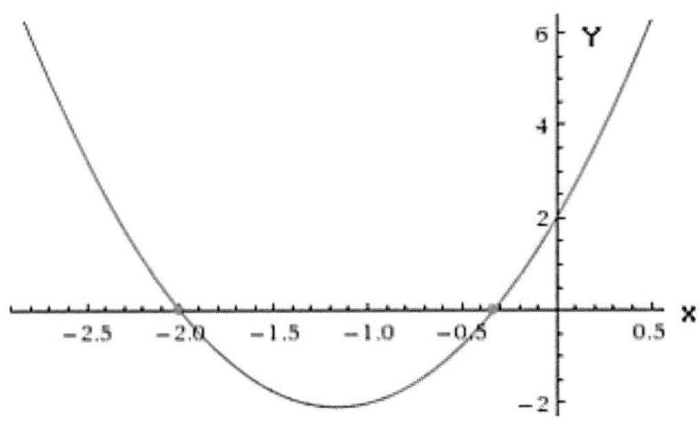

〈 $y = 3x^2 + 7x + 2$ 그래프 〉

위와 같은 그래프를 어떻게 그리는가 하는 문제는 별도로 생각하자. 기본적인 원리는 가능한 모든 x값에 대해서 해당하는 y값을 구해서 (x, y) 위치에 점을 찍으면 된다.▼ 이 그림을 보여주는 이유는 이 방정식의 해를 개략적으로 눈으로 확인해보기 위해서다. 식을 입력 받아서 그래프로 그려주는 웹 사이트는 많다.

- http://www.wolframalpha.com에서 y = $3x^2 + 7x$ + 2를 입력해보자(x^2과 같이 지수 승을 입력할 때는 x^2라고 입력하면 된다).
- http://www.google.com에서 입력해도 결과를 확인할 수 있다.

▼프로그래밍 경험이 있는 독자는 실제로 이를 프로그래밍 해보면 좋겠다. 물론 본인이 지금 사용하는 프로그래밍 환경이 그래픽 출력이 가능한지에 따라서 다르기는 하지만, 텍스트 모드에서도 충분히 해 볼 수 있을 것이다.

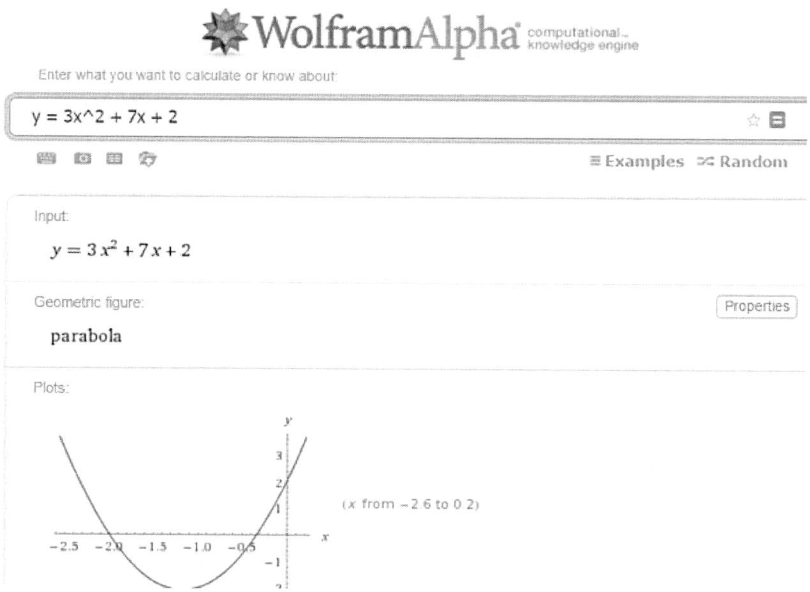

일면 무식하고 무모해 보이는 방법이기는 하지만 컴퓨터의 빠른 연산 속도를 이용한 이러한 방법은 실제의 문제에 많이 적용되기도 한다.▼

너무 쉽게 풀리는 것 같은데 정말 이렇게 하면 풀릴까? 문제점은 없을까? 이런 생각을 하는 분야가 바로 인공 지능이다. 실제로 인공 지능 등의 분야에서는 brute-force라는 이름으로 이런 식의 기법을 사용하기도 한다. 이 경우와 같이 해의 위치를 모른다면 모든 부분을 검색하고, 해의 대략적인 위치를 미리 안다면 해당하는 부분의 모든 가능한 해에 대하여 검색하면 된다.▼

그럼 이러한 방법은 지능적이라고 할 수 있을까? 아직 물음표이다. 그럼 도대체 인공 지능이란 무엇일까?

▼이러한 방법은 trial and error, brute-force search, exhaustive search, generate and test, guess and check등 여러 다양한 이름으로 불린다. 실제로 인공 지능 분야에서는 randomized algorithm이라고 통칭하여 이와 유사한 방법을 많이, 아주 많이 활용한다.

▼이와 관련된 교과목으로는 '수치해석(Numerical Analysis)'이라는 것이 있다.

AI는 무엇인가?

앞에서 인공 지능이라는 것이 무엇인지를 알기 위해서 간단한 방정식 풀이 문제를 예로 들어 이야기하였다. 위에서 나열한 방법이 인공 지능인 것 같지 않다면 도대체 어떤 방법이 인공 지능적일까? 어떤 특성을 가진 컴퓨터(또는 소프트웨어)가 인공 지능적인 것일까? 우리의 고민은 바로 이것이다.

이제 인공 지능이 무엇인지 본격적으로 이야기해보자. 인공 지능이라고 하면 어떤 것이 먼저 떠오르는가? 다음과 같은 휴머노이드 로봇이나 자율 주행 자동차, 공상 과학 영화에서 많이 소개되고 있고 실제로 요즘은 많은 곳에서 볼 수 있는 로봇 등의 분야의 연구/개발 뉴스들이 떠오를 것이다.

혹은 아래 그림의 스마트폰의 음성 인식 기능은 마이크를 통해 입력된 음성을 인식하고, 이를 명령어 인식 과정에 사용하거나 다른 언어로 번역해주는 소프트웨어 등에 활용되는데, 최근에는 정확성이 많이 향상되어서 실제 스마트폰에서 많이 사용되고 있다.

다음 그림은 세계 체스 챔피언이었던 러시아의 Garry Kasparov와 IBM의 Deep Blue 컴퓨터와의 1997년도 체스 대결 장면이다. 체스나 바둑과 같은 게임은 인공 지능이 해결하고자 하는 분야 중의 중요한 테마이다.▼

▼Deep Blue는 IBM이 만든 체스를 두는 컴퓨터이다. 1997년도에 당시 세계 챔피언인 Garry Kasparov를 이겼다.

현재는 바둑 게임의 인공 지능은 아직 인간을 따라오기가 어려운 수준이라고 판단하는 상황이지만, 체스와 같은 종류의 게임에서는 컴퓨터가 인간을 능가하고 있다. 1997년에는 당시의 수퍼 컴퓨터를 이용하여 체스 인공 지능을 만들었지만 요즘은 일반적인 PC에서도 프로 체스 기사를 상대하는 수준이다.▼

▼ 체스에 비해서 훨씬 어려운 문제라고 평가받는 바둑 인공 지능도 최근에는 비약적으로 발전하고 있다. 19×19 크기의 바둑판에서도 프로 기사에 근접하는 실력을 보이고 있고, 9×9 크기의 작은 바둑판에서는 이미 인간을 이기고 있다.
2016년 3월 현재 한국의 이세돌 9단과 Google의 AlphaGo와의 대국이 이루어지고 있고, 바둑 또한 인공 지능이 상당한 수준으로 올라와있다.

이제까지 인공 지능 기술이 사용되는 몇 개의 분야에 대해 이야기하였지만 여전히 인공 지능이 무엇인지를 규정하는 것은 쉽지 않다. 이 말은 우리가 '지능'이 무엇인지를 잘 모른다는 말이기도 한다. 인간의 지능을 어떻게 규정하고, 지능이 어떻게 작동(기능)하는 지를 안다면 인공 지능을 규정하기 조금 더 편하겠지만, 아직 인류는 우리 자신의 지능이 어떻게 구성되고 또 어떻게 발현되는지 구체적으로 알고 있지 못하다.▼

▼ 인류가 아직 미지의 영역으로 남겨 놓은 분야: 뇌, 우주, 깊은 바다속

이와 같은 상황에서 인공 지능이 무엇인지를 규정하기 조금 편한 방법으로 인공 지능을 다음과 같이 '강한 인공 지능strong AI'과 '약한 인공 지능weak AI'으로 나누어 설명하기도 한다.

- 강한 인공 지능strong AI: 인간이 수행하는 지능적인 일을 인간과 유사한 방법으로 수행할 수 있는 자동화된 시스템. 즉, 우리가 지능이라고 생각하는 그런 행위를 컴퓨터 등을 통해서 동일한(또는 유사한) 방법으로 구현하는 것을 목적으로 한다. 즉, 동일한 일을 인간과 동일한 방법으로 수행한다는 것이 중요한 점이다.
- 약한 인공 지능weak AI: 특정한 인간의 행위의 결과를 모방하는 것을 목표로 한다. 즉, 약한 인공 지능은 인간이 행하는 방식과는 다른 방법이라고 하더라도 동일한 결과를 구현하는 것을 의미한다.

강한 AI와 약한 AI를 비행기에 비유해서 설명해보자. '강한 인공 지능'은 새가 나는 방식과 동일한 방식으로 나는 비행기를 구현하는 분야라고 할 수 있다. 비행기가 개발되기 전에는 새의 날개 모양으로 나는 방법을 시도했었다. '약한 인공 지능'이라는 것을 다른 방법으로 설명하면, 보통의 비행기는 새가 나는 방식과 다른 방식(프로펠러나 제트 엔진을 이용해서)으로 날지만 새와 동일한 기능인 '날기fly'를 수행한다. 이러한 방법을 약한 인공 지능이라고 한다. 즉, 약한 인공 지능이란 무엇을 해야 한다는 '공학적'인 관점에서 인공 지능을 '기술'로써 정의하는 관점이라고 할 수 있다.▼

▼ 단순하게 설명하면 강한 인공 지능은 '과정'을 중시하며, 약한 인공 지능은 '결과'를 중시하는 관점이라고 할 수 있다.

인공 지능. 2016년인 지금 인공 지능은 대 변혁을 겪고 있다. 무인 자동차의 시험 주행에서 평균적인 인간의 사고 발생률보다 훨씬 낮은 비율을 보이고 있고, 많은 분야에서 인간의 시청각 능력을 뛰어넘는 능력을 보이는 시스템이 등장하고 있다. 이런 면에서는 어쩌면 '지능의 유무'보다 '인류의 행복에 도움'되는 시스템인지를 점검할 수 있는 방법을 찾아야 하지 않을까?

AI의 역사

역사를 공부함으로써 해당 분야의 현재를 이해할 수 있고, 또한 이를 바탕으로 미래를 예견할 수 있다고 믿는다. 여기서 인공 지능의 역사를 이야기하고자 하는 이유도 동일하다. 이러한 의도를 바탕으로 과거의 세세한 사항에 너무 집중하지 말고 인공 지능 역사의 큰 줄기를 탐험해보자.

인공 지능의 역사를 시작에서부터 3 단계로 나누어서 기술해보자. 이러한 구분은 명확한 기준을 가지고 한 것은 아니라, 다만 인공 지능 연구의 흥망성쇠를 이야기하기 위한 구분이다.

AI의 시작(1940년대 ~ 1950년대)

일반적으로 AI로 인식되는 최초의 연구는 Warren McCulloch와 Walter Pitts (1943)의 논문 "A Logical Calculus of the Ideas Immanent in Nervous Activity"로 간주된다. 이 논문은 어떤 계산 가능한 함수도 인공 뉴런의 네트워크로 계산할 수 있으며, 또한 적절하게 정의된 네트워크의 학습learning 가능성에 대한 논문이다. 이 논문의 제목을 번역하면 "신경 활동에 내재적인 생각들의 논리 연산"쯤 될 것이다. 그런데 놀라운 점은 인공 지능과 관련된 연구가 전자식 컴퓨터가 만들어짐과 거의 동시에 연구되어 왔다는 점이다. 최초의 전자식 컴퓨터는 Atanasoff–Berry Computer(ABC)라는 컴퓨터가 1941년에, ENIAC이라는 컴퓨터가 1946년에 만들어졌다. 놀랍게도 인간이 자동 계산을 시작함과 동시에 인간의 두뇌 활동을 모방하려고 했다는 점이다.

그 이후로도 꾸준하게 인공 지능 관련 연구가 진행되었는데, 이 시기에 튜링 테스트Turing Test, 기계 학습Machine Learning, 유전 알고리즘Genetic Algorithm, 강화 학습Reinforcement learning 등이 소개되었다. Marvin Minsky와 Dean Edmonds는 1951년에 최초의 신경망 컴퓨터를 만들었다. John McCarthy는 1956년에 ▼오토마타Automata 이론, 신경망Neural Network, 지능Intelligence에 대한 연구 워크샵에서 위와 같은 연구 분야를 인공 지능artificial intelligence이라고 명명한 것이 인공 지능이라는 단

▼ 오토마타: 추상적인 컴퓨팅 기계와 그 기계가 풀 수 있는 문제들을 연구하는 컴퓨터 과학의 한 분야.

어의 시초이다.

AI 초창기의 기대 및 좌절 (1960년대 ~ 1980년대 초)

AI 의 초창기에는, 현재의 컴퓨터와 비교하였을 때는 원시적이라고 할 수 있는 그 당시의 컴퓨터를 이용해서 제한된 문제이긴 하지만 성공적으로 지능적인 문제를 풀이하는 예를 보임으로써 많은 사람들을 놀라게 했었다. John McCarthy는 인공 지능 분야에서의 이러한 시기를 "▼Look, Ma, no hands !" 시대라고 불렀다.

▼ 이 말의 원래의 뜻은 어린이가 자전거 핸들에서 손을 뗀 상태에서 자전거를 타는 흥분된 상태를 나타내는 말이다. 즉 인공 지능 연구의 흥분된 긍정적 전망을 의미한다.

이러한 성공 경험을 바탕으로 AI 연구의 초창기에는 AI의 미래를 아주 긍정적으로 예측하였었다. 한 예로, 1957년에 "가까운 미래"에 컴퓨터가 체스 챔피언이 되고 중요한 수학 정리가 기계에 의해 증명될 것이라고 하였지만, 이러한 예상은 40년 이상이 지나서, 겨우 1997년에 Deep Blue가 체스 챔피언을 이기는 사건으로 실현되었었다. 그 당시의 이러한 생각들은 지나친 낙관이었던 것이었다. 그 당시의 AI 시스템의 거의 모든 경우에 있어서 초기의 시스템들은 조금 더 일반화된 문제 풀이에는 실패하게 되는데, 그 이유로는 당시 컴퓨터가 성능이 좋지 못했다는 점과 인공 지능의 모델로 삼았던 '인간의 뇌'에 대해서 우리가 알고 있는 것이 그다지 별로 없었다는 점을 들 수 있다. 즉, 사람이 생각하는 구조를 모방하여 인공 지능을 만들려고 했지만, 정작 사람이 어떻게 생각하고 추론하고 반응하는 지는 몰랐던 것이다.

초창기의 인공 지능 연구를 이끌었던 인공 신경망 관련 연구는, 그 당시 많이 사용하던 인공 신경망의 하나인 ▼Perceptron의 한계가 1960년대에 Minsky와 Papert에 의해 제기되면서 한때 침체기를 겪기도 한다. 이러한 이유로 인공 지능은 초창기의 인기가 차츰 줄어들고, 결국 오랜 침체기AI winter에 빠져든다.

▼ 인공 신경망의 초기에 제안된 모델이다. 이 책의 중반부에 자세하게 다루어보자.

AI의 부흥(1980년대 ~ 현재까지)

1980년대 중반에 다층 신경망Multi-layer Perceptron의 학습 알고리즘인 역전파back-propagation 알고리즘이 연구되면서 신경망 연구의 큰 반향을 일으키게 된다. 이와 같이 1980년대에 Perceptron의 문제점 해결, 인공 신경망을 지원하는 하드웨어의 성능 발전, 순차 처리보다는 병렬 정보 처리에 대한 연구의 진척 등으로 인하여 점점 많은 연구가 진행되게 되었다.

또한 최근에 들어서 인터넷과 SNS 등의 보급으로 인해서 대용량의 데이터를 처리할 필요가 생기게 되고, 일상 생활에서 지능적인 서비스의 요구가 늘어남에 따라 점점 AI 연구에 대한 필요성과 실전 응용 분야에서의 성공으로 인하여 다시 활기를 띄게 되었다. 지금은 Google, Facebook, Amazon 등 대형 IT회사들은 인공 지능 연구에 집중을 하고 있다. 최근의 big data, data scientist, robot 등의 연구는 모두 인공 지능 관련 연구 또는 사업들이라고 할 수 있다.▼

▼향후 10년 동안의 인공 지능 기술의 발전이 우리의 생활을 어떻게 바꿀 수 있을지 예측해보자. 그리고 그 근거는 무엇인가?

튜링 테스트(Turing Test)

인공 지능이 무엇인지를 정의하기 위해서 인간의 행위를 '행동'과 '생각'으로 나누어보자. 또한 이를 각각 '인간처럼'과 '이성적'으로 나누어보자.▼

- 인간 처럼(또는 이성적으로) 생각하기
- 인간 처럼(또는 이성적으로) 행동하기

앞에서 인공 지능이 무엇인지 구체적으로 정의하기 힘들다고 했듯이 위의 문제는 답을 내리기 쉽지 않다. 그래서 지능의 유무를 정의하기 위한 방법으로 튜링 테스트Turing Test라는 방법이 제안되었다. 이것은 컴퓨터가 지능이 있는지를 테스트하려는 시도로써 1950년 영국의 수학자 ▼앨런 튜링Alan Turing이 제안한 방법으로써, 인간이 사용하는 자연 언어natural languages를 이용하여 텍스트 기반으로 컴퓨터와 대화(채팅)하면서, 대화를 하는 상대가 컴퓨터인지 인간인지 구별할 수 없으면 해당 컴퓨터가 지능을 가진 것으로 보는 것이다. 그러니까 질문에 대한 답변이 정확한 지와 상관없이 대화를 하는 상대가 컴퓨터임을 눈치채지 못하는 상황을 테스트를 통과하는 것으로 간주하는 것이다.▼

튜링 테스트 관련으로는 웹 상에서 구현된 많은 버전이 있는데 찾아보는 것도 좋다. 다음은 www.alicebot.org 사이트에서 저자가 짧게 대화를 해본 내용이다. 일관된 이야기가 진행되지는 않았는데 아직까지 어색한 점이 느껴졌었다.

▼ 인간은 언제나 이성적인 것은 아니다. 즉, '인간처럼'과 '이성적'은 언제나 일치하지는 않는다. 이러한 사실은 일상 생활이나 다양한 실험에서 증명되고 있다. 오래된 영화에서 인공 지능 로봇의 생각과 행동이 이성적이기는 하지만 인간처럼 느껴지지 않게 묘사되는 경우가 있었다. 어떤 것이 더 인간적일까?

〈Alan Turing〉

▼ 예를 들면, 온라인 바둑 게임을 하면서 상대가 컴퓨터인지 사람인지를 알아 맞혀보자. 몇 번의 대국 후에 상대가 컴퓨터임을 눈치채지 못한다면 상대가 바둑을 두는 지능이 있다고 생각할 수 도 있다는 방식이다.

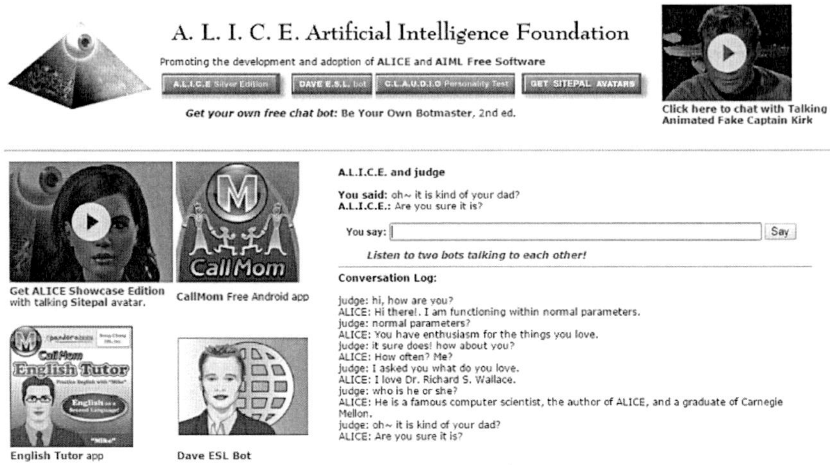

〈 http://www.alicebot.org/ 〉▼

▼ 요즘 많이 하는 온라인 게임에서의 NPC들과의 대화는 어떤 식으로 구현되어 있을까?

CAPTCHA라는 것도 있는데, 간단하게 설명하면 소프트웨어 에이전트들이 자동화된 방법으로 특정 사이트의 아이디를 만들고 이를 스팸 메일 전송 등에 사용하는 것을 막기 위해서, 아이디를 만드는 과정에서 인간인지 소프트웨어 인지를 테스트하는 방법의 일종이다.▼

▼ 자세한 내용은 아래의 링크에서 확인할 수 있다.
http://en.wikipedia.org/wiki/CAPTCHA

웹 사이트에서 새로운 아이디를 만들 때 다음과 같은 화면에서 글자를 입력해야 하는 경우를 자주 보았을 것이다. 일반적인 문자 자동 인식Optical Character Recognition: OCR과 다르게 문자에 변형을 가해서 컴퓨터가 인식하기 어렵게 만듦으로써 컴퓨터와 사람을 구분하는 방법이 바로 CAPTCHA**C**ompletely **A**utomated **P**ublic **T**uring test to tell **C**omputers and **H**umans **A**part이다.

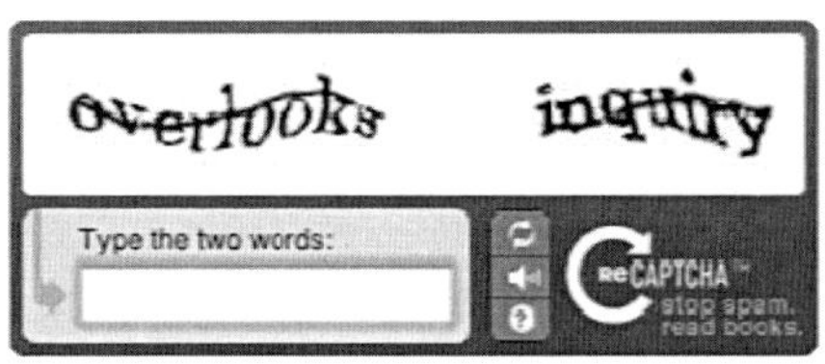

위에서 이야기한 튜링 테스트와 CAPTCHA는 둘 다 '사람인지 아닌지를 구별하는

방법'이라는 점에서는 동일하다. 그러면 두 방법 사이의 차이점은 무엇일까? 지능의 여부를 판단하는 '주체'가 다르다. 튜링 테스트는 사람이 판단하는 방법이고, CAP-TACH는 이름에서 의미하듯이('Automated Public Turing Test') 컴퓨터가 판단하는 방법이라는 점이 다른 점이다.

1장을 마치며

이 교재에서 앞으로 인공 지능의 여러 가지 내용을 다루기 전에, 1장에서는 인공 지능이 무엇인지에 대한 이야기에 집중했었다. 길게 이야기를 하였는데 '인공 지능은 무엇이다'라고 명확히 규정하기는 힘들지만 우리에게 벌써 가까이 와 버렸고 언젠가 엄청난 변화를 가져올 것은 분명한 것 같다.

지금 당장 인터넷에서 '인공 지능 위기' 등의 단어로 검색을 해보자. 컴퓨터가 인간을 넘어설지 모른다는 아주 많은 인공 지능에 대한 우려의 기사들이 있다. 인간의 역사에서 기술의 발전은 언제나 인간사에 변화를 가져왔다. 산업 혁명 기간 동안에 인간의 노동력을 기계가 대체해 나가면서 겪었던 인간 노동력의 중요도 감소와 비슷하게 또는 더 심하게 인공 지능 기술 또한 인간 사회에 큰 변화를 가져올 것이다. 그 변화에 적극적으로 능동적으로 적응하고 긍정적으로 활용하려면 어떻게 해야 하는지 많은 고민이 필요할 것 같다.

2

CHAPTER

인공 지능 세부 분야 소개

아직 인공 지능이라는 개념이 머릿 속에 명확하지는 않겠지만, 인공 지능 연구에서 다루는 세부 분야들을 열거해본다면 조금 더 어렴풋하게나마 짐작하는데 도움이 될 수 있을 것이다.

이제 다음 세부 분야들을 개괄적으로 살펴보자. 이러한 분야들은 대부분 이 교재에서 별도의 챕터에서 다루고 있다. 인공 지능 분야를 처음 공부하는 분은 다음 내용들이 어색하고 간략한 설명만으로는 이해가 안될 수도 있겠지만 차근 차근 읽어보자. 이러한 세부 기술들은 실제 응용 분야에 따라 다양하게 응용되고 있다.

- 지식 표현knowledge representation
- 탐색search
- 전문가 시스템expert system
- 인공 신경망neural network
- 패턴 인식pattern recognition
- 자연어처리natural language processing
- 기계 학습machine learning

지식 표현(knowledge representation): 세만틱 네트워크(semantic network)

제목에서 사용한 '지식knowledge'이라는 단어는 '정보information', '데이터data' 등을 포함하는 개념으로 사용하였다. 지식 표현이라는 분야는 지식, 정보, 데이터들을 사용하기 쉽게 표현할 수 있는 방법을 연구하는 분야이다. '정보'와 '지식'은 구분하기 조금 모호한 단어들이지만, 보통은 '지식'이라는 말은 다음 그림과 같이 데이터로부터 정제, 체계화된 어떤 내용을 이르는 말이다.

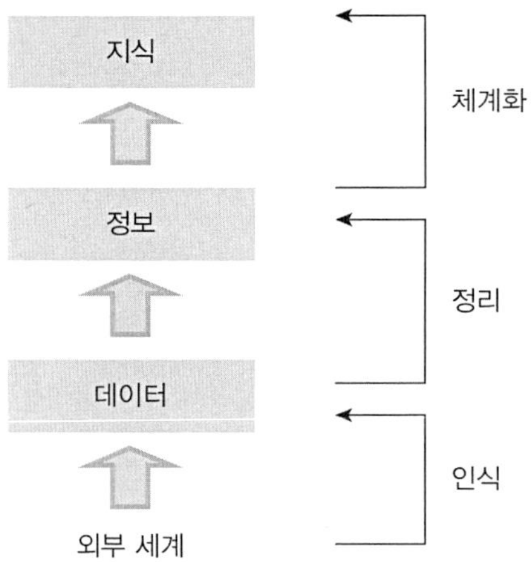

〈 데이터, 정보, 지식의 구분 〉

인공 지능에서 지식 표현 분야 이야기를 하기 전에, 컴퓨터를 처음 발명했던 상황을 상상해보자. 컴퓨터 발명자들은 컴퓨터 내부에서 숫자를 어떻게 표현해야 할지 고민했을 것이다. 이를 위해 어떤 하드웨어 소자를 사용할건지 고민하는 과정에서, 기존의 기계식 컴퓨터의 연산 속도를 뛰어넘기 위해서 전자식 컴퓨터를 만들기로 하고, 진공관이라는 소자가 전류의 흐름을 제어할 수 있는 전자식 스위치로 사용할 수 있다는 점에 착안해서 '전기가 흐르지 않는 상태'와 '전기가 흐르는 상태', 이 2가지 상태를 0과 1로 표현하기로 하고 2진수를 사용하기로 결정하였을 것이다. 그리고 이를 바탕으로 숫자를 2진수로 표현하고, 이를 이용해서 정수나 실수, 문자 등을 표현하는 방법을 고안했을 것이다.

여기서 저자가 말하고자 하는 내용은 컴퓨터 내부의 상태를 어떻게 표현하기로 결정하는 행위, 즉 정보를 어떻게 표현하기로 하느냐가 향후에 대단한 영향을 미친다는 점이다.▼

▼'정보의 표현 방법'이 '정보의 사용 방법'을 결정한다.

인간은 문자texts와 자연어natural languages를 이용하여 지식을 표현한다. 인간은 뛰어난 사고력, 유추력, 직관력 등이 있기 때문에 자연어를 이용한 정보, 지식의 표현에 능숙하다. 그러나 자연어를 사용하여 표현되는 지식은 다음 예와 같이 종종 모호해지는 경우가 있다.

> 예 아버지가 방에 들어가신다.
> 아버지 가방에 들어가신다.▼

▼따라서 우리는 정확한 표현이 필요한 경우에는 수학적인 표현(수식)을 사용한다.

이런 상황과 동일하게 컴퓨터를 통해서 문제를 풀기 위해서도 내부적인 지식 표현법의 선택이 아주 중요하다. 이러한 지식은 물체에 대한 지식 또는 물체들 간의 상호 관계 등 많은 내용을 포함할 수 있다.

컴퓨터 프로그래밍 과정에서 사용하는 '자료 구조data structures'도 '정보 표현'의 한 방식이라고 할 수 있다. 그러나 지금부터 말하고자 하는 '지식 표현'은 '정보 표현'과는 조금 다르다. 자료 구조는 정보의 효과적인 처리를 목표로 하는 것이라면, 지식 표현 방법은 다양한 새로운 지식의 창출을 목적으로 하는 것이라고 할 수 있기 때문이다.▼

▼인공 지능에서의 지식의 표현은 지식의 표현을 통한 새로운 지식의 도출이 목적이다.

지식 표현을 위해서 다음과 같은 많은 방법이 있다(물론 이러한 방법 이외에도 더 많이 있지만...).

- Semantic network(의미망) 방법: Semantic network 방법이란 지식을 네트워크 구조로 표현하고, 노드node는 특정 객체(개념)를 의미하고, 두 노드들을 연결하는 에지edge에 노드 사이의 관계를 표현하는 방법이다.▼
- Frame(프레임) 방법: Frame 구조는 semantic network의 일종이라고 볼 수도 있는데, 각 객체의 특징을 미리 슬롯slot들로 구성하고 해당 객체에 대한 특징을 추출해서 이 슬롯을 채우는 방법으로 지식을 표현하는 방법이다.

▼노드나 에지라는 단어는 자료 구조(data structures)에서 트리(tree)나 그래프(graph) 등에서 사용하는 용어이다.

– Rule-based(규칙 기반) 방법: Rule-based 방법은 "부유한 사람은 행복하다if he/she is rich, he/she is happy"와 같이 조건문 형태로 조건과 결론을 나타내는 것을 규칙rule이라고 하고, 이들을 이용해서 추론reasoning을 수행함으로써 새로운 사실을 생성해나가는 방법이다.

이러한 방법들 중에서 'semantic network(세만틱 네트워크, 의미망)'란 방법을 조금 더 자세하게 살펴보자. 이는 네트워크 표현을 기반으로 객체들 사이의 관계를 표현하는 방식이다. 세만틱 네트워크에서는 네트워크 상의 노드와 에지를 이용한 방향성 그래프directed graph로 지식을 표현하는데, 그래프의 노드들은 '객체'를 나타내며 노드들 사이의 에지는 '관계'를 나타낸다.▼

▼방향성 그래프(directed graph): 노드 간의 연결된 에지에 화살표가 있는 그래프를 의미한다. 일상 생활에서의 '일방 통행 도로'와 비슷하다. 즉, 한쪽 방향으로만 연결된 에지이다.

다음 그림은 다양한 포유류 사이의 지식을 세만틱 네트워크로 표현한 예제이다. 다음 그림에서 에지 상의 관계에는 다양한 정보를 사용할 수 있는데 이는 필요에 따라서 생성, 사용할 수 있다. 이와 같이 세만틱 네트워크는 다양한 정보를 표현할 수 있는 강력한 방법으로써, 아주 복잡한 객체들간의 상관 관계를 잘 표현할 수 있다는 장점이 있지만, 대용량의 데이터를 표현하려는 경우에는 네트워크가 너무 복잡해진다는 단점이 있다.

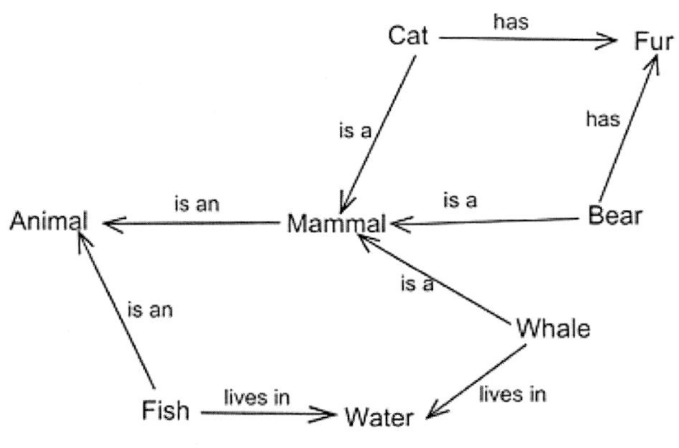

〈 세만틱 네트워크의 예: from https://en.wikipedia.org/wiki/Semantic_network 〉

프레임 기반 방법은 특정 주제에 대해서 필요한 특징 항목들을 미리 정해놓고, 새로운 개체를 접할 때 해당 항목을 채워 넣는 방식으로 정리하는 기법이다. 다음 표는

자동차라는 주제에 대한 프레임을 보인다.▼

특징 항목	값
자동차 제조사	현대
최대 탑승 인원	5
엔진 종류	하이브리드
색상	흰색
바퀴 수	4

〈 자동차에 대한 프레임 〉

규칙 기반rule-based 방법은 다음 절의 "전문가 시스템"에서 자세히 소개한다.

▼ 프레임 기반 방법은 우리가 일상 생활에서 어떤 대상을 새롭게 접했을 때 즉시 파악하고자 하는 특성들을 채우는 방법과 유사하다. 새로운 사람을 만났을 때, 나이, 키, 몸무게, 취미 등을 물어보듯이.

전문가 시스템(expert system)

전문가 시스템expert system은 특정 분야의 전문가의 지식을 모델링(표현)하여 이를 활용할 수 있도록 지원하는 시스템을 말한다. 일반적으로 전문가 시스템은 내부의 처리 과정을 지시하기 위해서 규칙rules들을 사용하기 때문에 구현 단계에서 규칙 기반 시스템rule-based system이 보통 사용되는데, 이는 다양한 규칙들을 바탕으로 추론 엔진inference engine을 이용하여 최종적으로 어떠한 결론을 내도록 결정하는 방법이다.

별도의 전문가 시스템 소프트웨어들도 많이 있지만, 이 교재에서는 Prolog라는 프로그래밍 언어를 이용한 간단한 전문가 시스템의 소개를 목표로 한다. Prolog라는 프로그래밍 언어는 인공 지능 분야에서 Lisp 등의 언어와 함께 많이 사용되는 언어이다.

기본적으로 Prolog 언어를 이용한 프로그래밍은 '사실facts'을 기술describe하는 부분과 '규칙rules'에 해당하는 부분을 작성하는 것으로 이루어진다. Prolog언어는 C나 Java와 같은 프로그래밍 언어에 익숙한 사람들에게는 조금 어색할 수 도 있는데, Prolog를 이용한 프로그래밍 과정은 문제를 해결하는 방법의 절차적인 기술procedural description이 아니라, 해결하고자 하는 문제와 관련된 사실과 규칙을 정의하고, 이를 바탕으로 이용해서 논리적인 추론 과정을 통해서 문제를 해결하는 것을 의미한다.

다음 Prolog 프로그래밍 언어의 예를 살펴보자. 만약 독자가 지금 C나 Java 등의 언어에 익숙한 사람이라면 다음 프로그램 소스 코드가 무척이나 낯설게 느껴질 것이다. 낯설지만 천천히 살펴보도록 하자. 어렵지 않다. 동일한 기능을 수행하는 다음 C 언어와 Prolog 언어를 이용한 예제를 통해서 두 언어를 비교해보자.

다음 프로그램은 C 언어를 이용한 1부터 n까지의 합을 구하는 프로그램이다. C 언어는 for( ) 반복문 안에서 1부터 N까지의 합을 구하는 '**절차**procedure'를 명시하고 있다.

```
int ▼sum  = 0;
int i;
int N=10;

for(i=1 ; i<=N ; i++)▼
{
    sum = sum + i;
}

printf("Sum from 1 to %d :  %d\n", N, sum);▼
```

▼합한 결과를 저장할 변수이다. 초기값을 0으로 설정해 둔다.

▼1부터 N까지 반복문을 수행하면서 이를 sum 변수에 더한다.

▼결과를 출력한다.

다음 프로그램은 Prolog를 이용한 동일한 일을 수행하는 프로그램이다. 이 프로그램은 재귀 함수recursive function를 이용하고 있는데, 재귀 함수를 아는 사람은 어느 정도 스스로 이해할 수 있을것이다. 재귀 함수 개념을 모르는 사람은 조금 어려울 수 있지만 최대한 구체적으로 아래에서 설명을 해보자.

```
sum1toN(1, 1).

sum1toN(N, Sum) :-
      N > 1,
      Nminus1  is  N - 1,▼
      Sum  is  N + Sum1toNminus1,
      sum1toN(Nminus1, Sum1toNminus1).
```

▼Prolog 언어에서는 같다(equal)라는 표현을 위해서 'is'를 사용한다. 즉, Nminus1은 N−1과 동일한 값이라는 의미이다.

위의 소스 코드를 자세히 설명해보자.

- sum1toN(1, 1) 함수는 1부터 1까지의 합은 1이라는 사실fact을 의미한다.
- sum1toN(N, Sum) 함수는 1부터 N까지의 합을 Sum이라고 하고, 이를 위한 '규칙rule'을 기술한 문장이다. 즉, "1부터 N까지의 합이 Sum"이라는 말은
    - N이 1보다 크고(N이 1인 경우는 바로 위의 fact를 사용하니까…),

- 1부터 N-1까지의 합에 N을 더한 것이 1부터 N까지의 합(Sum)이라는 규칙rule이다.▼

▼휴...설명이 쉽지는 않은데, 예를 들어 1부터 10까지의 합은 1부터 9까지의 합에 10을 더한 값이라는 의미.

Prolog 프로그램 내부를 살펴보면 1부터 N까지 더해가는 과정(절차procedure)을 기술하고 있지 않다는 점이 중요하다. 다만 '사실'과 '규칙'만을 기술하고 있음을 알 수 있다.

이제 조금 더 Prolog라는 언어에 대해서 설명해보자. 다음 프로그램은 한 가족 구성원들의 형제, 부모 등의 관계를 알아보는 프로그램이다. 첫 3문장은 규칙rules에 대한 문장이고, 나머지 문장들은 각 구성원들의 관계에 대한 사실facts들이다.

```
▼sibling(X,Y) :- parent(Z,X), parent(Z,Y).
 father(X,Y) :- parent(X,Y), male(X).
 mother(X,Y) :- parent(X,Y), female(X).

▼parent(trude, sally).
 parent(tom, sally).
 parent(tom, erica).
 parent(mike, tom).
 male(tom).
 female(trude).
 male(mike).
```

▼이 부분들이 규칙(rule)에 해당하는 부분들이다. 즉, 형제, 아빠, 엄마에 대한 규칙을 정의하는 부분이다.
예) 아래에서 X가 Y의 아버지려면 X가 Y의 부모이고, X가 남자여야한다는 규칙이다.
father(X,Y) :- parent(X,Y), male(X).

▼이 부분들이 사실(fact)에 해당하는 부분이다.
예) parent(mike, tom)은 mike가 tom의 부모라는 사실.

〈 Prolog 프로그램 예제 코드: from Wikipedia 〉

전문가 시스템은 위와 같이 사실과 규칙들을 정의하고, 이를 바탕으로 다양한 문제에 대한 해답을 찾아주는 시스템을 말한다. 이 상황에서 다음과 같이 질의(질문query)를 하였다고 하자.

```
?- sibling(sally, erica).
True
```

〈 위의 Prolog 프로그램을 이용한 질의 예 〉

이 질의는 sally와 erica가 형제 관계인지를 묻는 질문이다. 이 질의를 받은 인터프리터interpreter(Prolog 언어의 질의 해석기)는 위의 사실과 규칙을 이용하여 이 질의가 만족함(참, true)을 확인할 수 있으므로 'True'를 출력한다. 즉, Prolog라는 언어는 해당하는 질의를 해결하기 위해서 사실과 규칙들을 기반으로 추론 엔진을 통해서 판단하는 기능을 제공하고 있다.

탐색(search): 게임 트리(game tree)

탐색search 분야는 인공 지능의 가장 기본적인 분야인데, 이는 해당하는 문제 공간problem space에서 적합한 해(해답solution)를 찾아가는 방식의 해결 방법을 말한다.

'탐색' 또는 '문제 공간에서 적합한 해를 찾아간다'는 표현이 어색하게 느껴질 수 있다. 이를 '오목'이라는 게임을 예로 들어서 설명하면, 오목은 '처음 시작하는 비어있는 게임판 상태'에서 출발해서 '내 돌이 5개 일렬로 놓인 상태'를 찾아가는 게임이라고 할 수 있다

이러한 탐색 분야에서 트리tree 기반의 탐색 기법은 아주 활발하게 활용되고 있는데, 그 중에서도 게임 트리game tree는 아주 재미있는 분야 중의 하나이다. 트리라는 자

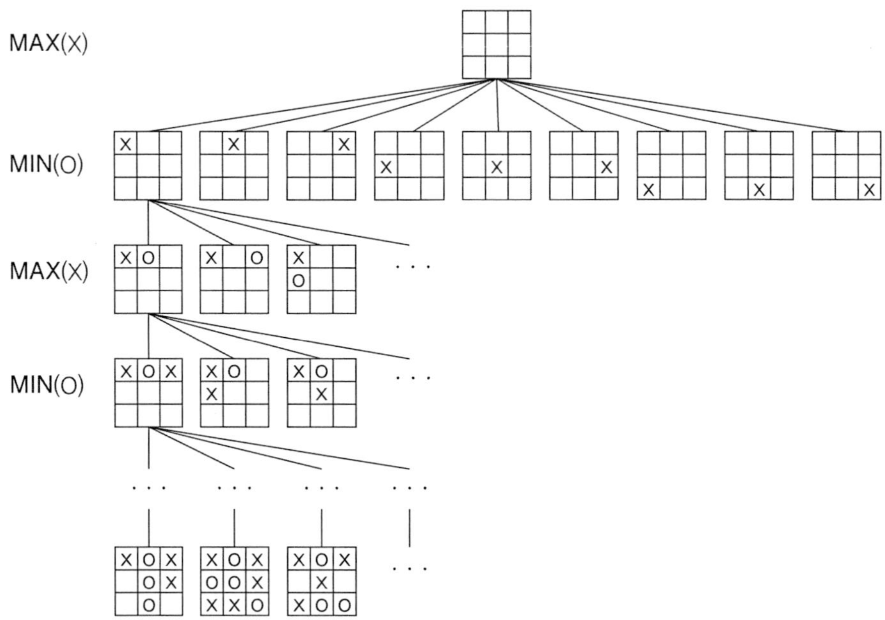

〈 틱택토 게임의 게임 트리 〉▼

▼이 그림은 게임의 시작 상태에서 X를 어디에 두면 좋을까를 결정해야 하는 시점에서의 게임 트리이다. 이 그림에 대한 자세한 설명은 4장에서 소개된다.

료 구조는 각 노드가 에지로 연결된 구조를 말하는데, 게임 트리는 각각의 노드가 게임의 특정 상태를 의미하며, 각 노드의 자식 노드들은 현재 상태에서 한 수one move 이후에 도달할 수 있는 다음 상태들을 의미하는 특별한 모양의 트리이다.

다음과 같은 틱택토Tic-Tac-Toe 게임이 대표적인 예이다. 틱택토 게임은 2명이 번갈아 수를 두는 한국의 오목과 비슷하며, 자신의 돌 3개의 일직선 배열을 목표로 하는 게임이라서 '3목'이라고 생각할 수 있다. 나는 X를 상대는 O를 번갈아 두면서 자기 말을 일렬로 3개 배치시키면 이기는 게임이라고 할 때, 위와 같은 트리를 생각할 수 있다. 위 그림에서 X는 나의 수, O는 상대의 수라고 할 때 트리가 깊어질수록 게임이 진행되는 것을 의미한다.

자료 구조나 알고리즘 등의 분야에서 깊이 우선 탐색depth-first search, 너비 우선 탐색breadth-first search은 가장 기본적인 트리 탐색 기법이다. 이러한 방법들이 여기서 그대로 활용된다.▼

▼게임 트리를 이해하기 위해서는 자료 구조의 트리 부분을 미리 공부하면 많은 도움이 된다.

게임 트리 탐색은 보통 우리가 바둑과 같은 보드 게임을 할 때 '수 읽기'라고 하는 행위를 구현하는 방법을 의미하며, 나에게 유리한 수는 상대에게 불리한 수라는 것을 가정한다. 즉, 나는 나에게 유리하게 게임의 상태를 이끌려고 하고, 상대는 상대에게 유리하게 플레이 하는 것이다. 이와 같은 '나의 이득은 상대의 손실이 되는' 형태의 게임을 ▼제로섬Zero-Sum 게임이라고 부른다. 즉, 나의 이득(또는 손실)과 상대의 손실(또는 이득)을 합하면 0이 되는 게임을 말한다. 이러한 게임에서는 보통 게임 트리 탐색을 이용해서 다음 수순을 미리 예측하고 가장 유리한 수를 찾는다.

▼제로섬 게임의 대표적인 예가 가위/바위/보 게임이다. 내가 이기면 상대는 지게 된다. Non-제로섬 게임의 대표적인 예는 죄수의 딜레마(Prisoner's dilemma)라는 것이다. 궁금하면 한번 찾아보자.

게임 트리는 번갈아 수를 두는데, 나는 내가 이길 수 있는 가능성을 최대(Max 단계)로 하는 수를 택하고, 상대 또한 상대 자신이 이길 수 있는 가능성을 최대(Min 단계: 상대가 이길 가능성이 최대이니까 내가 이길 가능성은 최소)로 하는 수를 택하게 되는데, 이러한 상황에서 최선의 선택을 구하는 문제에 사용된다. 이렇게 Min 단계와 Max 단계가 반복된다고 해서 게임 트리를 Min-Max(민맥스) 트리라고 한다.▼

▼Max 단계는 나에게 유리한 수를 찾는 단계, Min 단계는 상대에게 유리한 수(즉, 나에게 불리한 수)를 찾는 단계이다

이러한 게임 트리는 체스나 장기와 같은 더 복잡한 게임에도 적용될 수 있다. 그러나 복잡한 게임의 경우에는 한 상태에서 고려해야 하는 후보의 경우의 수가 매우 많기 때문에, 게임 트리를 탐색해가는 깊이를 컴퓨터의 속도와 용량을 고려해서 적절하게

▼ 장기나 체스와 같은 게임은 보통 한 상태에서 취할 수 있는 경우의 수가 30여가지, 바둑은 수백가지가 된다

▼ 게임 트리의 단말 노드(leaf nodes)에서 수행하는 평가 함수를 정적평가 함수(static evaluation function)라고 한다. 틱택토 게임의 평가 함수는 어떻게 만들 수 있을까? 또한 바둑, 장기 같은 게임에서는 어떻게 만들 수 있을까?

제한할 필요가 있다.▼

즉, 위의 틱택토와 같은 간단한 게임은 적절한 시간 내에 게임을 종료하는 수준까지 '수 읽기'를 할 수 있지만, 더 복잡한 게임은 그렇게 할 수 없기 때문에 게임이 종료되지 않은 상태에서 점수를 매기는 방법이 필요하다. 이를 위해서는 일정 수준 이후의 게임 상황의 가치values를 계산할 수 있어야 하며, 이를 위한 적절하고 유효한 계산 방법이 필요하다. 이를 보통 ▼평가 함수evaluation function라고 한다.

다시 설명하면 위의 틱택토 게임은 게임이 간단하기 때문에 게임이 종료되는 최 하단의 단말노드terminal nodes/leaf nodes까지의 탐색이 가능할 수 있지만, 장기나 바둑과 같은 게임에서는 가능한 경우의 수가 너무 많고 탐색의 깊이 또한 깊어서 단말 노드까지의 탐색은 지금의 시스템으로는 불가능하기 때문이다. 따라서 단말 노드까지 가서 정확한 게임의 상태를 평가할 수 없기 때문에 게임이 종료되지 않은 중간 상태에서 사용할 수 있는 '평가 함수'를 만들어야 한다.

탐색에 대한 이야기는 4장과 5장에서 자세한 다루어보자.

인공 신경망(artificial neural networks)

문자 인식character recognition, 얼굴 인식face recognition, 음성 인식speech recognition 등과 같은 일들은 사람은 쉽게 처리하는데 반해 컴퓨터로 수행하기는 아주 어렵다. 그 원인은 여러 가지가 있겠지만 현재의 컴퓨터가 대부분 ▼Von Neuman(폰 노이만) 방식의 순차sequential 연산에 적합한 구조이기 때문에 복잡한 인간의 뇌에서 병렬적으로 수행되는 작업을 구현하기가 쉽지 않기 때문일 수 있다.

▼폰 노이만이 제안한 내장형 프로그램(stored program) 개념이 지금의 일반적인 컴퓨터의 계산 모델이다.

이에 반해서 '인공 신경망artificial neural networks'은 인간 두뇌의 동작 방식을 모델화한 병렬 정보 처리 시스템으로써, 단순한 연산을 수행하는 소자들의 병렬, 분산 처리 구조를 가지고 있다. 인공 신경망을 실제로 구현하는 방법에는 별도의 병렬 하드웨어로 구현하는 방법도 있고 소프트웨어를 이용하여 시뮬레이션simulation하는 방법도 있는데, 많은 경우에는 소프트웨어를 이용한 시뮬레이션 방법을 사용한다.

다음 그림은 뇌 세포(뉴런neuron)의 모양을 그린 것이다. 이러한 그림은 아마도 생물 수업 시간 등에서 한 번씩은 보았을 것으로 생각되는데, 인간의 뇌에는 다음과 같은 뇌세포가 어마 어마한 개수가 서로 복잡하게 연결되어서 일을 처리한다고 알려져 있다.

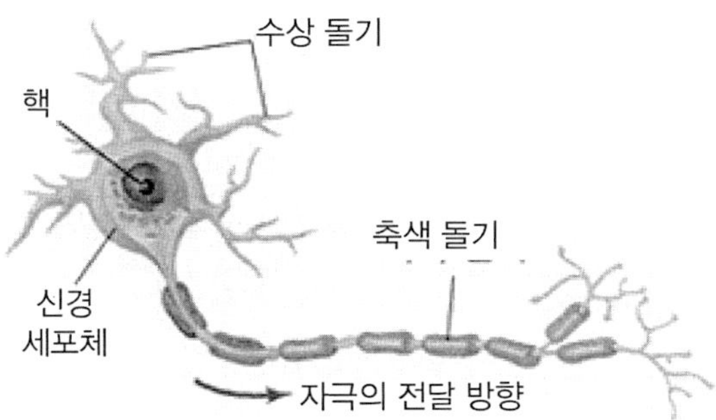

〈 뉴런의 구조 〉

인간의 뉴런의 동작 방식을 모델링하여 이러한 내용을 바탕으로 구현된 인공 신경망은 다음과 같은 그림으로 묘사하곤 하는데, 다음의 그림에서 둥근 원이 하나의 뉴런 neuron을 의미하며 이들이 서로 복잡하게 연결되어서 하나의 신경망neural network을 이룬다. 다음 인공 신경망에서 좌측의 입력층의 노드에 데이터가 입력되고 오른쪽으로 단계별로 순차적인 연산을 통해서 출력층에서 결과값을 얻는 구조이다.▼

▼신경망 기술은 생산 공정 제어, 언어인식, 생체 측정, 염색체 연구, 개인 식별에 이르기까지 응용 분야가 광범위하다.

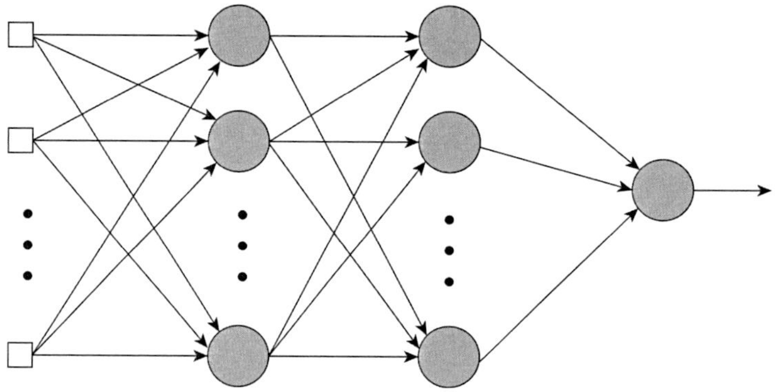

〈 인공 신경망 구조도 〉

인공 신경망의 개발이 인공 두뇌를 만드는 것을 의미하지는 않는다. 두뇌의 구조와 작동 원리에 대해서는 아직도 알려지지 않은 부분이 많기 때문이다.▼ 현재는 다만 인간 두뇌의 작동 원리를 흉내낸 수준으로써 아직은 이를 이용하여 인간의 지능intelligence을 구현하기에는 초보 단계이다. 이런 의미에서 인공 신경망이라고 하기보다는 병렬 분산 처리parallel distributed processing 시스템 또는 신경형neuro-morphic 시스템이라고 부르는 것이 타당할지도 모른다. 그래서 신경망 또는 신경회로망을 연결주의connectionism 모델, 병렬 분산 처리parallel distributed processing 모델, 적응형 시스템 adaptive system, 자기 조직 시스템self-organizing system 등으로 부르기도 한다.

▼거대한 문명을 이루고 있는 현재에도 아직 인간이 잘 알지 못하는 곳은 우주, 깊은 바다 속, 인간의 두뇌이다. 현재는 인공 신경망의 연구를 통해서 인간의 두뇌의 원리를 이해하려는 연구도 진행 중이다.

최근의 신경망 연구의 새로운 흐름은 딥 러닝deep learning이라고 할 수 있다. 딥 러닝은 기본적으로는 인공 신경망 기반 학습 기법이지만 거대한 신경망을 이용하여 학습 데이터의 표현과 데이터 학습 과정을 동시에 진행하는 것을 기본 아이디어로 한다. 이론적으로는 1990년대부터 이와 관련된 연구가 진행되었지만 최근(2010년대 초반)에 들어서 컴퓨터 하드웨어 연산 속도의 급속한 발전 그리고 다양하게 쏟아지는

빅 데이터Big Data를 통한 학습 데이터 수집의 용이성으로 인하여 다시 각광 받는 기술이다.▼

▼Google의 바둑 인공지능인 AlphaGo가 Deep Learning 기술을 사용하고 있다.

음성 인식/ 자연어 처리(speech recognition/natural language processing)

최근 스마트폰에서 작동하는 음성 인식 시스템의 보편화로 인해서 음성 인식에 대한 관심이 깊어지고 있다. 인간과 컴퓨터 간의 음성 대화는 오래 전부터 연구되어 온 주제로써, 음성으로 컴퓨터와 대화할 때는 키보드를 이용하는 경우와 같은 훈련이 필요하지 않고, 고속으로 입력할 수 있으며, 손이 구속되지 않고 자유로이 입력할 수 있다는 장점이 있다. 이와 관련된 유사 분야에 대해서 조금 더 상세하게 알아보자.

음성 인식(Speech Recognition)

마이크를 통해서 입력된 음성을 단어나 문장으로 변환하는 과정을 말한다. 즉, '말voice, speech'을 '글text'로 바꾸는 과정이다. 음성 인식 결과는 시스템 제어 목적으로 사용될 수도 있고 문장 입력에도 사용할 수 있다. 최근에는 스마트 폰이나 웹 브라우저 등에서 음성 인식을 통해서 명령을 내리는 환경이 많이 보급되고 있다. 음성 인식은 크게 사용자에 따라 화자 종속 방식Speaker Dependent System, 화자 독립 방식Speaker Independent System 등으로 분류되고,▼ 음성 인식 기술은 음성 명령 컴퓨터는 물론 무인 전화번호 안내, 음성 명령 주문형 비디오, 각종 음성 안내 시스템, 가전 제품을 비롯해 자동차 항법 장치Car Navigation System, 홈 오토메이션, 음성 다이얼링 등 활용 영역이 무한하다.

▼화자 종속은 특정한 한 사람의 음성만 인식할 수 있는 시스템, 화자 독립은 일반적인 사람 모두의 음성을 인식 대상으로 하는 시스템

다음 그림은 Google에서 제공하는 음성 인식 엔진을 크롬Chrome 웹 브라우저에서 테스트할 수 있는 웹 페이지다. 각자 한 번 테스트해보자.

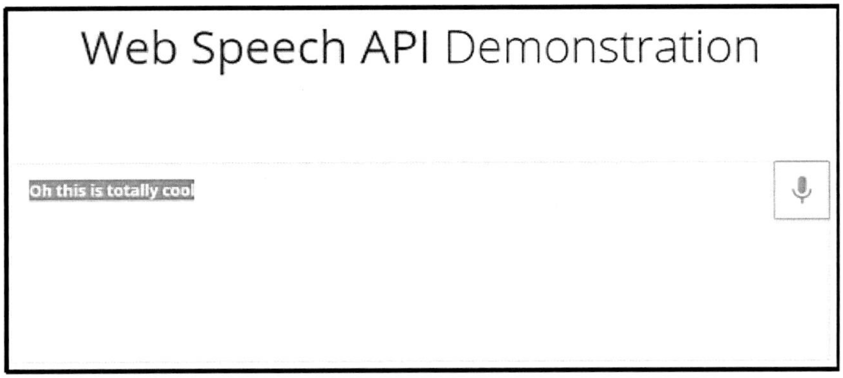

〈 http://www.google.com/intl/en/chrome/demos/speech.html 〉

음성 합성(Speech Synthesis)

음성 인식의 반대 과정이라고 생각하면 된다. 글자로 입력된 문서written input를 자동으로 음성으로 합성하여 출력하는spoken output 것이다. 그래서 음성 합성은 'Text-To-Speech(TTS)' 변환이라고 부른다. 다음은 크롬 웹브라우저의 확장 프로그램extensions인 Chrome Speak라는 프로그램의 사용 예이다.

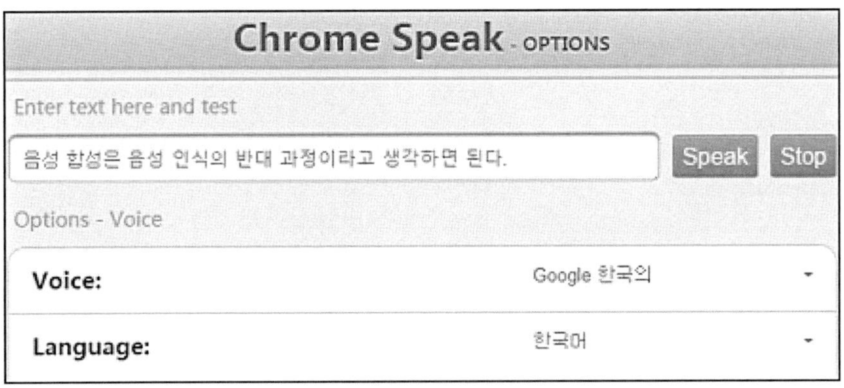

〈 Chrome Speak라는 Chrome 확장 프로그램의 음성 합성 예 〉

자연어 처리(natural language processing: NLP)

컴퓨터를 이용하여 인간이 사용하는 언어를 해석하고 이해하게 하는 것을 말한다. 음성 인식과는 달리 문장이 포함한 의미를 이해하는 과정을 말한다. 이러한 연구의 세부 분야로 자동 번역이 있을 수 있다. 다음 그림은 Google의 자동 번역기의 테스트 화면이다.

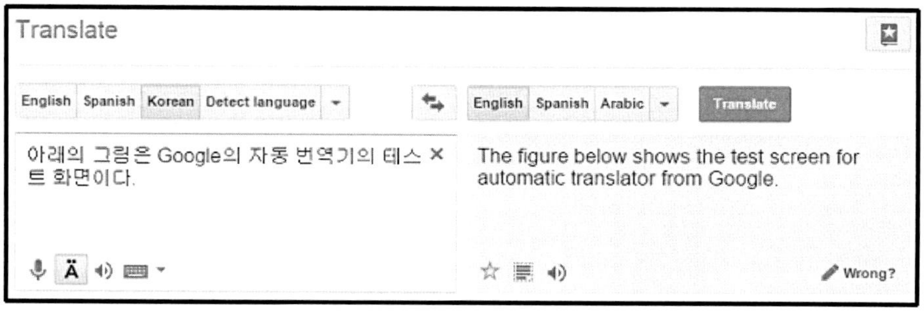

〈 https://translate.google.com/ 〉

기계 학습(machine learning)

인간은 학습learning할 수 있기 때문에 자신의 지식을 계속적으로 확장시켜 나갈 수 있다. 이러한 지적 능력은 인간을 다른 생물과 구별시키는 아주 중요한 요소들 중의 하나이다. 기계 학습machine learning은 궁극적으로 인간의 이러한 학습 능력을 기계(컴퓨터)로 구현하고자 하는 시도이다. 이런 점에서는 기계 학습이 바로 인공 지능 그 자체가 아닌가 하는 생각도 든다.

1980년대 이후 기계 학습의 연구가 활발하게 진행된 이유는 3 가지로 말할 수 있다.

- 인간의 학습 절차를 잘 이해하면 전문가 시스템 구성의 자동화를 촉진시킬 수 있으리라고 기대하기 때문이다.
- 인간의 학습 절차를 모델화하려는 것이다. 인간의 학습 절차를 깊이 이해하면 인간의 교육 방법 개선에도 크게 도움이 될 것이다.
- 기계 학습의 문제는 지식 표현과 논리적인 추론의 경우처럼 인식론적인 철학 문제들 뿐만 아니라, 문제해결, 수학적 정리 증명, 자연 언어 처리, 컴퓨터 비전, 로봇, 패턴 인식, 전문가 시스템 등 AI 의 모든 분야에 관련되어 있다.

기계 학습을 구현하는 방법은 세부적으로는 신경망Neural Network, 데이터 마이닝Data Mining, 의사 결정 트리Decision Tree, 유전자 알고리즘Genetic Algorithm, 사례 기반 추론Case-Based Reasoning, 패턴 인식Pattern Recognition 등이 포함된다.

최근 세계적인 IT 기업들, 예를 들면 Google, Facebook. Microsoft, Amazon 등의 회사들은 모두 인공 지능, 그 중에서도 기계 학습 분야에 엄청난 투자를 하고 있다. 다음의 IT 업계의 먹거리로 인공 지능 중에서도 기계 학습이 중요하다고 판단하고 있다는 증거이다.▼

▼이 책을 집필하는 2016년 3월 현재 구글의 인공지능 바둑 프로그램인 AlphaGo가 바둑 프로기사와 대등하게 두는 수준으로 기계 학습이 발전하고 있다.

3

CHAPTER

전문가 시스템(Expert Systems): 인공 지능 언어(Prolog)를 이용한 추론 시스템

전문가 시스템expert system은 어떤 분야에 대한 전문가의 기술과 지식을 모델링하여 이것을 컴퓨터를 이용해서 지원하는 시스템으로써, 축적된 지식에 포함된 다양한 규칙들을 바탕으로 추론 엔진inference engine을 이용하여 최종적인 결론을 토출하는 소프트웨어의 한 부분이다.

보통은 전문가의 지식을 규칙rules의 형태로 사용하기 때문에 구현 과정에서는 규칙 기반 시스템rule-based system이 주로 사용되는데, 이러한 이유로 규칙 기반 시스템 또는 지식 기반 시스템knowledge-based system이라는 용어를 사용하기도 한다.

전문가 시스템이 나오게 된 배경에는 초창기의 인공 지능 시스템들이 일반적인 방법론을 바탕으로 범용 목적으로 사용할 수 있는 인공 지능 시스템을 만들려는 시도가 실패하면서, 특정 분야에 국한된 전문 시스템을 구현하려는 시도에서 출발하게 되었다. 병원 등에서 사용할 수 있는 '의료 진단 시스템'이 대표적인 전문가 시스템의 예이다.

이 장에서는 Prolog(Programming in Logic)라는 프로그래밍 언어를 소개하려고 한다. 실제로는 프로그래밍 언어를 소개하는 것이 목표가 아니라 전문가 시스템을 소개하는 것이 목적이기는 하지만, 그 방법적인 도구로써 Prolog 언어를 사용하려는 것이다.

감기일까 독감일까?

추운 겨울이 오면 감기(感氣)나 독감(毒感)에 걸리곤 한다. 한자로는 같은 감(感) 자를 사용하지만 감기와 독감은 서로 다른 것이라고 한다. 사실 이 책을 쓰는 저자도 감기와 독감을 정확하게 구분하지 못한다. 인터넷 검색을 통해서 다음과 같이 정리를 했지만 여전히 지금 내가 감기와 유사한 증세가 있다면, 이것이 감기인지 독감인지 구별하지 못할 것 같다. 다음 표는 감기와 독감의 특징들을 정리한 것이다.

	시기	원인	증세
감기	계절 구분 없음	바이러스(단독, 결합, 변종), 백신 제조가 거의 불가능	재채기, 콧물/코막힘, 인후통, 기침, 객담, 근육통, 미열 등
독감	계절성 (주로 가을과 겨울)	인플루엔자 바이러스(A, B, C형이 대표적), 백신으로 70% 정도 예방 가능	두통, 발열, 오한,인후통, 기침, 콧물/코막힘, 39도 이상의 고열, 심한 근육통

이 책에서는 문제를 간단하게 하기 위해서 다음과 같은 증세로써 감기와 독감을 구별한다고 하자(전문적인 지식없이 그냥 문제를 단순하게 만든 것이다).

- 감기: 재채기, 기침, 콧물/코막힘 등의 증세
- 독감: 39도 이상의 고열과 심한 근육통 증세

이제 우린 감기와 독감을 구별할 수 있는 전문가 시스템을 가지게 되었다. 이게 무슨 말일까? 환자의 증세가 주어지면 감기인지 독감인지 구별할 수 있는 방법을 가지게 되었다는 말이다. 이제 우리가 할 일은 이것을 어떻게 컴퓨터로 구현할 수 있는가 하는 문제가 남았다.

전문가 시스템 기초

인간이 특정 분야에 대하여 가지고 있는 전문적인 지식을 정리하고 표현하여 컴퓨터에 기억시켜서, 일반인도 이 전문 지식을 이용할 수 있도록 만든 시스템을 '전문가 시스템Expert System'이라고 한다.

전문가 시스템은 전자식 컴퓨터의 출현과 더불어 여러 룰rules (규칙)들과 이들 사이의 관계를 바탕으로 새로운 룰을 생성해나가는 프로덕션 시스템production system을 만들면서, 이를 바탕으로 모든 지식을 바탕으로 한 인공 지능을 만들고자 했다. 그러나 이는 (거의) 불가능하다는 것을 깨닫고 특정 분야에서 전문가에 준하는 결정을 지원하는 시스템의 개발이 시도되게 된다. 이를 전문가 시스템이라고 한다.▼

▼전문가 시스템: 모든 분야에 범용적으로 적용 가능한 일반적인 인공 지능 시스템이 아닌 특정한 분야에 집중한 시스템

전문가 시스템은 다음 3가지로 구성된다.

1. 지식 베이스rule base

   특정 분야에 필요한 지식 모음을 의미한다.▼ 지식을 어떤 형태로 저장하는지에 따라서 생성 규칙production rule, 세만틱 네트워크semantic network, 프레임frame, 블랙 보드blackboard, 신경망neural network 등 여러 방법을 사용할 수 있다. 이러한 방법들은 인공 지능 연구에서의 중요한 부분인 지식 표현knowledge representation이라는 분야이다. 여기서 말하는 지식은 사실fact일 수도 있고 규칙rule일 수도 있다. 사실은 참true이라고 밝혀진 것을 의미하며, 규칙은 사실들과 규칙들 사이의 관계에 대한 설명이다. 다음 예제가 간단한 사실과 규칙의 예라고 할 수 있다.

   ▼만약 의학 분야의 전문가 시스템이라면 각종 질병의 증세와 치료 의약품과 시술 방법 등에 관련된 정보가 될 것이다. 궁금하면 검색 엔진에서 "medical expert system example"이라는 키워드로 검색해보자.

   예 사실: 나는 학생이다.
   규칙: A가 B의 아버지이고, B가 C의 아버지이면, A는 C의 할아버지이다.

2. 추론 엔진inference engine

   지식 베이스를 기반으로 당장 가지고 있지 않는 지식(정보)을 새롭게 생성하는 방법을 말한다. 즉, 추론 엔진은 지금 현재의 지식 베이스에는 없지만, 지식 베

▼본 교재에서 소개할 Prolog 언어는 언어 자체에서 추론 엔진 기능을 제공하고 있다.

이스에 있는 기존의 사실과 규칙들을 이용하여 새로운 지식을 찾아가는 수단을 제공한다. 다음 삼단 논법이 간단한 추론의 예라고 할 수 있다.▼

예 기존 사실:

사람은 죽는다

나는 사람이다.

추론 결과:

그래서, 나는 죽는다.

3. 사용자 인터페이스user interface

지식 기반 시스템을 만들기 위해서는 지식을 추가, 수정, 삭제할 필요가 있다. 또한 시스템이 완성된 이후에 필요한 질의(질문query)를 입력받고 이에 대응하는 대답을 사용자에게 보여줘야 한다. 이러한 기능을 수행하는 부분을 사용자 인터페이스라고 한다.

예 우리가 이 교재에서 사용한 Prolog 언어는 질의query를 할 수 있는 명령어 기반의 모드가 내장되어 있다.

Prolog 기초

전문가 시스템을 만들 수 있는 방법은 여러 가지가 있다. 첫째로는 대표적인 상용 전문가 시스템을 사용하는 방법이다. 다음과 같은 시스템들이 있는데, 이러한 소프트웨어에 의해 지원되는 추론 기능과 인터페이스 엔진을 이용하여 다양한 응용 분야에 전문가 시스템을 구성할 수 있다.

- Gensym의 G2
- Neuron Data의 Nexpert Object
- IntelliCorp의 KEE
- proKappa, Inference의 ART-IM
- IBM의 TIRS 등

또는 Prolog와 같은 프로그래밍 언어는 언어 자체에서 사실과 규칙들을 표현하는 방법, 추론 엔진, 사용자 인터페이스 기능을 제공하기 때문에 사실과 규칙을 프로그램하기만 하면 된다는 장점으로 인하여 소규모의 전문가 시스템을 직접 만들어볼 수 있다. 이 장의 목적은 소규모 지식 기반 시스템을 구축해보는 경험을 하는 것이 목적이기 때문에, Prolog를 이용하는 방법을 사용하고자 한다.

프로그래밍 언어마다 장점을 발휘할 수 있는 특정 분야가 있을 수 있다. Prolog는 범용 언어general purpose language가 아니라 ▼predicate calculus를 사용하여 논리 문제를 효과적으로 표현하기 위해서, 1970년대에 프랑스 마르세유 대학의 A. Colmerauer와 P. Roussel이 개발한 언어이다. 다양한 프로그래밍 언어를 다음과 같이 구분할 수 있다.

▼Predicate Calculus(술어 논리):Predicate logic 또는 First-order Predicate calculus 라고도 하는데 Propositional logic(propositioinal calculus: 명제 논리)과 비교할 수 있다.

- 절차 지향 언어: 일반적으로 우리가 많이 사용하는 C와 같은 언어
- 객체 지향 언어: 자바(Java), C++, C#
- 논리형 언어: Prolog
- 함수형 언어: Scheme

Prolog는 인공 지능 분야의 응용에 적합하며 리스트list 형태로 나타낸 심볼 또는 선언적인 명제를 처리하기 적합하다. 주어진 사실을 선언하고, 원하는 문제를 질의하는 형식으로 구현되는 Prolog 프로그램은 사실과 추론 규칙만을 기술하고, 작업의 실행 순서를 기술하지 않는다. 이에 반해서 C와 같은 언어는 문제를 해결하는 순서, 과정을 기술하기 때문에 절차 지향 언어procedural language라고 한다. Prolog는 인공 지능 분야에서 효과적으로 사용되고 있으며, 큰 프로그램의 경우에는 프로그램 수정이 어렵고 실행 시간이 오래 걸린다는 단점이 있다.

바로 다음 섹션에 Prolog의 문법이 소개되겠지만 앞에서 소개한 간단한 Prolog 프로그래밍 언어의 예를 다시 한번 살펴보자.▼

▼이 부분은 wikipedia의 자료를 바탕으로 수정하였다. http://en.wikipedia.org/wiki/Prolog

다음은 총 3개의 규칙과 7개의 사실로 이루어져있다. 이를 지식 베이스라고 할 수 있을 것이다.

▼이 부분들이 규칙(rule)에 해당하는 부분들이다. 즉, 형제, 아빠, 엄마에 대한 규칙을 정의하는 부분이다.

```
▼sibling(X,Y) :- parent(Z,X), parent(Z,Y).
 father(X,Y) :- parent(X,Y), male(X).
 mother(X,Y) :- parent(X,Y), female(X).
```

▼이 부분들이 사실(fact)에 해당하는 부분이다. 각각의 객체가 어떤 서술자(predicate)에 의해서 정의될 수 있는지를 기술한다.

```
▼parent(trude, sally).
 parent(tom, sally).
 parent(tom, erica).
 parent(mike, tom).
 male(tom).
 female(trude).
 male(mike).
```

〈 Prolog 프로그램 예제 코드: from Wikipedia 〉

위와 같이 사실과 규칙들을 정의하고, 다음과 같이 질의를 하였다고 하자. 이 문장은 실제로 Prolog에서 명령어 기반command-line으로 질의query를 입력하는 부분이다. 이 질의query는 sally가 erica와 형제sibling 관계인가를 묻는 질문이다. 이 질의를 받은 인터프리터는 위의 rule과 fact를 이용하여 이 질의가 만족함을 확인할 수 있으므로 True를 출력한다. Prolog 언어는 이 질의를 해결하기 위해서 추론 엔진을 사용한다.

```
?- sibling(sally, erica).
True
```

위의 예제를 바탕으로 우리는 간단한 지식 기반 시스템의 3가지 구성 요소: 지식 베이스, 추론 엔진, 사용자 인터페이스의 간단한 예제를 살펴 보았다. 이제 Prolog의 문법을 조금 더 배워보자.

Prolog 문법▼

▼지금부터의 설명은 다음 사이트를 참고하였다. http://cs.union.edu/~striegnk/learn-prolog-now/html/

Prolog의 기본적인 문법을 설명하려고 한다. 그런데 이 책에서는 Prolog 언어를 소개하는 것이 아니라 규칙 기반 시스템의 원리를 이해하는 것이 목표다. 따라서 언어의 세부적인 문법에 부담을 가질 필요는 없다. 실제로는 Prolog와 관련된 문법적인 내용이 아주 많지만, 여기서는 아주 기본적인 것만을 소개하자.

앞 절에서 이야기한 바와 같이 Prolog를 이용한 규칙 기반 시스템을 위해서는 다음 3가지 구성 요소가 필요하다. 이들을 Prolog 언어로 어떻게 표현하는지 실제 예를 통해서 공부해보자.

- 사실facts
- 관계, 규칙rules
- 질의query

사실(facts)

사실facts은 객체의 특성 또는 객체 간의 관계를 서술자predicates를 이용해서 기술하는 방법이다. Prolog에서는 사실을 다음과 같이 표현한다.▼

▼말은 어렵지만 "지금까지 밝혀진 언제나 사실(true)인 정보"라는 말이다. 즉, "animal(horse)" 라는 Prolog 표현은 "horse가 animal이다" 라는 사실을 의미한다.

예

likes(john, mary).	→ john이 mary를 좋아한다는 사실
female(jane).	→ jane이 여자라는 사실

곧 설명하겠지만, 위와 같이 2개의 사실을 입력하고(프로그래밍하고) 다음과 같이 질의query를 내려보면

```
?- female(jane).
```
▼

▼?- 표시는 차후에 설명하겠지만 query를 입력 받을 준비가 되어 있다는 프롬프트(prompt)이다.
질의를 입력할 때도 마침표를 잊지말자!

Prolog는 다음과 같이 대답할 것이다. 이것은 jane이 female이라는 정보가 미리 입

력되어 있었기 때문에 '참'이라고 판단할 수 있다는 의미이다.

```
true
```

반면, 다음과 같이 입력하면, Prolog는 false라고 대답할 것이다.

```
?- female(mary).
```

실제 상황에서 mary가 female이라고 하더라도, 이 정보는 아직 지식 베이스에 입력되지 않은 정보이기 때문이다. 즉 Prolog는 이미 입력된 사실facts인지 아닌지에 따라서 질의query에 대한 대답을 만들어내는 것이다. 즉, 'true'라는 의미는 현재의 지식 베이스를 이용해서 질의가 참이라고 판단할 수 있다는 의미이다.

Prolog 언어에서 사실을 기술하는 몇 가지 규칙이 있다.

- 모든 서술자와 객체들의 이름은 반드시 '소문자'로 시작해야 한다.▼
- 서술자를 먼저 쓰고, 객체들은 쉼표로 구분하며, 괄호로 묶어야 한다.
- 마침표('.')로 사실과 규칙의 끝을 표시한다.

▼즉, "Who"처럼 대문자로 시작하는 단어는 서술자나 객체를 의미하는 것이 아니라는 말이다. 차후에 다시 설명하겠지만 Prolog에서 대문자로 시작하는 단어는 변수(variables)를 의미한다. 이 변수라는 의미는 C나 Java의 변수와 의미가 조금 다르다. 곧 자세히 설명한다.

규칙(rules)

규칙rule은 사실과 규칙들 사이의 관계를 말하고 싶을 때 사용한다. 다음 예를 한 번 보자.

```
happy(jane).
watchmovie(jane) :- happy(jane).▼
```

▼규칙을 나타내는 기호인 ":-"는 if로 발음하고 해석하면 된다.

위의 2번째 문장을 규칙rule이라고 한다. 이 문장은 "conditionally true인 fact"인 경우로써, happy(jane)인 경우에만 watchmovie(jane)하기 때문이다. 위의 문장은 다음과 같은 의미이다.

```
"if happy(jane)이면, watchmovie(jane)"
```

여기서 watchmovie(jane) 부분을 머리head라고 하고, happy(jane) 부분을 바디body라고 한다. 즉, rule은 "if rule의 바디가 참이면, then 룰의 머리도 참이다."라는 의미를 가진다.

몇 가지 예를 더 살펴보자.

```
happy(jane).
free(jane).
watchmovie(jane) :- happy(jane), free(jane).
```

3번째 문장의 body 부분의 쉼표(,)는 AND(논리곱)의 의미이다. 즉, 위의 문장은 "if happy(jane) **그리고** free(jane)이 참이면, watchmovie(jane)이 참이다"라는 의미이다.

그럼 다음 프로그램은 어떤 의미일까? 다음 문장은 "if happy(jane) 이 **참이거나** free(jane) 이 참이면, watchmove(jane)이 참이다"라는 의미이다.

```
happy(jane).
free(jane).
watchmovie(jane) :- happy(jane).
watchmovie(jane) :- free(jane).▼
```

▼3번째, 4번째의 문장은 head 부분이 동일하고 body 부분 만이 다르다. 즉, 이 경우는 "if happy(jane) 또는 free(jane)이면 watchmovie(jane)이 참이된다"를 의미하는 OR 조건이 된다.

위와 같은 OR(논리 합) 조건은 다음과 같이 세미콜론(;)을 사용하여 표현할 수도 있다.

```
happy(jane).
free(jane).
watchmovie(jane) :- happy(jane);  free(jane).
```

이 상황에서

```
?- watchmovie(jane).
```

이라고 query를 입력하면

```
true
```

라고 출력된다.▼

▼happy(jane) 조건과 free(jane) 조건이 2개 모두 만족하기 때문이다.

이제 조금 다른 경우를 살펴보자. 다음과 같이 사실들이 기술된 상태에서, happy한 사람을 찾고 싶을 때는 어떻게 하면 될까?

```
happy(jane).
happy(tom).
happy(mary).
free(jane).
```

다음과 같은 query를 내려보자.

```
?- happy( Who ).▼
```

▼Who가 대문자로 시작한다. 꼭 Who가 아니라도 대문자로 시작하는 어떠한 문자열도 가능하다.

그러면 다음과 같은 결과가 나올 것이다.▼

▼Prolog는 질문에 대한 모든 가능한 풀이를 수행한다. 하나의 결과에 만족하면 엔터키를 입력하면 되고, 더 많은 결과를 원하면 ;를 입력하면 차례로 결과를 출력한다. 물론 이 상황은 Prolog 개발 환경의 인터페이스 모양에 따라 조금씩 달라질 수 있다.

```
Who = jane
Who = tom
Who = mary
```

이때 Who는 변수variables라고 한다. Prolog에서 변수는 대문자로 시작하거나 '_'로 시작한다. Prolog에서의 변수는 절차형 언어에서의 변수처럼 특정한 값을 보관하는 기억 장소로써의 역할을 하는 것이 아니라 모든 객체를 대표하는 역할을 한다.

Prolog의 변수를 조금 더 살펴보자. 예를 들어, "John은 와인을 좋아하는 사람은 누구나 좋아한다."라고 할 때 다음과 같이 Prolog 규칙을 작성할 수 있다.

▼누군가(X)가 wine을 좋아하면 john은 그(X)를 좋아한다'는 규칙

```
likes(john, X) :- likes(X, wine).▼
```

또 다른 예로는 "john은 와인을 좋아하는 어떤 여성도 좋아한다."는 다음과 같이 작성한다.

▼콤마는 AND 조건, 세미콜론은 OR 조건

```
likes(john, X) :- female(X), likes(X, wine).▼
```

"성공의 조건은 부자거나 유명하거나 건강하거나 행복할 때이다" 라는 규칙은 다음과 같이 기술할 수 있다.

```
successful(A) :- rich(A); famous(A); healthy(A); happy(A).
```

질의(query)

어떤 사실이나 규칙을 갖게 되면, 그에 대한 여러 질의를 할 수 있다. 다음과 같이 jane이 happy한지를 알고 싶으면 facts를 쓰는 양식과 동일하게 작성하면 된다.▼

▼사실(fact)와 질의(query)는 모양이 동일하다.

```
?- happy(jane).
```

추론 엔진은 질문이 주어지면 사실이나 규칙으로 이루어진 데이터베이스(지식 베이스)를 탐색하여 사실과 부합하면 True라고 반응하고 그렇지 않으면 False라고 반응한다.

True나 False 대답을 원하는 것이 아니고, 조건에 부합하는 객체가 무엇인지를 알기 원할 때는 변수를 사용한다. 이때 변수는 대문자로 시작하는 심볼이어야 한다.▼

▼즉, 질문의 종류가 2가지가 있을 수 있지만 이들은 동일한 셈이다. 사실과 규칙으로부터 유도될 수 있는지를 판명하는 것이니까.

```
?- likes(john, X).▼
```

▼john이 likes 하는 모든 것을 출력하라는 질의.

단순 명제를 논리곱(AND 조건)으로 합성하여 "합성 명제"에 대한 질문을 할 수 있다.

```
?- likes(john, mary), likes(mary, john).▼
```

▼jone이 mary를 likes하고, mary가 john을 likes하면 True.

논리곱을 이용한 질문에도 변수를 사용할 수 있다.

```
?- likes(john, X), likes(mary, X).▼
```

▼jone도 likes하고 mary도 likes하는 모든 것을 출력.

Prolog 실전

이제까지는 Prolog에 대한 개략적인 설명을 살펴보았다. 이제 위의 내용을 바탕으로 하여 실전 연습을 해보자. 1970년 대에 만들어진 Prolog는 그 긴 역사 만큼이나 많은 컴파일러, 개발 환경이 있다. 본 교재에서는 SWI-Prolog를 사용하자.▼

▼http://en.wikipedia.org/wiki/Comparison_of_Prolog_implementations

http://www.swi-prolog.org/

위의 사이트에 접속하면 다음과 같은 화면을 볼 수 있다. 화면 아래 쪽을 보면 Prolog 개발 환경을 다운로드해서 사용하거나, 웹 상에서 온라인으로 사용할 수 있다는 것을 알 수 있다.▼

▼다음 두 가지 버전 중에 편한 것을 골라서 사용하자. 간단하게 테스트하는 목적으로는 웹 버전이 편하다.
- 다운로드 버전
- 웹 버전
본 교재에서는 웹 버전을 이용해서 설명한다.

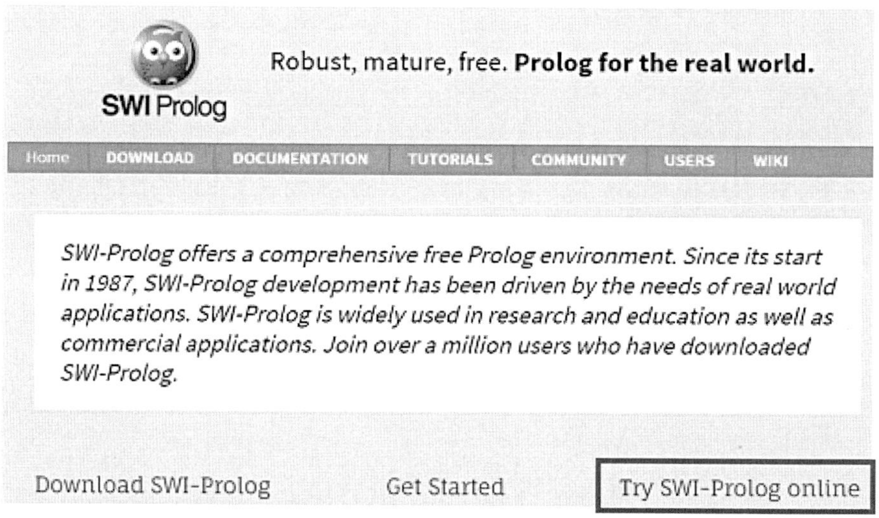

웹 버전 개발 환경

본 교재에서는 웹 버전을 다루어 보기로 하자. 다음의 그림은 위에서 살펴보았던 간단한 예의 입력과 실행을 해본 화면이다. 직관적으로 이해할 수 있을 것이다. 좌측에 프로그래밍을 하고, 우측 하단에서 질의를 입력한다.

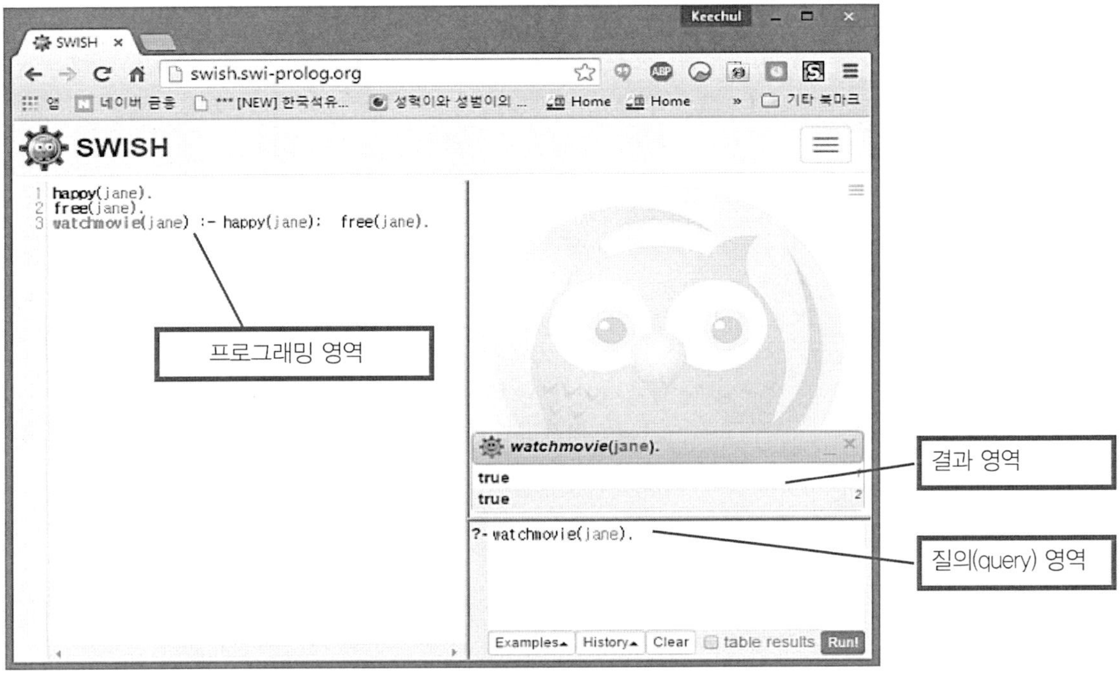

〈 SWI-Prolog 웹 버전 〉

예제로 공부해보자

아래에 몇 가지 예제를 바탕으로 Prolog 언어의 사용법을 유추해보자. 이제 위와 같이 열린 창에서 프로그래밍을 한다. 아래를 입력하자. 다음은 2개의 사실facts과 1개의 규칙rule을 사용한다.▼

```
father(a, b).
father(b, c).
grandfather(X, Z):- father(X,Y), father(Y,Z).▼
```

▼입력할 때 주의하자. 모든 줄 뒤에는 마침표(.)를 입력해야 한다. 프로그래밍 영역에서 사실과 규칙은 색깔로 자동으로 구분된다. 프로그래밍을 마친 후 우측 하단의 질의 영역에서 질의를 입력하고 엔터키를 눌러보자. 이때도 마침표를 잊지말자.

▼이 규칙에는 심볼들이 모두 대문자이다.즉 특정 샘플(instance)에 대한 것이 아니라 모든 대상들에 대한 할아버지(grandfather)라는 규칙을 기술한 것이다.

다음은 비슷한 다른 예제이다. 다음 예에서 심볼 '_'는 임의의 객체(모든 객체)를 의미한다.

```
father(papa1, a).
father(papa2, b).
mother(mom1, c).
mother(mom2, d).

male(X):-father(X, _).▼
female(Y):-mother(Y, _).
```

▼이 문장은 어떤 객체 X가 누군가(anyone)의 father이면, X는 male이라는 규칙을 의미한다.

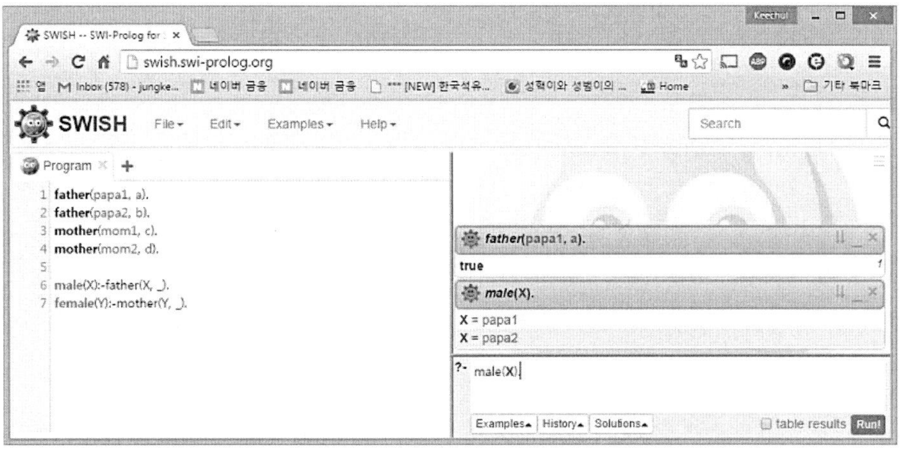

지금 부터는 지면 관계상 간단하게 예제 설명을 중심으로 기술해보자.

```
likes(mary, food).
likes(john, wine).

likes(john, X):-likes(mary, X). % John likes anything that Mary likes
likes(john, X):-likes(X,wine). ▼% John likes anyone who likes wine

?- likes(john, X).▼

X = wine
X = food
X = john▼
```

▼%뒤의 문장은 주석(comment)이다. 주석은 프로그래머를 위한 보조 설명 역할을 하며 소스 코드에는 영향을 미치지 않는다.

▼이 부분부터 query 영역이다. jone이 좋아하는 모든 것을 출력하라는 의미.

▼각각의 결과들이 어떤 과정, 어떤 추론을 통해서 도출되었을지 생각해보자

```
likes(mary, food).
likes(mary, wine).
likes(john, mary).
likes(john, wine).

?- likes(mary, john), likes(john, mary).
false

?- likes(mary, X), likes(john, X).
X = wine
```

위와 같은 단순한 프로그래밍 뿐만이 아니라 기존의 절차형 언어에서의 많은 형식의 프로그램 또한 구현할 수 있다. 다음 예는 팩토리얼factorial 함수를 구현한 것이다. 아래 예제에서의 각 질의의 의미와 결과값을 스스로 확인해보자.▼

▼팩토리얼(factorial): 보통 수학에서는 느낌표(!)를 이용해서 표현한다. n!은 1부터 n까지의 정수의 곱을 의미한다. 3! = 1*2*3.

▼ fact(0)은 1이라는 의미이다.

▼ fact(N)=F if (N>0) and (N1 is N−1) and (fact(N1)=F1) and (F is N*F1). 이라는 의미이다.

```
fact(0, 1).▼
fact(N, F) :- N>0, N1 is N-1, fact(N1, F1), F is N*F1.▼

?- fact(0,1).
true

?- fact(3, Ans).
Ans = 6

?- fact(5, Ans).
Ans = 120

?- fact(3,6).
true

?- fact(5,2).
false
```

다음의 예와 같이 몇가지 간단한 예제를 직접 프로그래밍하고 테스트 해보자.

<table>
<tr>
<td>
홍길동은 운동선수이다.
홍길동은 지성적이다.
건강하고 지성적인 사람은 성공한다.
모든 운동 선수는 건강하다.

답
player(hong).
intelligent(hong).
succeed(X) :- healthy(X), intelligent(X).
healthy(X) :- player(X).

?- succeed(hong).
true
</td>
<td>
모든 사람은 죽는다.
소크라테스는 사람이다.
소크라테스는 죽는다.

답
human(socrates).
mortal(X) :- human(X).

?- mortal(socrates).
true
</td>
</tr>
</table>

실전 예: 감기일까 독감일까?

이 챕터를 시작할 때 이야기했던 감기와 독감의 구분 문제로 돌아가 보자. 다음과 같은 정보를 바탕으로 구현한다면 다음 결과를 얻을 수 있다.

- 감기: 재채기, 기침, 콧물/코막힘 등의 증세
- 독감: 39도 이상의 고열과 심한 근육통 증세

```
sneeze(me).
cough(me).
intenseHeat(me).
runnyNose(me).
nosalCongestion(kim).
muscularAche(kim).

cold(X) :- sneeze(X), cough(X), runnyNose(X).
cold(X) :- sneeze(X), cough(X), nosalCongestion(X).
flu(X) :- intenseHeat(X), muscularAche(X).

?- flu(me).
false

?- cold(me).
true
```

4

CHAPTER

탐색(Search)

인간은 살아가면서 다양한 선택을 해야 하는 경우를 경험하는데, 각자가 설정한 인생의 목표goal에 도착하기 위해서는 수많은 결정(탐색)을 해야 한다.

생활에서 겪게 되는 간단한 경우로 운전 중에 네거리 교차로에서 어느 길을 가야 할지를 결정하는 순간을 생각해보자. 직진을 하면 시간이 얼마나 걸릴까? 아니면 우회전을 하면 시간이 얼마나 걸릴까? 등을 고민하게 된다. 즉, 탐색search은 최적의 결과를 위한 여러 선택 중에서 어떤 것을 선택할 지를 결정하는 과정을 의미한다. 여기에서 선택을 힘들게 하는 이유는 지금 현재 내가 가지고 있는 정보가 불충분하다는 점이다. 즉, 직진 했을 때 어떤 상황이 발생할지, 아니면 우회전 했을 때는 사고 등으로 정체가 발생할 지 등, 내가 가진 정보가 불충분하기 때문에 선택하기 힘들어진다.

조금 더 큰 문제로 고등학교 3학년인 학생이 컴퓨터학과를 지원할 지 의학과를 지원할 지 고민하는 상황을 생각해보자. 내가 각 학과에 얼마나 적성이 있는지, 얼마나 내가 잘 해나갈 수 있을 지, 졸업 후에 내가 원하는 직업을 가질 수 있을 지 등 거의 모든 정보가 불확실한 상황이다.

인공 지능 연구에서 다루는 탐색 문제에서도 이러한 상황을 다룬다. 즉, 각 문제마다 취할 수 있는 정보와 알지 못하는 정보들의 차이가 있다. 그렇지만 각각의 불 충분한 정보를 가지는 상황에서 내가 구할 수 있는 최적의 결과를 찾아가는 방법을 구하는 것이 탐색의 목적이다. 인공 지능에서의 탐색이라는 방법은 "주어진 문제의 답이 해 공간solution space 속에 놓여있고, 이 해 공간 속에서 정답을 찾아가는 과정"으로 생각하는 것을 의미한다. 즉, 문제 해결이라는 과정을 문제에 대한 답을 찾아가는 searching 관점으로 생각하는 것을 탐색이라고 한다.

탐색(search)이란?

실제로 탐색search이라는 단어는 컴퓨터 분야에서 조금씩 다른 의미로 사용된다. 자료 구조에서의 탐색과 인공 지능에서의 탐색이 비슷한 듯 다른데 이를 먼저 살펴보자.▼

▼자료구조나 알고리즘에 익숙한 독자는 이 부분은 건너뛰어도 무방하다.

자료 구조에서의 탐색

자료 구조나 알고리즘 분야에서 가장 기본적으로 배우는 배열array과 같은 선형list 구조에서 원하는 데이터를 찾는 것도 탐색search이라고 한다. 인공 지능에서 접하게 되는 탐색 내용의 상당 부분은 자료 구조의 내용의 업그레이드된 내용이라고 생각할 수 있는데, 인공 지능에서의 탐색은 기본적으로 자료 구조에서 다루는 트리나 그래프의 탐색 기법에 '조금의 생각'을 추가한 방법들이기 때문에 여기서 자료 구조에서의 탐색에 대한 이야기를 하려고 한다.▼

▼인공 지능 분야를 이야기하면서 '자료 구조'를 이야기하는 것이 어색할지도 모르겠다. 그러나 컴퓨터 관련 과목에서 왜 자료 구조, 알고리즘, 수학 등의 과목을 기본 과목이라고 부르는지 그 이유를 여기서 간접적으로 느껴보자.

선형 자료 구조에서 가장 일반적인 '1차원 배열에서의 탐색' 알고리즘은 크게 '▼정렬sorting 안된 배열에서의 탐색'과 '정렬된 배열에서의 탐색'으로 나눌 수 있다. 또한 '정렬된 배열에서의 탐색'은 순차 탐색과 이진 탐색으로 나눌 수 있다. 이와 관련된 내용을 조금 더 자세하게 뒤에서 살펴보자.

▼정렬(sorting): 특정한 기준(숫자라면 숫자의 크기)으로 나열하는 것을 의미한다.

- 정렬안된 배열에서의 탐색
  - 순차 탐색sequential search
- 정렬된 배열에서의 탐색
  - 순차 탐색sequential search
  - 이진 탐색binary search

정렬안된 배열에서의 순차 탐색

다음과 같은 배열에서 특정 숫자(예를 들어 52)를 찾는 경우를 생각해보자. 크기 순으로 정렬sorting되지 않은 데이터는 처음부터 끝까지 순차적으로 탐색sequential search하는 방법으로 해를 찾을 수 있다.

9	8	3	2	6	83	52	15	77	14

〈 1차원 배열 구조: 정렬안된 데이터 〉

순차 탐색 알고리즘은 배열에서 특정한 값을 순차적인 방법으로 찾는 방법을 말한다. 다음과 같은 의사 코드pseudo code에서 처럼 기본적인 탐색 업무를 수행하기 위한 알고리즘은 주로 선택문과 반복문을 효과적으로 조합해서 사용한다.

```
int numbers[] = { 23, 42, 52, 12, 5, 19, 100, 33, 54, 2 };

int ▼last = 10;
boolean ▼find = FALSE;
int ▼count = 0;
int seek = 52;▼

while ( count < last && find == FALSE)▼
{
      if ( number[count] == seek ) find = TRUE;▼
      else count = count + 1;
}
if (find == TRUE) print( count ); ▼
else print( "failed");
```

▼배열의 데이터의 개수

▼검색 도중에 찾았는지 여부를 저장하는 변수. 찾았으면 TRUE 값을 가짐. 초기값은 FALSE.

▼검색 위치. 초기값은 0 부터 시작.

▼검색 목표 데이터

▼비교할 데이터가 남았으며 아직 찾지 못했으면 계속 진행

▼찾았으면…

▼검색에 성공하면 결과 위치를 출력하는 부분(이 방법은 자료에서 내가 원하는 숫자 1개만을 찾아준다. 즉, 똑 같은 데이터가 2개 이상인 경우는 그 중 1개만 찾아주는 방법이라는 의미)

〈 1차원 데이터의 순차 탐색 알고리즘 〉

위의 순차 탐색 알고리즘은 입력 데이터의 개수가 n개라면, 검색 항목이 배열의 1번째에 있을 경우부터 마지막 n번째 있을 경우까지의 '평균'적인 비교 횟수를 계산하면 평균적인 비교 횟수는 다음과 같다.

$$\frac{1+2+3+\cdots+n}{n} = \frac{\frac{n(n+1)}{2}}{n} \quad \frac{n+1}{2}$$

그래서 시간 복잡도는 ▼O(n)이다. 이와 같이 정렬 안된 배열에서의 검색은 모든 데이터를 일일이 검색해보는 방법 밖에 없다.

▼Big-O 표기법이라고 한다. 평균적으로 (n+1)/2을 비교하지만 Big-O 표현법에서는 상수 1/2는 데이터가 커질 경우에는 영향도가 미비해서 상수를 제외한 가장 높은 승수 값만을 표시한다.

정렬된 배열에서의 순차 탐색

다음과 같이 데이터가 크기 순서로 정렬되어 있다면 동일한 순차 탐색 알고리즘이라 하더라도 조금 효과적으로 개선할 수 있다. 즉, 다음과 같이 데이터가 정렬되어 있다면 이를 활용해서 앞의 순차 탐색 알고리즘을 조금 개량할 수 있다.

2	3	6	8	9	14	15	25	77	83

〈 1차원 배열 구조: 정렬된 데이터 〉

```
int numbers[] = { 2, 5, 12, 19, 23, 33, 42, 52, 54, 100 };

int last = 10;
boolean find = FALSE;
int count = 0;
int seek=52;

while ( count < last && find == FALSE )
{
      if ( number[count] == seek ) find = TRUE;
      else if ( number[count] > seek ) count = last;▼
      else count = count + 1;
}

if (find == TRUE) print( count );
else print( "failed");
```

▼이 부분이 변경된 부분이다. 숫자들이 정렬되어 있다는 가정이 있기 때문에, 배열에 없는 숫자를 찾는 경우에는 알고리즘이 조기 종료할 수도 있다.

〈 탐색의 종료 조건이 향상된 순차 탐색 알고리즘 〉

이 방법은 찾고자 하는 숫자가 없어서 탐색을 도중에 종료하는 경우에는 정렬되지 않는 자료에서 순차 탐색하는 방법에 비해서 평균 비교 횟수가 줄어들지만, 평균 시

간 복잡도는 동일하게 O(n) 이다.▼

▼이 방법 또한 자료에서 내가 원하는 숫자 1개만을 찾아준다. 즉, 똑 같은 데이터가 2개 이상인 경우는 그 중 1개만 찾아주는 방법이라는 의미.

정렬된 배열에서의 이진 탐색

바로 전의 탐색 알고리즘은 일반적인 순차 탐색(정렬되지 않는 자료)과 비교해서 조금의 성능 향상은 있지만, 평균 시간 복잡도는 동일하고 또한 자료가 정렬되어 있다는 정보를 충분히 사용하지 못한다는 단점이 있다.

자료가 정렬된 상태에서는 이진 탐색binary search 방법을 사용함으로써 탐색 시간을 줄일 수 있다. 이진 탐색 방법은 '정렬된 데이터'라는 조건을 이용하여 탐색 대상 공간을 반(1/2)씩 줄여가는 방법으로써, 정렬된 데이터에서는 이진 탐색이 아주 효율적이다. 다음 그림을 통해서 예를 들어 설명하자.▼

▼이진 탐색: 이진 탐색은 우리가 일상 생활에서 자주 하는 게임인 '스무 고개'와 비슷하다. 한 사람이 1에서 100까지의 숫자 중 1개를 생각하고, 이 숫자를 다른 사람이 스무 고개 방식으로 맞히는 경우에 가장 효과적인 질문 방법이 무엇일까? 처음 질문은 중간값인 50보다 큰지 작은지를 묻는 것이다. 이것이 이진 탐색이다. 순차 탐색이나 이진 탐색의 자세한 내용은 자료 구조나 알고리즘 분야에서 자세하게 다루고 있다.

다음의 그림에서는 음영 표시된 부분이 탐색 대상 영역이며, 지금은 숫자 52를 찾는 중이라고 하자. 먼저, 정렬된 데이터라는 가정 하에 middle 위치의 값과 비교한다. middle 위치의 값이 내가 찾고자 하는 값보다 작으면 우측 1/2을 다음 탐색 대상으로 하고, 크다면 좌측의 1/2을 다음 탐색 대상으로 한다. 이처럼 탐색 대상을 1/2씩 줄여가기 때문에 이진 탐색binary search이라고 한다.

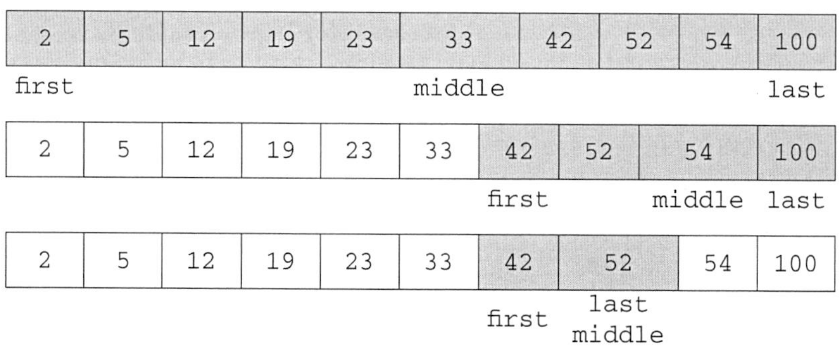

위와 같이 이진 탐색은 평균적으로 탐색 대상의 데이터의 개수가 한번 비교할 때 마다 1/2씩 줄어드는 효과가 있기 때문에 ▼대규모의 데이터에서 더욱 빠른 속도를 보이며 시간 복잡도는 log(n)이다.

▼이진 검색의 수행 속도는 순차 탐색에 비해서 대규모의 데이터에 적합한 방법이다. 그러나 순차 탐색에 비해서 코드가 복잡하기 때문에 데이터의 개수가 '적다면' 순차 탐색이 더욱 빠를 수도 있다.

```
int numbers[] = { 2, 5, 12, 19, 23, 33, 42, 52, 54, 100 };
int find;

int first = 0;
int middle;
int last = 10;
int seek=52;
boolean find = FALSE;

while ( first < last && find == FALSE )
{
      middle = floor( (first + last)/2 );

      if ( number[middle] == seek ) find = TRUE;
      ▼else if ( number[middle] < seek ) first = middle + 1;
      else if ( number[middle] > seek ) last = middle - 1;
}

if (find == TRUE) print( middle );▼
else print( "failed");▼
```

▼검색 영역을 1/2로 줄여가는 부분이다.

▼검색에 성공하면 위치 출력

▼참고로, 이 알고리즘은 재귀 함수(recursive function)를 사용하지 않았다. 이진 검색 알고리즘은 재귀 함수를 사용하면 조금 더 깔끔한 모양의 코드를 얻을 수 있다. 각자 찾아보자.

참고로 다음의 그림을 한 번 보자. 다음 그림은 데이터의 개수(n)에 따른 수행 시간의 증가량을 보여주는 그림인데, O(n)에 비해서 O(log n)이 n이 커질 경우에 수행 시간이 훨씬 빨라지는 것을 알 수 있다. 그렇기 때문에 정렬된 데이터이고 그 데이터의 개수가 많다면 이진 탐색을 수행하는 것이 훨씬 빨리 수행됨을 알 수 있다.

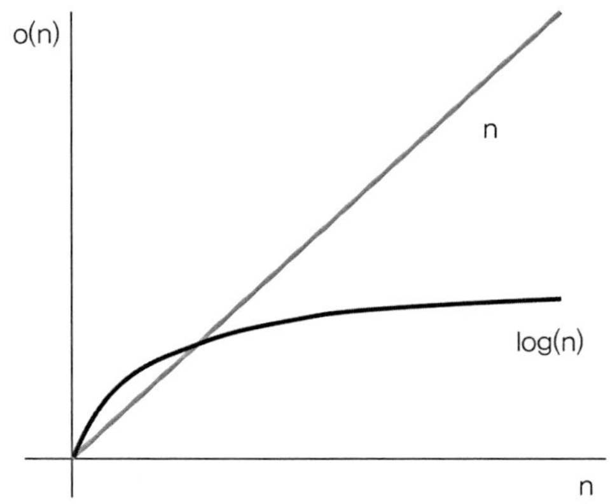

〈 O(n)과 O(log n)의 수행 시간 비교 〉

다른 자료 구조에서의 탐색

탐색 기법은 트리tree나 그래프graph 구조 등 다양한 자료 구조마다 독특한 방법들이 있다. 그 예로 다음 그림을 한 번 보자.

다음은 이진 탐색 트리binary search tree이다. 이진 탐색 트리란 왼쪽의 서브 트리sub-tree는 부모 노드보다 작은 값들로, 오른쪽의 서브 트리는 부모 노드보다 큰 값들로 이어진 트리이다. 이런 이진 탐색 트리에서의 탐색은 그 구조에 기반한 독특한 탐색 기법을 사용할 수 있다. 이와 같이 탐색 기법은 이미 자료 구조나 알고리즘 등의 분야에서 많은 방법들이 제시되어있기 때문에 해당하는 문제에 대한 탐색 기법을 적절히 사용하면 된다.▼

▼자료 구조(data structure)와 알고리즘(algorithm)의 밀접한 관련성을 이야기하는 것이다. 자료 구조가 결정되면 그 자료 구조에 적합한 알고리즘이 따라 온다는 의미이다. 이러한 내용은 자료 구조를 배우면 더욱 자세하게 배울 수 있다. 또한 이러한 데이터 탐색(검색)은 데이터베이스(database)나 요즘 많이 이야기하는 빅 데이터(big data) 연구 분야에서도 많이 다루어지는 내용이다. 관심있다면 한번 살펴보면 좋을 듯 하다.

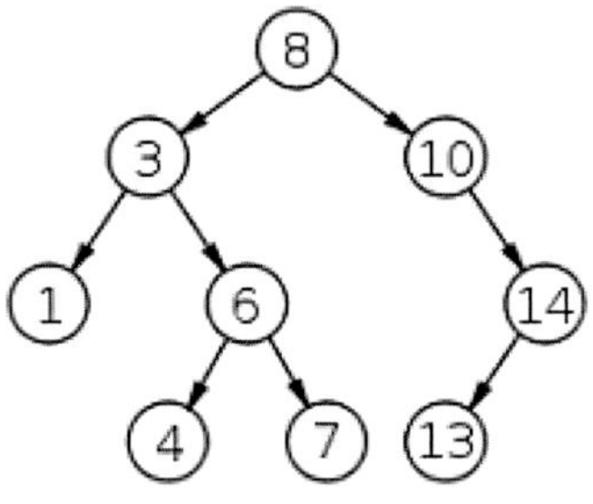

〈 이진 탐색 트리 〉

인공 지능에서의 탐색

이제까지는 자료구조에서 주로 다루는 탐색 기법을 이야기하였다. 이제는 본격적으로 인공 지능에서의 탐색 이야기로 돌아와보자. 인공 지능에서 다루는 탐색 문제는 자료 구조에서의 탐색 문제와 기본적으로는 동일하지만, 가장 큰 차이점은 '대규모 탐색 공간'과 '정보의 불 충분'이다.

인공 지능에서는 탐색 공간이 아주 커서 탐색 시점에서 모든 정보를 확보할 수 없는 상황(보통은 컴퓨터의 메인 메모리에 모두 보관하지 못하는 상황)을 가정한다.▼ 탐색 시작 시점에서 모든 정보를 확보할 수 있는 경우라면 자료 구조에서 사용하는 다양한 탐색 기법을 사용하면 되기 때문이다. 즉, 인공 지능에서는 모든 정보를 획득할 수 없는 상황에서 문제에 대한 후보 해들의 광범위한 공간에서 원하는 해를 효과적으로 찾아내는 것을 목표로 한다.

▼이러한 가정은 컴퓨팅 파워(속도나 메모리)의 제한에서 오는 것을 의미한다.

즉, 자료 구조에서의 탐색은 탐색을 시작하는 시점에 모든 상태 정보(여기서는 노드 정보)를 다 가지고 있는 문제를 주로 다루고, 인공 지능에서는 탐색 도중에 계속 새로운 상태(노드)를 발견해 나가는 문제를 주로 다룬다. 즉, 인공 지능에서 다루는 문제는 문제 공간problem space이 너무 크기 때문에 한 순간에 모든 해 공간을 다 고려하지 못하는 경우를 주로 다룬다는 다른 점이 다르다.

인공 지능에서 다루는 탐색 문제를 Eight-queen problem이라는 예를 통해서 살펴보자. 체스 보드 상의 Queen은 가로, 세로, 대각선 방향으로 거리에 제한없이 움직일 수 있는데, 이 상황에서 Queen 8개를 서로 충돌하지 않게 배치하는 문제가 바로 Eight-queen problem이다. 즉, 다음과 같은 Queen들의 배치 상태를 찾는 문제이다.

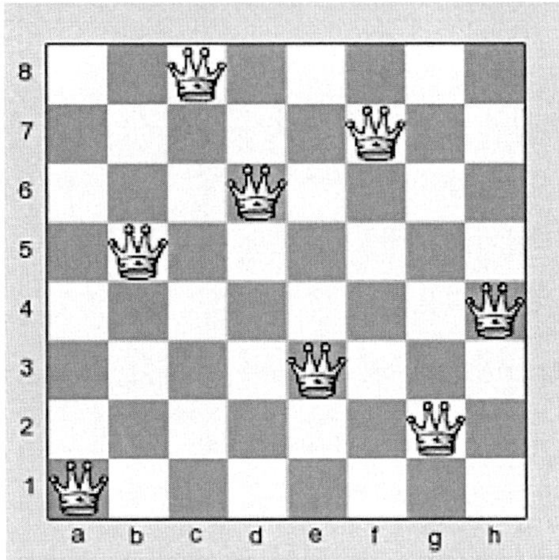

〈 Eight-queen 문제의 해의 예 〉

먼저 이 문제의 문제 공간 크기를 가늠해보기 위해서 Queen을 배치할 수 있는 모든 경우의 수를 생각해보자. 모든 가능한 경우의 수(문제 공간, 상태 공간)는 다음과 같다.

▼즉 64곳의 위치 중에서 8개의 위치를 선택하는 조합(combination) 문제이다.

$$^{\blacktriangledown}{}_{64}C_{8} = 4{,}426{,}165{,}368$$

가능한 경우의 수가 참으로 많다! 이렇게 많은 경우의 수(상태 공간)에서 원하는 목표 상태를 어떻게 찾을 수 있을까? 즉, 이 문제는 상태 공간이 너무 커서 탐색을 시작하는 시점에서는 어떤 상태가 있을지 다 알 수 없으며, Queen을 하나씩 두어보기 전에는 알 수 없다. 인공 지능 분야에서는 이러한 문제를 어떻게 풀 수 있을까?

가장 간단한 방법으로 이 문제를 brute-force 방식으로 풀기도 한다. 이 방법은 Queen을 배치할 수 있는 '모든 경우의 수'에 대하여 Queen들이 서로 충돌하는지 아닌지를 검사해보는 방법이다. 무식해 보이는 방법이기는 하지만, 아주 많은 경우의 수를 일일이 만들어서 해당하는 규칙을 만족하는지를 검사해 보는 방식을 말한다. 탐색을 수행하는 공간을 '상태 공간'이라고 하는데, brute-force 방법은 아무 고민 없이 상태 공간을 하나 하나 훑어보는 방법인 셈이다. 요즘은 컴퓨터가 아주 빠르기 때문에 이러한 brute-force 방법을 사용하여도 꽤 쓸만한 결과를 얻을 수 있는 경우가 많다.

실제로 이러한 "대규모 상태 공간을 어떻게 효과적으로 검색할 수 있을까?"를 고민하는 것이 인공 지능 탐색의 기본이다.

앞의 예와 같이 '자료 구조에서 다루는 탐색' 문제와 '인공 지능에서의 탐색'의 다른 점은 문제에서 관심 있는 탐색 대상인 ▼상태 공간state space의 규모가 다른데, 자료 구조 분야에서 다루는 문제는 이미 잘 정리된 자료를 찾아가는 알고리즘에 주안점을 둔다고 하면, 인공 지능에서의 탐색은 문제에 대한 정의가 애매한 경우가 많고, 문제의 규모가 아주 크기 때문에 탐색의 시작 시점에서 문제에 관련된 모든 정보를 확보하는 것이 거의 불가능에 가까운 경우가 대부분이다.

▼상태 공간을 정의함으로써 문제 풀이 과정을 상태들 간의 천이(상태 이동: transition) 과정으로 나타낼 수 있고, 이는 전통적인 자료 구조인 트리나 그래프로 표현 가능해진다. 이렇게 상태공간을 정의하고 천이 방법을 정의하고 나면 전통적인 탐색 기법을 응용해서 사용할 수 있게된다 [참고] http://en.wikipedia.org/wiki/Search_algorithm

탐색 문제 예제

인공 지능에서 다루는 탐색 문제의 대표적인 2가지 경우를 예를 들어서 설명해보자. 대표적인 문제 유형은 미로 찾기 문제와 퍼즐 게임이다.

미로 찾기

다음 그림과 같은 미로를 생각해보자. 위쪽의 입구에서 출발해서 아래쪽의 출구로 나오는 문제를 찾는 문제이다. 입구를 들어가자 마자 '직진'을 해야 할지 '우회전'을 해야 할지를 결정해야 한다. 결론은 '직진'이다. 이를 어떻게 알 수 있을까?

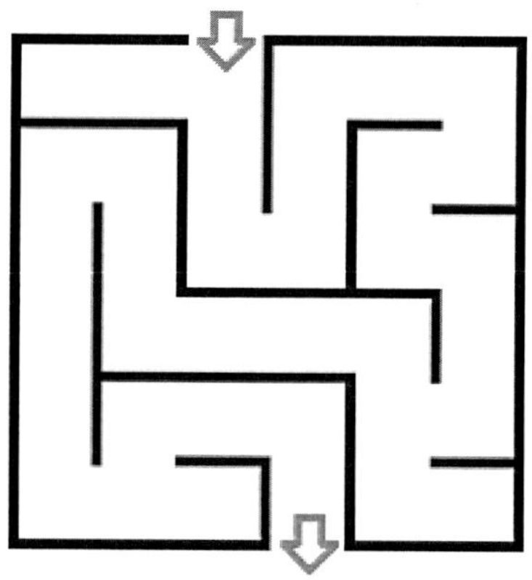

〈 미로 예제 그림 〉▼

▼본 그림은 다음 사이트에서 자동으로 만들었다. http://www.mazegenerator.net/

어떻게 이 문제를 풀 수(출구를 찾아갈 수) 있을까? 몇 가지 쉽게 생각할 수 있는 방법들을 정리해보자.

- **눈 감고 찾기**: 모든 지도 정보를 사용할 수 있는 차량용 내비게이션 장비와는 다르게, 이 경우에 출구를 찾기 위해 지금 당장 내가 사용할 수 있는 정보는 현재 위치에서 4방향으로의 정보 뿐이니 아예 눈을 감고 한동안 헤메이다 보면 길을 찾을 수 있겠지…하는 방법이다.

– **'좌수법(左手法)' 또는 '우수법(右手法)'**: 입구를 들어가서 왼손이나 오른손 중 하나로 벽을 만지면서 계속 진행하는 방법이다. 다음 그림은 해당 미로를 좌수법으로 길을 찾아가는 것을 보인다.

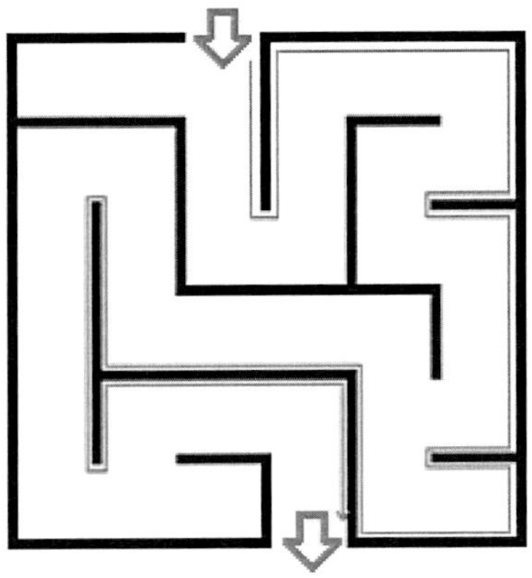

〈 좌수법 적용 예제 〉

– **Backtracking 방법**: 다음과 같은 미로는 좌수법 또는 우수법으로는 해결되지 않는다. 그래서, 보통 이와 같은 미로 탐색 문제에는 스택(stack) 자료구조를 이용한 재귀적recursive ▼backtracking 알고리즘이 많이 사용된다. 자료 구조 등을 배우지 않은 사람은 이 문장이 어렵게 느껴질 것이다. 잠시 후에 차근 차근 배워보자.

▼인공 지능이나 자료 구조에서 나오는 백트래킹(backtracking)이라는 용어는 "왔던 길을 다시 돌아가기"라는 의미이다. 우리가 길을 찾을 때도 한쪽 길을 찾아가다가 막다른 곳에 다다르면 왔던 길을 다시 돌아가서 새로 시작하곤 한다. 이것을 backtracking이라고 한다.

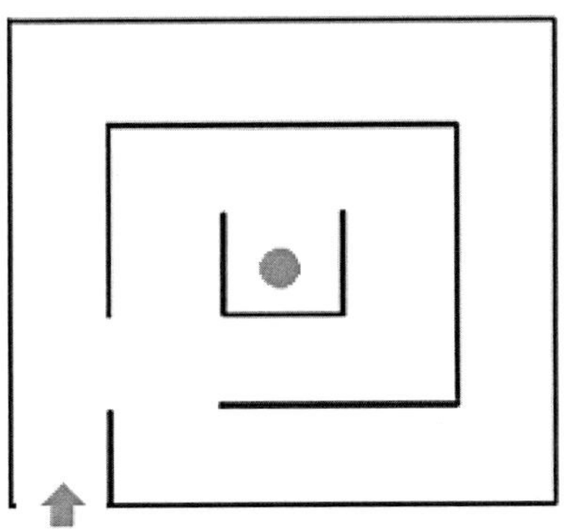

〈 좌수법 또는 우수법으로 풀리지 않는 미로 〉

퍼즐 게임

위와 같은 '길 찾기' 문제는 탐색search 문제로써 당연하게 생각될 것이다. 문제의 형식이 탐색과 자연스럽게 부합하기 때문이다.

이제부터는 탐색 기법의 대상으로 인공 지능에서 많이 다루는 문제 형식인 '퍼즐 게임'을 살펴보자. 다음 그림과 같이 3×3 '숫자 슬라이딩 퍼즐' 문제가 있다. 이 문제는 어떤 상태에서 시작하든 다음 오른쪽 그림과 같이 만드는 것이 목적이다. 즉, 왼쪽의 시작 상태에서 오른쪽의 상태로 바꾸는 경로를 찾는 문제이다. ▼

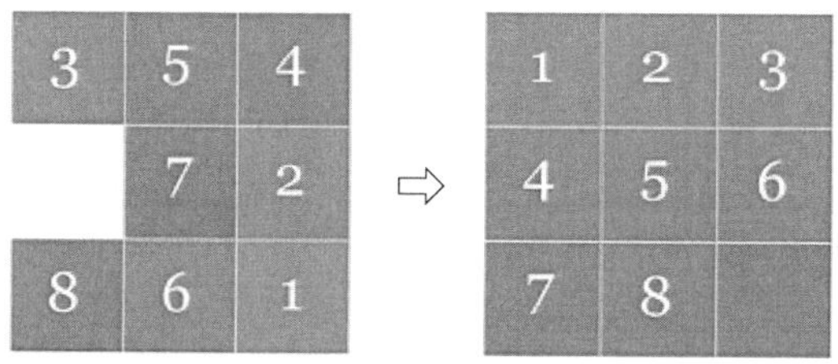

▼ 이 퍼즐 그림은 다음 사이트에서 만들었다. http://mypuzzle.org/sliding

위에서 '상태'라는 단어를 사용하였는데, 이 상태라는 이야기를 좀 설명할 필요가 있다. 이전의 길 찾기 문제에서는 지금 현재의 '위치'에서 다른 '위치'를 찾아가는 문제였다면, 이 퍼즐 문제에서는 지금의 '상태'에서 다음 '상태'를 순차적으로 찾아가는 방식이다. 특정 문제에서 발생 가능한 모든 상태들의 모음을 '상태 공간state space' 또는 '문제 공간problem space'라고 한다.

이러한 퍼즐 문제를 풀기 위해서는 다음 3가지를 정해야 한다.

- 초기 상태
- 목표 상태
- 가능한 동작 연산

1. 초기 상태initial state

   시작 시점에서의 초기 상태이다. 상태 공간에서 해를 찾기 위한 시작점을 설정한다. 본 예제에서는 아래 상태가 초기 상태라고 하자.

3	5	4
	7	2
8	6	1

2. 목표 상태goal state:

   다음 상태가 목표 상태라고 하자. 이렇게 하면 내가 풀어야 하는 문제는 "위의 초기 상태에서 출발하여 다음과 같은 목표 상태까지 가는 경로를 탐색search" 하는 문제이다.▼

▼초기 상태와 목표 상태를 설정한 후, 실제 탐색 문제를 구현(implement)하려면 가장 먼저 아래를 고민해야한다.
"탐색 문제를 어떻게 인코딩(encoding)하는 것이 좋을까?"
풀고자 하는 문제가 있으면 이 문제를 어떠한 형태로 기술(describe)할 수 있을까에 대한 고민이 선행되어야한다는 말이다.
이 예제에서 상태를 2차원 행렬로 구현할 지, 1차원 행렬로 구현할 지, 아니면 이와 다른 방식으로 구현할 지는 실제로 구현하는 단계에서 생각해야 한다.

1	2	3
4	5	6
7	8	

3. 가능한 동작 연산operators

   초기 상태에서부터 목표 상태에 도달하기 위해서 할 수 있는 동작actions들을 말한다. 이 퍼즐 문제에서는 각 타일을 자신의 상/하/좌/우의 빈 칸으로 옮기는 동작을 할 수 있다.

위의 퍼즐 문제를 어떻게 풀 수 있을까?

다음 그림의 각 노드(상태) 왼쪽의 숫자는 퍼즐의 각 타일 중에서 올바른 위치에 위치한 타일의 개수를 나타낸다. 이 문제는 이 숫자(옳은 자리에 배치된 타일의 개수)가 8이 되는 상태를 찾아가는 문제가 되는 셈이다. 다음 그림에서 가장 위의 루트 노드에서 시작해서 8이라는 숫자(점수)를 가지는 노드로 가는 길을 찾는 것이 인공 지능에서의 탐색 기법이다.▼

▼계속 읽어내려가기 전에 어떻게 하면 해를 찾을 수 있을지 상상해보자.
그림에서 보이는 이 방법은 뒷 부분에서 조금 더 자세하게 다룰 예정으로써 local search라는 방법이다.
그림에서 유의해서 볼 부분이 있다. 특정 상태가 반복해서 출현하는 경우가 발생할 수 있다는 점이다. 차후에는 이러한 경우를 어떻게 다루어야 할지도 고민해야할 문제이다.

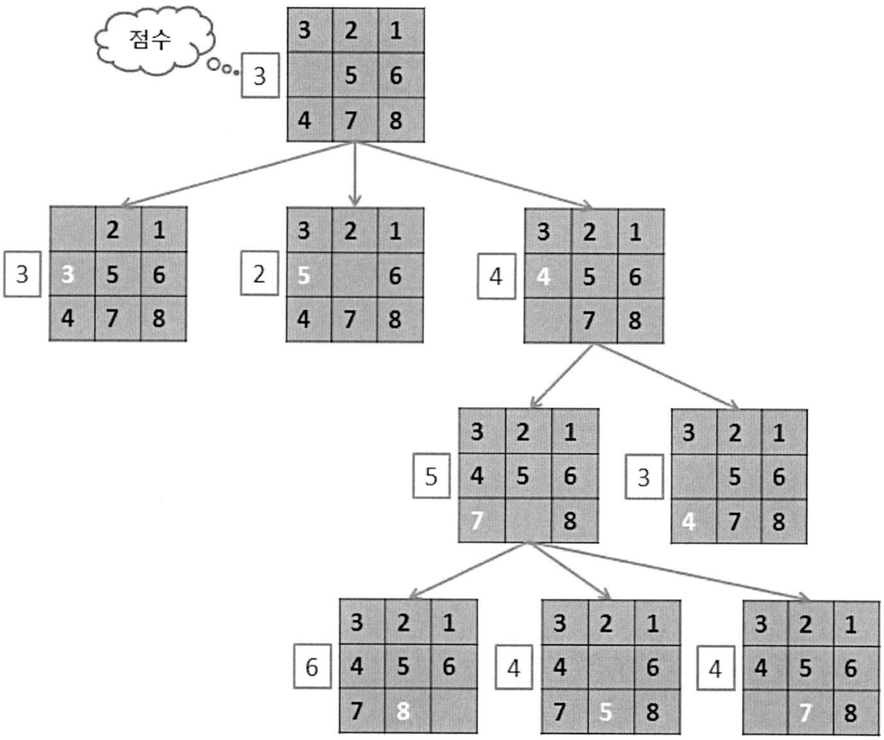

〈퍼즐 문제의 탐색 과정 예〉▼

▼독자들이 이 그림을 유심히 살펴보고 어떤 생각을 하고 있을지 모르겠다.
이렇게 단순히 빈 칸 옆의 퍼즐을 옮기는 방식으로는 하단의 가장 왼쪽 퍼즐(점수 6점)에서 더 상태를 옮기더라도 해를 찾지 못하는 상황이 올 수도 있다.

Un-informed search/ Blind Search▼

인공 지능에서 다루는 탐색 문제를 이야기하기 전에 자료 구조나 알고리즘 이야기를 조금 더 자세하게 해보자. 인공 지능의 탐색 알고리즘에서도 이 내용들을 기본적으로 사용하고 있기 때문이다.

자료 구조나 알고리즘 시간에 배우는 리스트 탐색list search 알고리즘은 탐색 알고리즘 중에서 가장 기본적인 것이다. 리스트 탐색에서 가장 간단한 방법인 순차 탐색sequential search 방법은 리스트의 각 요소를 순서대로 검사하고, 이 보다 성능을 조금 향상시킨 2진 탐색binary search 등의 방법이 정렬된 리스트 탐색의 대표적 방법이다.

리스트 탐색 알고리즘에서 조금 더 나아가서 트리 탐색tree search을 살펴보자. 너비 우선 탐색 Breadth-First Search: BFS 방법은 각 레벨level 단계로 차근 차근 탐색하는 방법이고, 깊이 우선 탐색Depth-First Search: DFS은 먼저 단말 노드leaf node에 도달하고 나서 백트래킹backtracking 하는 방법이다.▼

트리에서 조금 더 나아가서 그래프에서의 많은 문제들이 트리 탐색 알고리즘의 확장된 방법으로 해결될 수 있는데, 예를 들면 Dijkstra's algorithm, Kruskal's algorithm, nearest neighbor algorithm, Prim's algorithm 등과 같은 것이다. 이런 것들은 트리에서의 탐색 알고리즘의 확장이라고 볼 수 있다.

지금 이야기하려는 인공 지능 분야에서의 un-informed search는 문제의 독특한 성질을 고려하지 않는 탐색 방법이다. 즉, ▼문제 특성을 고려하지 않고 기존의 트리 탐색 알고리즘을 활용하는 방법이다. 다른 방식으로 설명하면 un-informed search는 탐색 알고리즘의 미리 정해진 수순으로 해를 찾아가는 과정이다. 이 방법은 일반적으로 비 효율적인 방법이라고 생각되지만 탐색 영역이 작은 문제에는 아주 많이 사용되는 방법이다. 즉, 대부분의 인공 지능에서 다루는 넓은 문제 공간을 가진 경우가 아니라, 문제 공간이 작은 크기의 경우에만 합리적인 시간 내에 수행 가능한 방법이다.

이런 방법을 적용할 수 있는 문제에는 어떤 문제가 있을까? 지금부터의 설명을 위해

▼탐색과 관련된 인공 지능 기법들을 아래에서 하나씩 살펴보도록 하자.
탐색 기법은 크게 uninformed search와 informed search로 나눌 수 있다. 먼저 un-informed search를 알아보자.

▼자료 구조나 알고리즘을 배우지 않는 상태에서는 설명이 어렵게 느껴질것이다. 조금 뒤에 자세한 설명이 따라온다.

▼'문제의 특성'이라는 것이 무엇을 의미하는지 잘 이해되지 않을것이다. 조금만 참자.

서 다음의 상태 공간을 가정하자. START 상태에서 GOAL 상태로의 길path의 유무를 결정하는 문제, 또는 길이 있다면 경비가 최소인 경로를 찾는 문제를 고려해보자.

이 그림은 개념적인 그림이다. 즉, 장기 게임에서는 아래 그림의 각각의 노드가 장기판의 한 순간의 상태를 의미하는 것으로 간주할 수 있다. 그리고 노드간의 이동(action)은 장기말을 옮김으로써 이루어 진다고 생각할 수 있다.

즉, 장기라는 문제를 해결하는 탐색 기법은 '첫 장기판 상태(start state)'에서 '내가 이기는 상태(goal state)'를 찾아가는 탐색 방식을 의미한다.

이를 찾아가는 과정이 트리 탐색을 닮았다는 의미로 '트리를 이용한 탐색'이라고 명명하는 것이다.

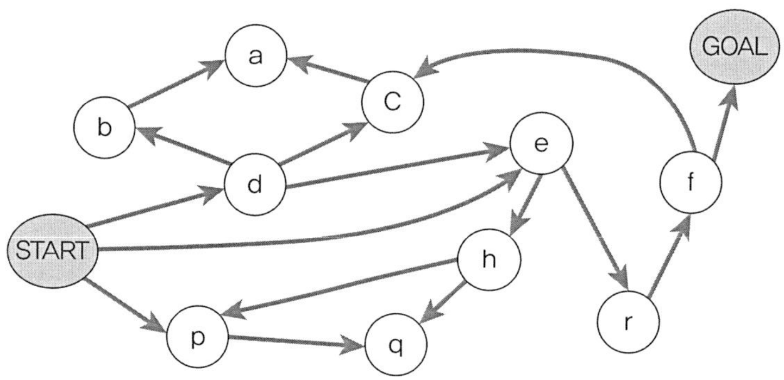

앞의 그림과 같은 상황에서 START 상태에서 GOAL 상태로 가는 길을 찾는 방법은 어떤 방법이 있을까? 보통은 이러한 경우에 다음 2가지 트리 탐색 알고리즘을 사용할 수 있다. 아래에서 이 방법을 조금 더 자세하게 알아보자.▼

- Depth-First Search(DFS, 깊이 우선 탐색)
- Breadth-First Search(BFS, 너비 우선 탐색)

▼Manuela Veloso and Luis von Ahn 강의 자료 참고. http://www.cs.cmu.edu/afs/andrew/course/15/381-f09/www/
이러한 방법 이외에도 다양한 변형이 있을 수 있다. 아래를 참고하자.
http://www.rci.rutgers.edu/~cfs/472_html/AI_SEARCH/ExhaustiveSearch.html

Depth–First Search(DFS)

Depth-first search(DFS)는 트리Tree나 그래프Graph를 탐색하는 알고리즘으로써, 시작 상태로부터 자식 노드child node를 확장하여 목표 상태goal state가 발견될 때까지 또는 더 깊이 확장할 수 없는 단말 모드leaf nodes까지 탐색을 수행하는 방법이다. 만일 해를 찾지 못하고 단말 노드에 이르면 백 트래킹backtracking 하여 다음 노드에서 출발한다.▼

▼이 설명이 이해하기 쉽지 않다. 간단한 설명은… "지금 위치에서 갈 수 있는 곳이 있으면 끝까지 가고, 더 이상 갈곳이 없으면 되돌아 와서 다시 검색한다" 라고 생각할 수 있다.

다음 그림은 DFS를 직관적으로 이해할 수 있도록 그린 그림이다. 점선이 각 노드의 탐색 순서를 나타낸다.

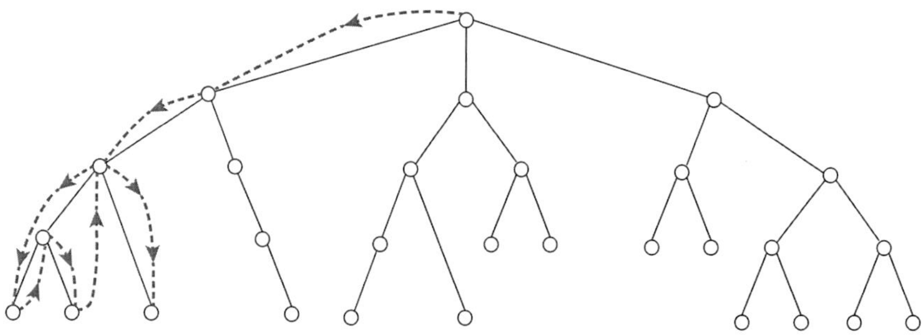

〈 DFS의 탐색 순서의 직관적 설명 〉▼

▼다음 사이트에서 DFS 수행 과정을 시각적으로 확인할 수 있다.
https://www.cs.usfca.edu/~galles/visualization/DFS.html

DFS는 지나온 노드들에 관한 정보를 스택stack에 보관하고 있어야 한다. 그래야만 더 이상 갈 곳이 없을 경우에 되돌아갈 곳을 찾을 수 있기 때문이다. 스택이라는 자료 구조는 다음 그림과 같이 스택의 Top에서만 자료의 입력과 출력이 이루어지는 자료 구조다. 때문에 가장 최근에 입력된 자료가 가장 먼저 출력되는 Last-In-First-Out(LIFO) 구조라고 한다.

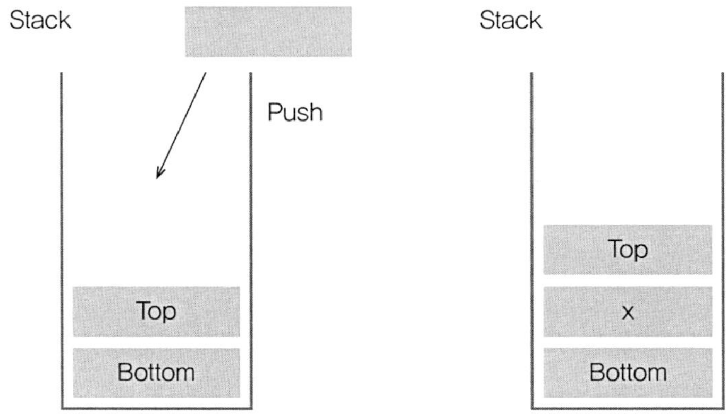

〈 스택의 push 동작 방식 〉

스택을 사용한 DFS의 의사 코드Pseudo-code는 다음과 같다. 의사 코드를 보면서 탐색 과정을 머리속에서 한번 그려보기를 바란다.

▼스택에서 자료를 추가하는 동작을 Push라고 하고, 자료를 빼는 동작을 Pop이라고 한다.

```
▼push(Start);

while ( StackIsNotEmpty )
{
   CurrentNode = Pop();

   if ( CurrentNode == Goal ) return CurrentNode;

   for (all child nodes of CurrentNode)
      push( ChildNode );
}
```

〈 DFS의 Pseudo-code 〉▼

▼이 DFS를 퍼즐 문제에 적용하면 어떻게 될까? 문제없이 잘 해결될 수 있을까?

다음의 그림은 조금 전에 보았던 퍼즐 게임의 그림과 유사한 그림이다. 이 그림을 이용하여 DFS를 설명해보자. 아래에 각 노드의 번호와 각 상태에서의 스택의 내용물을 그림으로 나타내었다. 탐색이 진행되면서 매 단계에서의 스택의 모양에 주의해서 보자. 탐색이 수행될 때 마다 스택의 Top에서 Pop되고 새로운 노드들이 Push되었

음을 알 수 있다.▼

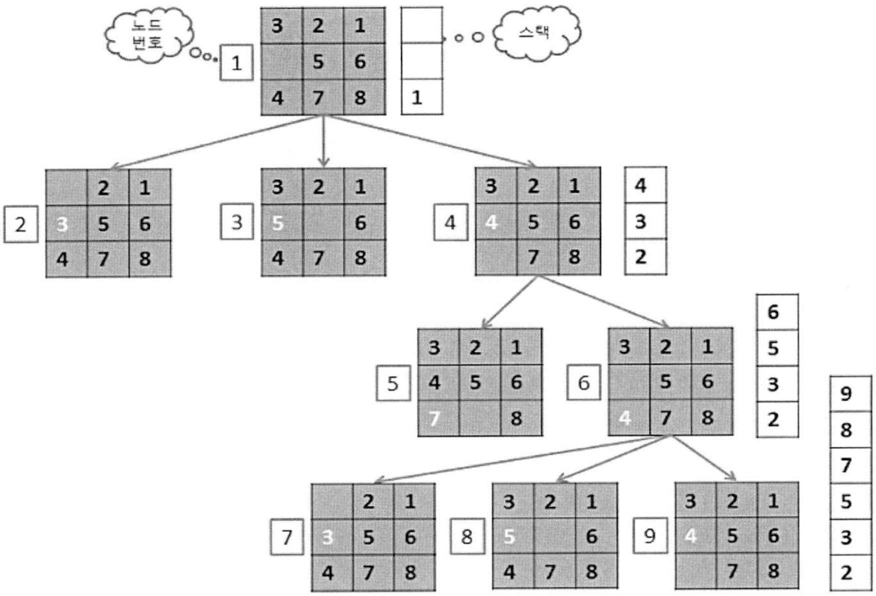

〈 퍼즐 문제의 DFS 〉

위의 그림을 자세히 보면 6번 상태는 실제로 1번 상태와 동일한 경우이다. 탐색 문제를 해결하는 경우에 많은 알고리즘에서 발생하는 문제인데, 동일한 경우를 중복 검사하지 않아야만 수행 속도를 증가시킬 수 있는데 이 또한 향후에 해결해야하는 문제다. 또한 un-informed(blind) search이기 때문에 현재의 상황보다 더 목표에 가까운지 여부를 따지지 않기 때문에 탐색이 진행되면서 조금씩 해에 가까이 다가간다는 보장이 없다는 단점이 있다. 이와 관련된 내용은 다음 섹션의 informed search에서 다루어보자.

▼퍼즐 문제를 DFS로 찾아가는 이 방법의 문제점(특징)은 무엇일까? 이 섹션의 제목처럼 DFS는 un-informed(blind) search이다. 즉 스택에 들어간 순서에 따라서 탐색 순서가 정해지는 방법이며, 문제의 특성을 활용하지 않기 때문에 점점 좋은 해를 찾아가거나 하는 방법은 아니라는(blind) 말이다.

Breadth-First Search(BFS)

Breadth-First Search(BFS)는 현재 상태에서 '가까운' 노드들을 순차적으로 탐색해가면서 원하는 해solution를 찾는 방법이다. 이를 위해서는 각 노드에서 확장expansion해서 갈 수 있는 다음 노드들을 Queue를 이용해서 관리한다. 즉, 트리를 탐색해가면서 새로 확장되는 노드는 Queue의 뒷 부분에 추가하고 탐색이 끝난 노드는 Queue의 앞 부분에서 삭제하면서, 목표 노드에 도달하였는지를 검사한다.▼

▼이 설명이 이해하기 쉽지 않다. 간단한 설명은… "지금 위치에서 '한번 만에' 갈 수 있는 곳을 다 가고, 더 이상 갈곳이 없으면 다음 노드에서 다시 검색한다" 라고 생각할 수 있다.

다음 그림은 BFS를 직관적으로 이해할 수 있도록 그린 그림이다. 점선이 각 노드의 탐색 순서를 나타낸다.

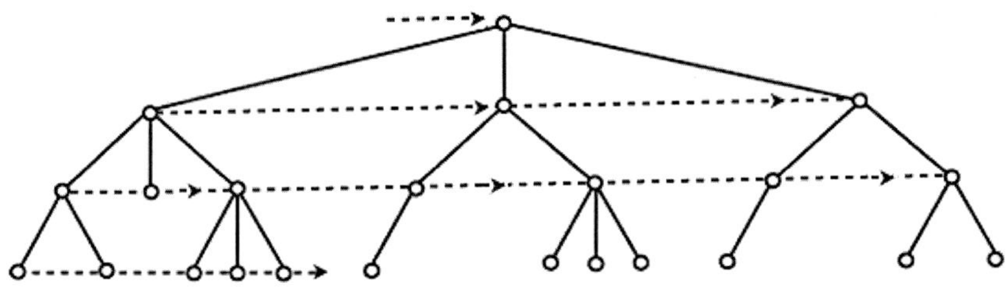

〈 BFS의 검색 순서의 직관적 설명 〉▼

▼다음 사이트에서 BFS 수행 과정을 시각적으로 확인할 수 있다. https://www.cs.usfca.edu/~galles/visualization/BFS.html

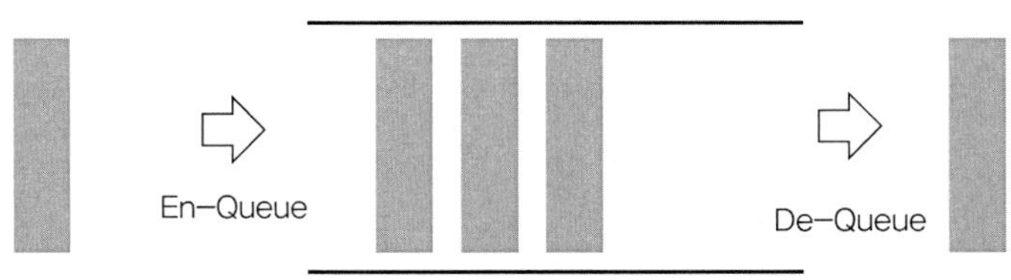

〈 Queue의 작동 방식 〉

Queue를 사용한 BFS의 Pseudo-code는 다음과 같다. 의사 코드를 보면서 탐색 과정을 머리속에서 한번 그려보기를 바란다. BFS가 DFS와 탐색 과정이 어떻게 다른지 직관적으로 이해할 필요가 있다.

```
▼EnQueue(Start);

while( QueueIsNotEmpty )
{
    CurrentNode = DeQueue(Queue);
    if (CurrentNode == Goal) return CurrentNode;

    for (all Child nodes of CurrentNode)
        EnQueue( ChildNode );
}
```

〈 BFS의 Pseudo-code 〉

▼큐에 자료를 추가하는 동작을 EnQueue라고, 큐에서 자료를 빼는 동작을 DeQueue라고 한다.

여기까지는 자료 구조에서 다루는 트리 탐색 기법 BFS를 설명한 것이다. 이를 인공지능에서 어떻게 사용할 수 있을까? 앞의 퍼즐 문제를 생각해보자. 다음 그림을 한번 살펴보자. 오른쪽 상단에 BFS 수행 동안의 큐의 변화 과정을 보이고 있다.

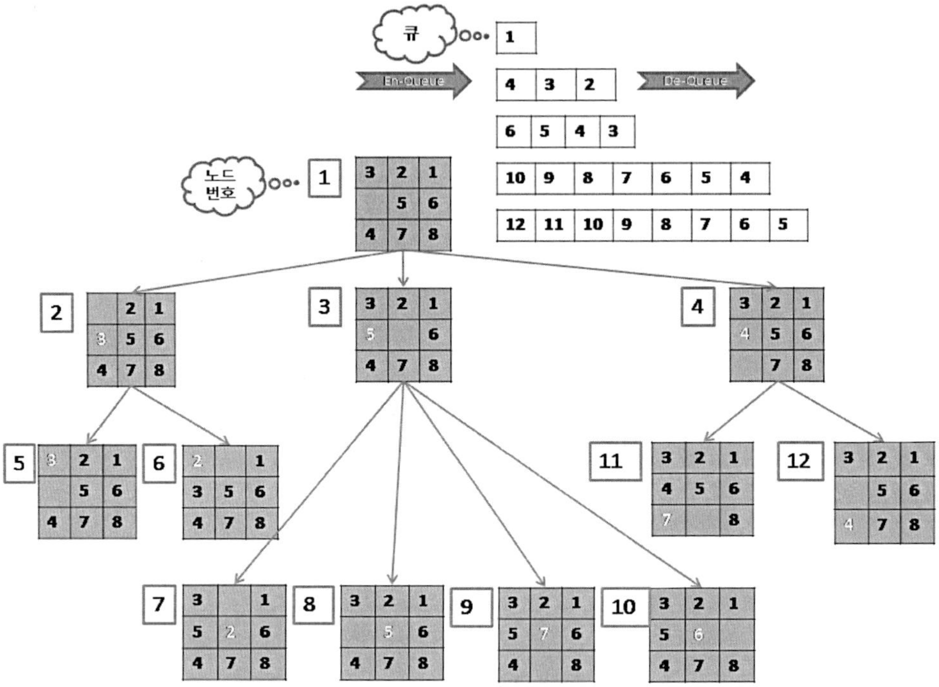

〈 퍼즐 문제의 BFS 〉

DFS와 BFS의 비교

DFS와 BFS, 이 두 알고리즘의 가장 기본적인 차이점이 무엇일까? 사용하는 자료 구조가 '스택'이냐 '큐'냐 하는 차이점이다. 그러면 이로 인해 각각의 알고리즘이 어떤 특성을 가질까?

다음 상황을 한번 가정해보자.

1. 원하는 해답이 루트 노드에서 멀지 않은 경우 → BFS가 효과적일 수 있다. 트리의 깊이가 얕을 수 있기 때문이다.
2. 해답이 여러 개인 경우 원하는 해답의 개수가 문제 공간에서 많지 않고, 트리가 경우에 따라 매우 깊을 수 있으면 → BFS 가 효과적일 수 있다. DFS는

엉뚱한 곳에서 깊이 탐색할 가능성이 있기 때문이다.

3. 원하는 해답의 개수가 문제 공간에서 많고, 그 해답이 트리의 깊은 곳에 있다면 → BFS는 큐를 저장하기 위한 메모리가 많이 필요해서 비 실용적일 수 있다. DFS가 효과적일 수 있다.▼

▼이 3가지 상황에 대한 설명은 일반적으로 그럴 수 있다는 의미이지. 모든 상황에서 절대적으로 그러하다는 의미는 아니다.

위에서 몇 가지 상황을 가정해서 DFS와 BFS의 차이점을 생각해보려고 하였다. 아래에서는 각 방법의 장단점을 간단하게 기술해보자.

	장점	단점
DFS	• 스택을 위한 저장 공간의 수요가 비교적 작다. 스택은 트리의 깊이에 비례하는 용량이 필요하기 때문이다. • 목표 노드가 깊은 단계에 있을 경우 해를 빨리 구할 수도 있다.	• 해가 없는 경로에 깊이 빠질 우려가 있다. 이를 위해서 depth –limited search, iterative deepening DFS 등의 개량된 방법들이 존재한다. • 해에 이르는 경로가 다수인 경우 얻어진 해가 최단 경로가 된다는 보장이 없다.
BFS	• complete: 해가 존재하면 반드시 찾을 수 있다. 탐색의 효율성과는 별개로 해가 존재한다면 언젠가는 찾을 수 있다. 반대로 DFS는 해가 있음에도 불구하고 찾지 못할 수도 있다. • optimal: 해에 이르는 경로가 다수인 경우에도 최단 경로를 보장한다. DFS는 구해진 해가 최단 경로임을 보장하지는 못한다.	• 노드의 수가 늘어나면 탐색 시간이 비현실적으로 길어질 수 있다 • 많은 기억 공간이 필요하다. 탐색 과정 중에 발견하는 노드들을 모두 큐에 저장해두어야 하기 때문이다.▼

▼따라서 BFS는 노드의 수가 적고 얕은 깊이에 해가 존재할 때 유리하다.

Informed search/ heuristic search

조금 전까지 소개한 un-informed 탐색 기법은 문제가 가지고 있는 정보를 전혀 사용하지 않고(눈을 감고blind) 해답을 찾아가는 방식이다. 이 말이 무슨 말인지 다시 생각해보자. 위에서 소개한 BFS나 DFS 알고리즘을 운용하면서 다양한 후보가 있을 때 어떤 후보가 더 좋아서 먼저 살펴볼지 등에 대한 고민을 전혀 하지 않았었다. 즉, 눈을 감고 기계적으로 다음 후보를 선택한 방법들이다.

그러나 AI의 많은 문제들은 문제를 풀기 위한 다양한 정보를 가지고 있다. Informed search 또는 휴리스틱 탐색heuristic search 기법은 해당하는 문제가 가진 독특한 정보(휴리스틱)를 이용하여 탐색의 효율성을 높이는 방식이다. 일반적으로 좋은 휴리스틱heuristic 은 정보 탐색 과정을 향상시키며 어떤 un-informed search 방법도 능가하는 성능을 낼 수 있다.▼

▼문제가 가진 독특한 정보라는 것이 무엇일까? 길찾기 문제라면 목표 지점까지의 예상 거리, 퍼즐이라면 위치가 옳바른 숫자 퍼즐의 개수, 틱택토 게임이라면 내가 지금 얼마나 이기고 있는지 등의 정보를 의미한다. 물론 휴리스틱이 100% 정확한 정보가 아닐 수 있기 때문에 탐색 결과가 최적(optimal)이 아닐수도 있다.

이 책에서 살펴볼 대표적인 informed search 기법으로는 다음 2가지가 대표적인 방법이다.

- hill climbing 알고리즘
- A* 알고리즘

hill climbing 알고리즘

어떤 문제는 다만 목표goal 상태를 찾는 것이 문제인 경우로써, 목표까지의 경로는 알 필요가 없는 경우에는 지금까지의 거쳐온 경로에 대한 고민을 하지 않고, 지금 보다 조금 더 좋은 해를 찾아가는 방법을 사용하고 싶은 경우도 있을 수 있다.▼

▼Eight-queen 문제에서는 queen들을 배치하는 순서는 중요하지 않다. 순서가 결과에 영향을 미치지 않기 때문이다. 물론 경로를 보관할 수도 있다. 그러나 그럴 필요가 없는 경우도 있다는 의미이다.

이와 같은 경우는 local search 알고리즘 중의 한 방법인 hill climbing 방법을 사용할 수 있다. hill climbing은 이제까지의 경로를 고민하지 않는다. 즉, 이제까지 탐색해온 과거의 경로를 저장하지 않는다. 또 뒤로 다시 되돌아보지도 않는다. 다만 목표 상태에 도달할 때 까지 '지금보다 좋은 해'를 계속적으로 찾아가는 방법이다. 이러한 예는 등산을 할 때 고지에 오르기 위해서 지금 위치보다 조금 더 높은 곳을 차근 차근 밟아가다 보면 언젠가 가장 높은 곳에 올라갈 수 있는 원리와 동일하다.

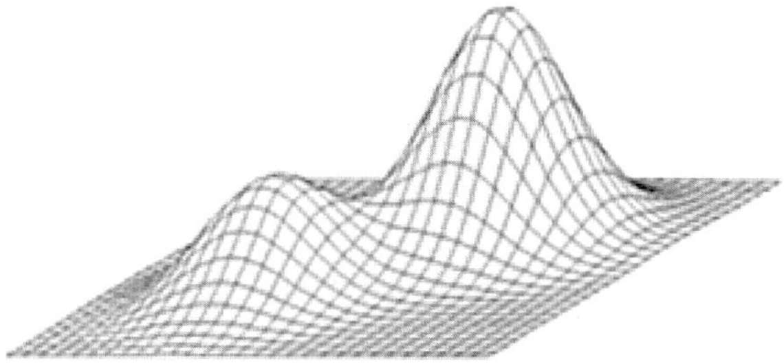

〈 hill climbing 방법을 사용할 수 있는 문제의 예 〉

아래에서 hill climbing 알고리즘의 의사 코드를 살펴보자. 다음과 같이 주위의 노드 중에서 현재 노드currentNode보다 좋은 평가값을 가지는 노드 중에 가장 좋은 노드를 선택하고, 이 작업을 목표에 도착할 때까지 반복하는 것이다. 이때 사용하는 평가값이라는 것이 informed search에서 사용하는 정보information이다.

```
currentNode = startNode;
loop
      L = neighbors(currentNode);
      find bestNode in L;
      if ( bestNode <= currentNode )
           return currentNode;
      currentNode = bestNode;
```

〈 hill climbing 알고리즘의 pseudo-code 〉▼

Hill climbing 알고리즘은 간단하다는 장점이 있는 반면에, 다음 그림과 같이 지역 최적값local optimum에 갇히는 경우가 발생할 수 있다. 다음 그림은 2차원 공간 상에서 가장 높은 곳을 찾기 위해서 Hill climbing 알고리즘을 사용하는 경우, 출발 지점에 따라서 지역 최적값local optimum에서 멈추게되는 경우가 있다는 점을 보인다.

▼엄밀하게 말하면 이 의사 코드는 'Steepest Ascent Hill Climbing' 알고리즘이다. 즉, 이웃 노드들 중 '가장 높은 곳'을 선택해서 가기 때문이다. 이렇게 되면 이 알고리즘은 Best-first Search 알고리즘의 일종이 된다.

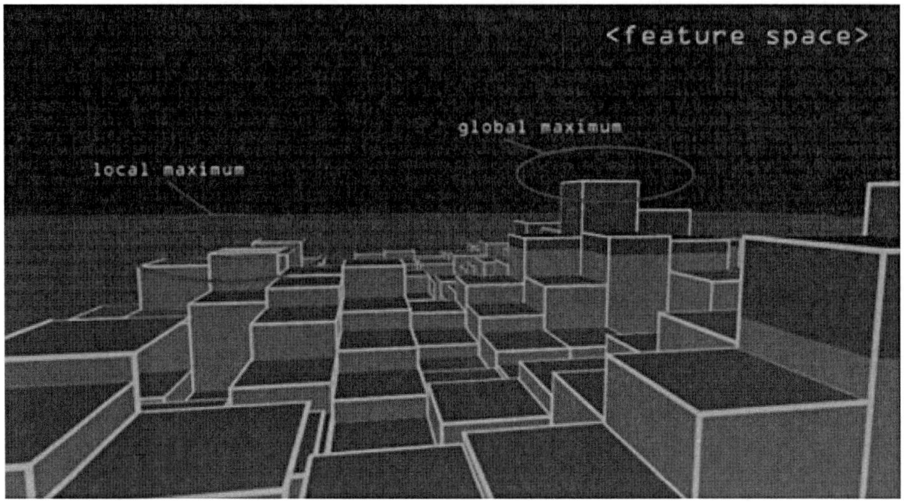

〈 local maximum과 global maximum: from https://www.youtube.com/watch?v=oSdPmxRCWws 〉

그러면 informed search와 un-informed search의 차이점을 명확히 이해하기 위해서, 다음의 질문에 대한 답을 각자 한번 생각해보자.

질문 : Hill climbing 알고리즘과 depth-first search 알고리즘의 차이점은 무엇일까?▼

▼Hill Climbing은 현재 노드의 이웃 노드들 중에서 가장 좋은 노드를 선택한다. Depth-first Search는 무작위(또는 검색 순서대로) 선택한다.

실전 예: 퍼즐 문제

Hill climbing 알고리즘을 퍼즐 문제에 적용해보자. 아래의 예제를 통해서 보다 구체적으로 이해할 수 있기를 바란다. Hill climbing 알고리즘은 다음 그림과 같이 특정 노드(상태)의 이웃(한번의 동작으로 갈수 있는 상태) 중에서 가장 좋은 곳으로 차근 차근 새로운 해를 찾아가는 것이다. Hill climbing 방법 또한 informed search이다. 이 말은 사용할 휴리스틱heuristic이 필요하다는 것이다. 다음 예제에서 사용한 휴리스틱은 옳은 위치에 위치한 타일의 개수를 사용하였다. 즉, 최종 목표 상태는 휴리스틱의 값이 8이 되는 노드를 찾는 과정이다. 다음 그림에서 각 상태의 왼쪽에 있는 숫자가 휴리스틱 값이다. 다음과 같이 첫 노드에서 그림의 오른쪽 하단의 노드(동그라미 표시)까지 탐색할 수 있다.

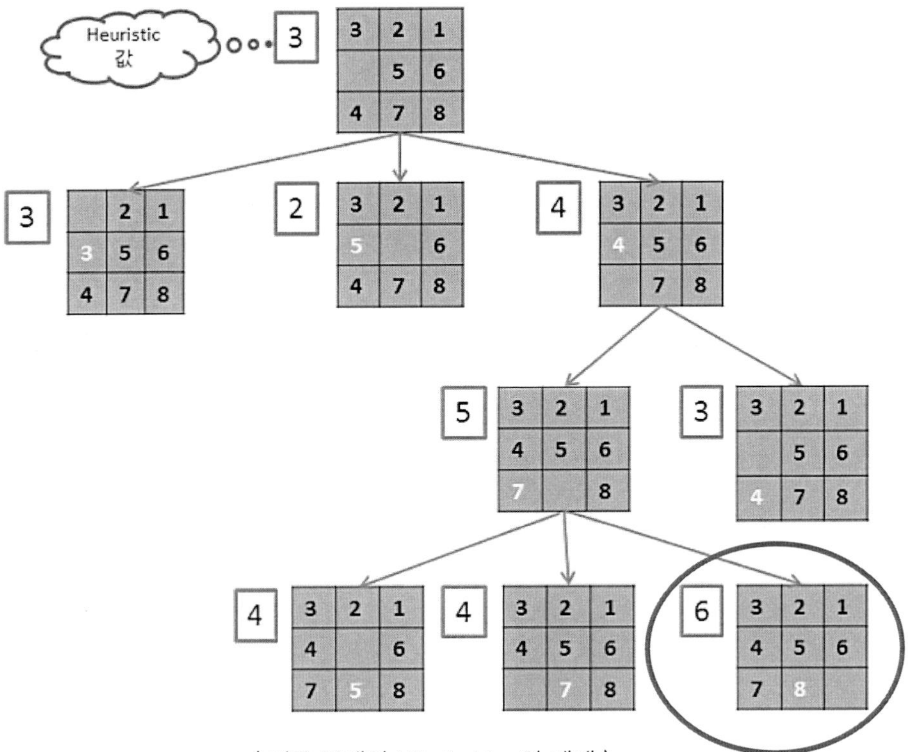

〈 퍼즐 문제의 hill climbing의 예제 〉

Hill climbing의 단점으로 지역 최적값local optimum에 빠질 수 있다는 이야기를 하였다. 위의 경우에서 우측 하단의 노드(동그라미 표시)에서 계속 진행해나가면 다음과 같은 경우가 발생하는데 이 경우가 바로 퍼즐 문제에서의 local optimum이다. 이와 같이 퍼즐 문제는 hill climbing 방법으로 문제를 해결할 수 없는 경우가 발생할 수 있다. 문제에 따라서는 local optimum인 결과도 어느 정도 정답으로 사용할 수 있는 문제가 있는 반면, 퍼즐 문제처럼 정답으로 사용할 수 없는 상태가 되기도 한다. 즉, 문제 공간의 크기, 문제의 난이도, 응용 분야 등에 따라서 local optimum 결과의 사용 방법에는 다를 수 있지만, 당연하게도 global optimum이 local optimum 보다 좋은 것은 분명하다.▼

▼실제로 퍼즐을 맞추면서 계속 맞추어가다가 오도 가도 못하는 상황을 경험한 적이 있을 것이다. 일종의 local optimum에 빠진 상황이라고 할 수 있다.

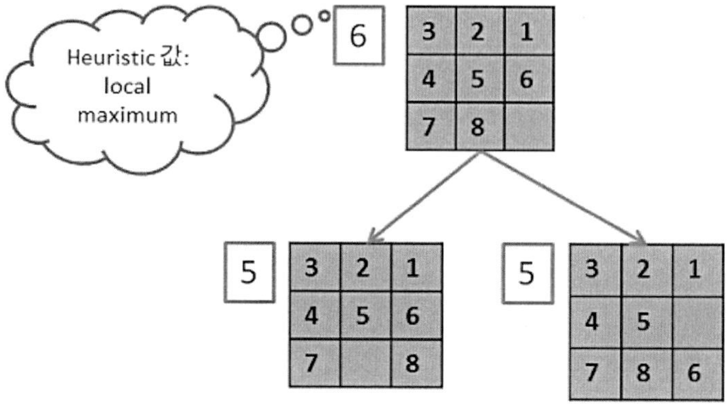

〈 퍼즐 문제의 hill climbing의 local maximum 경우 예제 〉

Hill Climbing 방법의 단점은 무엇일까?

- 최단 경로에 대한 보장이 없다: 해를 찾았다고 하더라도 최적의 경로로 도착했는지에 대한 보장이 없다.
- local optimum에 빠질 수 있다: local optimum에 빠진다는 말은 global optimum에 도달할 수 없는 상태라는 말이다. 이 것이 단점이기는 하지만 여러 경우에 local optimum인 경우도 해로 사용할 수 있는 문제들도 있다.
- 이웃의 크기에 따라 결과가 달라질 수 있다: 현재의 상태와 비교하는 이웃의 규모를 어떻게 다르게 하느냐에 따라 결과가 달라질 수 있다.

A* 알고리즘

길 찾기(경로 찾기path finding)는 두 지점 사이의 최적의 경로를 찾는 것을 말한다. 이를 위해서 자료 구조에서 다루는 그래프graph 관련 기본 지식이 필요하다. 이는 게임의 맵map 등과 관련된 정보가 그래프 중에서도 방향성 그래프directed graph로 표현되는데, 이 그래프 상에서의 길 찾기 문제가 많이 활용되기 때문이다. 이에 대한 설명은 생략한다. 필요하다면 자료 구조 등의 서적을 참고하기 바란다.

대표적인 길 찾기 알고리즘인 A* 알고리즘은 많은 문제에 사용되고 있으며, 특히 컴퓨터 게임 개발에서 효율적인 길 찾기 문제에 많이 사용된다. 자료구조나 알고리즘 등에서 배우는▼Dijkstra 알고리즘도 A* 알고리즘과 동일하게 두 지점간의 최적 경로(지점 간의 거리 관점이라면 최단 경로)를 찾아준다.▼ 차이점은 Dijkstra 알고리즘은 현재까지의 최적 경로 정보를 이용해서 최종적인 최적 경로를 찾는 알고리즘인데 반해, A* 알고리즘은 관측되지 않은 미래의 정보에 대한 예측을 위해 휴리스틱 heuristics을 사용한다는 점이다. 따라서 이 휴리스틱 정보의 정확도에 따라서 전체적인 A* 알고리즘의 성능이 영향을 받을 수 있다. Dijkstra 알고리즘은 A* 알고리즘의 특이한 경우(휴리스틱 값이 '0'인 경우)라고 할 수 있다.

▼네덜란드 사람이다. 발음은 dεikstra(다익스트라).

〈Edsger Wybe Dijkstra〉

▼그러나 게임 인공 지능에서는 꼭 최적일 필요가 없거나, 최적이면 재미가 줄어드는 경우도 발생하기 때문에 이에 대한 고려가 필요하다. 컴퓨터 게임에서 나를 추적해오는 게임 캐릭터가 너무나 최적으로 잘 쫓아오면 재미가 없어 질 수 도 있기 때문이다.

지금 소개할 A* 알고리즘은 목표 노드까지의 가장 좋은 경로를 찾기 위한 알고리즘 중의 하나로써, best-first search 알고리즘의 일종이다. Best-first search란 어떤 규칙에 의해서 가장 유망한promising한 노드를 먼저 검색하는 탐색 기법으로써, 앞에서 소개한 hill climbing 알고리즘도 어떤 의미에서는 best-first search이다. 여기에서 'best'의 정의가 무엇인가에 따라 다른 것이다. 즉, 일반적인 hill climbing search에서 'best'의 의미가 '지금 노드보다 좋은 노드 중 가장 먼저 만나는 노드'라면 best-first search라고 할 수도 있다는 의미이다. steepest ascent search는 이웃 노드들 중 가장 높은 곳을 찾는 방법으로써 best-first search라고 할 수 있다.

A* 알고리즘은 아직 탐색하지 않은 노드들 중 "**가장 유망할 듯한 노드**"를 탐색하는 과정을 반복하는 것이다. 탐색 중 목표 노드에 도착하면 알고리즘을 종료하고, 그렇지 않으면 목표에 도달할 때까지 계속 인접 노드를 탐색한다. 여기서 "가장 유망할 듯한 노드"라는 표현을 사용하였다. 여기서 휴리스틱이 사용된다. 문제에서 취할 수 있는 정보를 사용해서 말이다.

A* 알고리즘을 그래프graph에서 최단 경로를 구하는 문제로 설명해보자. A* 알고리즘은 '**start 노드에서 지금까지의 거리 정보**'와 '**지금부터 goal까지의 거리 정보(추정치, 휴리스틱)**'를 모두 고려하여서 가장 유망한(좋은) 노드를 먼저 탐색한다.

다음 그림과 같이 길 찾기 문제에서 시작 노드에서 목표 노드까지의 가장 짧은 길을 찾는 문제를 고려하자. n을 상태(노드)라고 할 때, f(n)을 우리가 사용할 평가 함수이고 h(n)을 휴리스틱이라고 하자. A* 알고리즘은 매 번의 반복 과정에서 평가 함수인

f(n)이 가장 작은 노드(최적인 노드)를 계속적으로 탐색한다.

$$f(n) = g(n) + h(n)$$

- g(n) = 시작 노드에서 노드 n까지의 실제 cost
- h(n) = 노드 n에서 목표 노드까지의 최소 cost의 휴리스틱(추정치heuristic)

휴리스틱이라는 개념에 대해서 다시 생각해보자. 휴리스틱 h(n)이 실제 거리(비용cost)를 과-추측over-estimate하지 않는다면 A* 알고리즘은 ▼동일한 휴리스틱을 사용하는 경우에는 최적 알고리즘이다.

▼이 말은 언제나 A* 알고리즘이 최적의 해를 구한다는 말은 아니다. 동일한 heuristic을 사용하는 여러 알고리즘이 있다면 그 중에서는 최적이라는 말이다.

최단 경로를 찾는 문제에서 휴리스틱의 over-estimate라는 말의 의미를 설명하자. 지금까지 거쳐온 노드들의 실제 경로는 정확한 값이겠지만, 남은 경로의 추정치는 말 그대로 추정치이다. 그래서 실제 거리보다는 짧은 값under-estimation을 휴리스틱으로 사용해야 한다는 의미이다. 그러한 경우에만 최적의 해를 보장한다. 이것에 대한 증명 등 자세한 내용은 옆의 링크를 참고하자.▼

▼[참고] http://www.robotacid.com/PBeta/astar/index.html
http://en.wikipedia.org/wiki/A*_search_algorithm

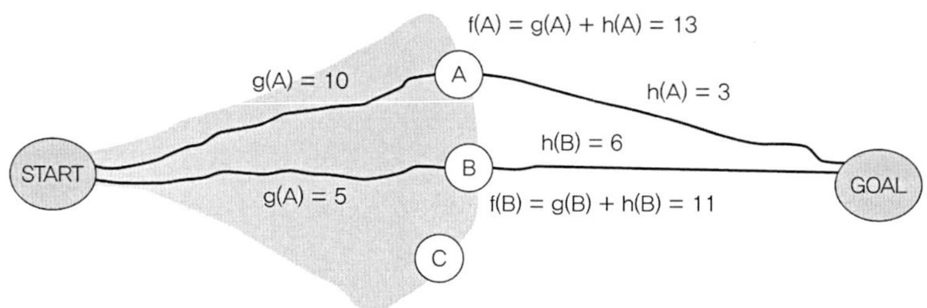

앞의 그림을 보자. START 노드에서 GOAL 노드까지의 최단 경로를 찾는 문제이다. 현재까지 탐색한 노드가 A, B, C라고 할때, 이 상태에서 A, B, C 중에 어떤 노드를 더 깊이 탐색을 할지 결정해야 한다. 위의 그림에서 g(n)이 start 노드에서 n 노드까지의 최저 비용(shortest cost)을 가지는 경로의 값, h(n)은 n 노드에서 goal 노드까지의 cost의 추정치라고 하자. 위의 그림에서는

- f(A)=g(A)+h(A)= 10+3 = 13
- f(B)= g(B)+h(B)= 5+6 = 11

따라서, B 노드를 먼저 탐색하게 된다.

A* 알고리즘을 아래의 의사 코드에서 살펴보자.▼ A* 알고리즘에서는 2가지 자료 구조를 사용하는데 다음 두 종류이다.

(1) 아직 조사하지 않은 노드, 즉 앞으로 조사할 노드들을 담은 'Open list'

(2) 이미 조사한 노드들을 담은 'Closed list'▼

▼다음 의사 코드를 볼 때 주의할 부분은 "아직 가보지 않는 노드들 중에 어떤 노드를 가장 먼저 탐색을 하게" 할 수 있을까…"하는 점이다.

▼처음 시작할 때는 탐색한 노드가 없으므로 Closed list는 비어 있고, Open list 는 처음 위치(시작 노드)만 갖고 있다.

```
1) 시작 노드를 open list에 넣는다.

2) 반복
   a) open list에서 최저값(f 값)을 가진 노드 n을 제거하고, n을 closed
      list에 넣는다.▼
   b) n의 인접 노드들 중에서
      • 만약 그 인접 노드가 이미 closed list에 있으면 무시▼
      • 그렇지 않으면 open list에 추가(▼이미 open list에 있다면 g값이 작
        은 노드로 대체)
      • n을 이 노드의 부모로 저장함.▼
   c) 다음 조건을 만족하면 정지
      • 목표 노드에 도착하거나,
      • 목표 노드가 아닌데 ▼open list가 비어있으면

3) 목표 노드에서 역으로 부모를 따라서 시작 노드로 탐색(이 결로가 바로 찾고자 했던 경로다)
```

〈 A* 알고리즘의 개념적인 설명 〉

▼노드 n은 이미 방문한 셈이므로 closed list에 넣는다.
f = g + h이다. 이 단계에서 heuristics을 사용하게 된다.

▼closed list에 있는 노드는 이미 탐색한 것이므로 무시한다.

▼탐색되지 않은 곳이라면 open list 에 넣고, 이미 open list 에 있는 노드일 때는 그 위치를 통하는 새로운 경로가 이전 보다 g(n) 값이 작으면 그 노드의 정보를 갱신해준다.

▼목표 노드에 도착한 후 경로를 역추적하려면 부모 노드를 저장해야 함.

A* 알고리즘은 몇 가지 유용한 특징들을 가지고 있다.

- Complete: A*는 경로가 존재한다면, 시작 노드에서 목표 노드까지의 하나의 경로를 찾는다.
- Optimally efficient: 동일한 휴리스틱을 사용한다면 A* 알고리즘이 탐색하는 노드의 숫자가 최소이다.
- 휴리스틱이 실제 값과 동일한 값이라면 최적의 결과를 보인다.
- 휴리스틱이 실제 값보다 적은 값under-estimate이라면, g(n) 값이 상대적으

로 h(n)보다 더 영향을 미치기 때문에 노드를 선택할 때 시작 노드에 더 가까운 노드를 선택하는 경우가 된다. 따라서 전체적인 수행 시간이 더 걸릴 수 있다. 그러나 최적인 결과를 생성함은 보장된다.

– 휴리스틱이 실제 값보다 큰 값over-estimate이라면, g(n) 보다 h(n) 값에 더 영향을 많이 받기 때문에 전체적인 수행 시간이 줄어들 수는 있지만 최적의 결과를 보장하지는 못한다. 그러나 게임 인공 지능에서는 언제나 최적의 결과를 필요로 하는 것이 아니기 때문에 이점도 게임 인공 지능 개발을 위해서는 고려해볼 수 있다.

실전 예: 길 찾기

A* 알고리즘이 가장 많이 사용되는 '길 찾기 문제'에서는 휴리스틱으로 현재 위치부터 목표 지점까지의 직선 거리Euclidean distance를 사용할 수 있다. 다음 그림을 보면 s_1 지점에서의 휴리스틱 값(직선 거리)은 실제 거리(장애물로 인해서 둘러가야 하는...)보다 작다는 것을 알 수 있다. s_2 지점에서의 휴리스틱은 실제 거리와 동일하다. 그래서 다음 그림에서는 거쳐온 경로(빨간 선)와 휴리스틱을 더한 값이 S_1 노드값이 더 작기 때문에 S_1 노드와 S_2 노드 중에서 S_1 노드를 먼저 탐색하게 된다.▼

▼ "직선 거리"라는 조건은 실제의 거리보다 작은(under-estimate) 값으로써 추정치를 사용해야한다는 A* 알고리즘을 위한 휴리스틱으로써의 조건을 만족한다.
길 찾기 문제의 A* 코드는 다음과 사이트를 참고해보자.
http://www.robotacid.com/PBeta/astar/

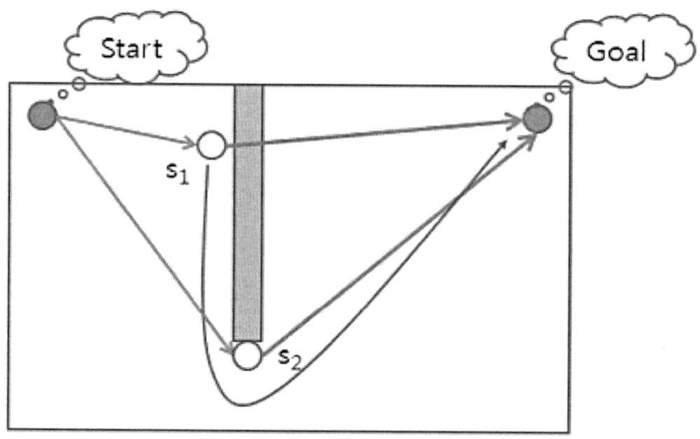

〈 2차원 공간 상의 길 찾기 문제에서의 휴리스틱을 이해하기 위한 그림 〉

아래 그림과 같은 그래프에서 A* 알고리즘을 사용하여 A 노드에서 H 노드까지의 최단 거리 경로를 구하는 예를 살펴보자. 아래의 그림은 각 노드들과 노드들간의 실제 거리를 나타낸 그래프이다. 각 노드를 연결하는 선(에지edge) 상의 숫자는 노드 사이의 거리이다.

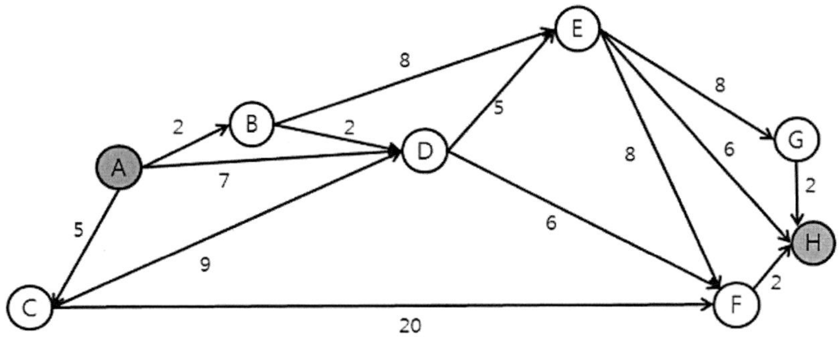

다음 표는 각 노드간의 직선 거리를 나타내는데, 각 노드간의 물리적인 거리(edge가 없는 노드들도 직선 거리를 의미한다)이다. 향후에 이 표는 휴리스틱 값으로 사용된다. 아래 표의 음영으로 표시된 셀은 1단계(다른 노드를 거치지 않고)로 연결되는 노드 간의 거리를 의미한다.

노드	A	B	C	D	E	F	G	H
A	0	2	5	7	11	25	25	28
B		0	8	2	8	19	20	22
C			0	9	17	20	25	27
D				0	5	6	8	12
E					0	8	8	6
F						0	7	2
G							0	2
H								0

그럼 지금부터 A* 알고리즘을 한번 시작해보자.

시작 노드인 A 노드를 open list에 넣는다. 아래와 같다.

- Closed list = { }
- Open list = { A(28 = 0+28) }▼

▼각 노드의 숫자는 의미가 다음과 같다(예: 4 = 0 + 4, 에서 순서대로 f(n) = g(n) + h(n)).

그리고 A에서 갈 수 있는 도시는 위의 그림처럼 B, C, D 세 도시가 있는데 이 세 노드를 open list에 넣고, A를 closed list에 넣는다.

- Closed list = { A(28=0+28) }
- Open list = { B(24=2+22), C(32=5+27), D(19=7+12) }

Open list에 있는 B, C, D 노드에서 다음 값에 따라서 가장 값이 작은 D 노드를 선택하게 된다.

- f(B)=g(B)+h(B) = 2+22 = 24
- f(C)=g(C)+h(C) = 5+27 = 32
- f(D)=g(D)+h(D) =7+12 = 19

그럼 이제 D 노드를 open list에서 제거하고 이를 closed list에 넣는다. 그리고 D 노드에서 갈 수 있는 노드들을 open list에 넣는다. 이 순간의 open list와 closed list는 다음과 같이 된다.

- Closed list = {A, D}
- Open list = {B, C, E, F}

이제 다시 open list 에서 가장 작은 값의 노드를 찾아서 탐색을 계속하면 된다. 이렇게 f값이 가장 작은 노드를 따라 탐색을 수행하면 최종 목적지까지의 가장 짧은 경로를 구할 수 있다.

실전 예: 퍼즐 문제

위에서 A*의 의사 코드를 보았지만 아직 직관적으로 이해되지 않을 수 있다. 다음은 A* 알고리즘을 퍼즐 문제에 적용해 본 예이다. 여기서 풀고자 하는 퍼즐 문제는 아래 그림의 왼쪽의 상태에서 출발하여 오른쪽의 상태로 가는 최적의 경로를 찾는 문제이다.

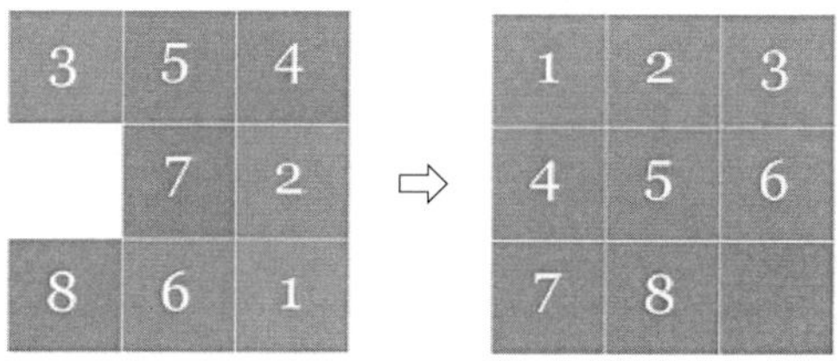

〈시작 노드〉 〈목표 노드〉

A* 알고리즘의 기본적인 원리를 이용했다면 지금 우리가 필요한 것은, 이 퍼즐 문제에서 사용할 수 있는 휴리스틱이다. 퍼즐 문제에서 사용할 수 있는 휴리스틱 h(n)은 2가지 정도를 예로 들 수 있다.▼

- heuristic 1(h1) = Hamming Distance(# of misplaced tiles) = 8
- heuristic 2(h2) = Manhattan distance =$\sum_{i=1}^{8}$(각 숫자의 최소의 움직임 횟수) = 2+1+3+2+2+1+2+4 = 17

▼– h1은 잘못 배치된 타일의 개수를 의미한다. 보통 이것을 hamming distance라고 한다.
– h2는 자기 자리로 옮길 때의 최소 횟수를 의미하며 보통 manhattan distance라고 한다. 이는 현재의 노드에서 목표 노드까지로의 '최소'의 움직임 개수를 의미한다.

위의 heuristc 1(Hamming Distance)을 이용해서 A* 알고리즘을 수행하는 예를 보자.▼ 각 노드 그림의 숫자의 의미는 다음과 같다(예: 4 = 0 + 4, 에서 순서대로 f(n) = g(n) + h(n)).

▼다음 그림은 위키피디아 사이트를 참고하였습니다. http://ko.wikipedia.org/wiki/A*_알고리즘

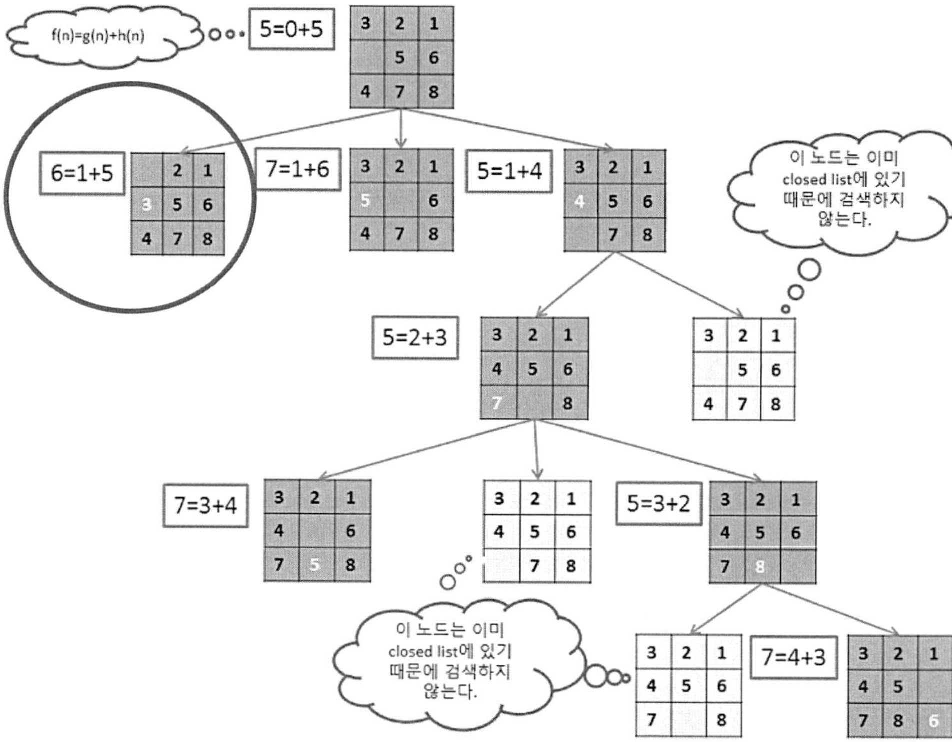

〈 A* 알고리즘을 이용한 탐색 예 〉

위의 그림을 보면 가장 마지막 단계에서 f(n) 값이 7인 상태인 것을 볼 수 있다. 이 상태에서는 현재의 open list 중에서 어떤 노드를 선택해야할까? 다음에 선택하는 노드는 원으로 표시한 좌측 상단의 f(n) 값이 6인 노드를 선택해야 한다. 이 노드가 f(n) 값이 최저이기 때문이다. 수 작업으로 모든 과정을 살펴볼 수는 없지만 이 그림을 통해서 A* 알고리즘의 윤곽을 이해할 수 있었으면 한다.▼

▼A* 알고리즘이 수행되는 과정 상의 open list와 closed list의 값을 일일이 수작업으로 한 번 점검해보자.

5
CHAPTER

Adversarial Search(Min-Max)

4장에서 다룬 탐색 문제는 '혼자' 해답을 찾거나 경로를 찾는 문제였다. 이제부터는 상대방이 있는 문제를 고려해보자. 그래서 이 장의 제목이 'adversarial search' 이다.▼

▼adversarial이라는 단어는 '반대의' 라는 의미이다. 그러니까 '경쟁자'가 있는 상황에서의 탐색을 의미한다.

바둑, 장기, 체스, 오목 등의 게임을 할 때 우리는 보통 '수 읽기'라는 것을 한다. 이것은 '내가 이 수를 두면, 상대가 이렇게 반응할 것이고, 그러면 나는 이렇게 두어야지...' 와 같은 생각 방식을 의미한다. 다음 좌측의 그림은 IBM에서 만든 Deep Blue 컴퓨터로써 체스 인공 지능을 수행한 컴퓨터이고, 우측은 대국 장면이다. Deep Blue는 이러한 수 읽기를 40수 정도를 수행했으며, 8000개 이상의 정보를 '▼정적 형세 판단'에 사용했다고 한다. 지금 여기에서 배우고자 하는 내용이 바로 '수 읽기'의 구현 방법이다.

▼정적 형세 판단(static evaluation): 지금 현재의 게임 상황이 누구에게 얼마나 유리한지를 계산하는 것을 말한다. 바로 다음에 자세한 설명이 뒤 따른다.

〈 from http://en.wikipedia.org/wiki/Deep_Blue_(chess_computer) 〉

아래는 2016년 3월의 Google의 바둑 인공 지능 AlphaGo와 한국의 이세돌 9단의 대국 장면이다. Google은 1000대 이상의 CPU와 500대 정도의 GPU Graphic Processing Unit 등의 하드웨어와 Deep Learning과 강화 학습 reinforcement learning 소프트웨어 기술을 사용했다고 한다.

장기나 바둑과 같은 게임을 둘 수 있는 독자는 '수 읽기'가 어떤 의미인지 쉽게 이해가 될 것이다. 그리고 대부분 오목 등의 작은 게임은 해본 경험이 있을 것이라서, 대략적으로는 '수 읽기'가 어떤 의미인지 유추할 수 있을 것이다. 그러면 이제 이러한 adversarial game에서 수 읽기에 자주 사용되는 게임 트리를 구현하는 방법 중 하나인 민맥스 트리 Min-Max tree를 공부해보자.

'Min-Max Tree'라는 이름에서 우리가 배울 내용을 유추해보자. 게임을 이기기 위해서 수 읽기를 하는데, 수를 읽어가는 과정이 Tree를 닮았으며, 이 Tree가 Min 단계와 Max 단계가 있음을 의미한다. 상대와 순번을 바꿔가면서 게임을 하기 때문에 내가 두는 단계는 점수를 높이려는 Max 단계, 상대가 두는 단계는 상대의 점수를 높이기 때문에 내 입장에서의 점수의 Min 단계를 의미한다.

Min-Max Tree

Adversarial Search란 바둑과 장기처럼 서로 순번을 교대로 트리를 탐색해가는 상황에서의 탐색 기법을 말한다. 이와 같이 상대방과 교대로 진행하는 게임에서의 탐색 기법 구현을 위한 대표적인 방법이 Min-Max 트리이다. 다음의 오목 게임을 예로 들어 설명하자.

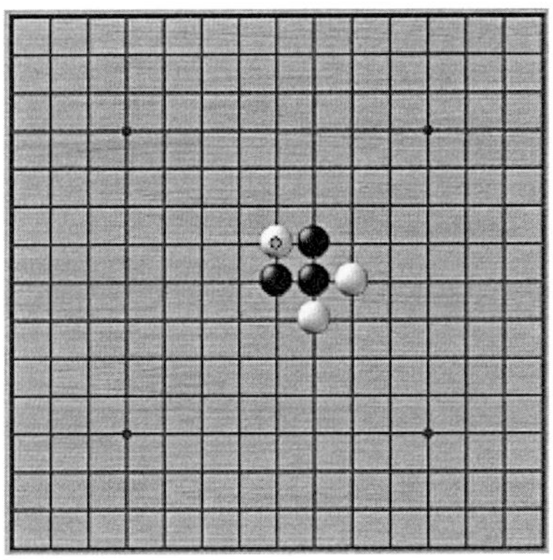

〈 방금 흰 돌을 둔 상태 〉

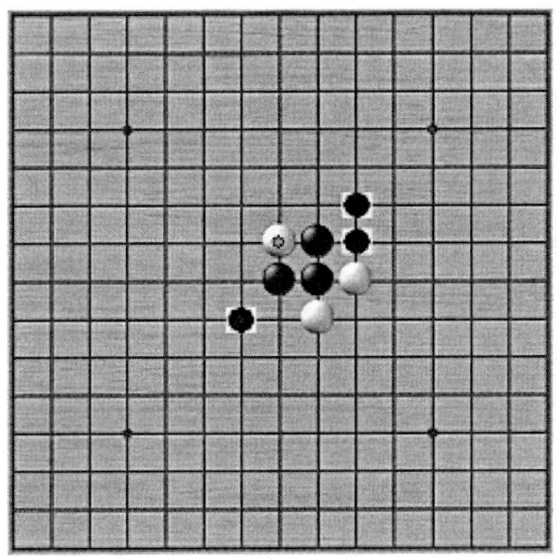

〈 검은 돌을 둘 후보점 3곳 〉

위의 왼쪽 상태는 방금 흰 돌을 놓은 상태이고, 오른쪽 그림에 표시한 3곳이 다음에 검은 돌을 둘 수 있는 후보candidates 위치라고 가정하자. 그러면 우리는 검은 돌을 둬야하는 상황에서 각각의 수를 머리속에서 두어본 상황이 얼마나 나에게 좋은지를 생각(정적 형세 판단static evaluation)해보게 된다. 그리고 그 중에서 가장 좋은 수를 선택하게 된다. 이러한 과정을 '수 읽기'라고 한다. 게임 트리란 이와 같이 사람의 '수 읽기'를 구현하는 방법으로써, 현재 게임 상태(노드node)에서 시작해서 게임을 이길 수 있는 다음 수를 찾아내는 과정을 말한다.

위에서 '정적 형세 판단'이라는 단어를 사용하였다. 매번 마음 속으로 수를 둔 후에 각 판의 상태가 얼마나 내게 유리한지를 계산하게 되는데, 이를 ▼정적 형세 판단static evaluation이라고 한다.

▼여기서 정적(static)이라는 용어는 게임 트리를 이용해서 동적으로 형세를 판단하는것에 견주어서 사용하는 용어이다. 즉 현재 판의 상태만을 보고 판의 유불리를 판단한다는 말이다.

개괄적인 게임 트리 설명은 끝났다. 이제 게임 트리를 본격적으로 이해할 수 있도록 가장 단순한 경우부터 생각해보자. 내가 어떤 수를 둘지 고민하는 상황에서, 가능한 후보 움직임들을 각각 두었을 때, 각 상황에서 정적 형세 판단 함수를 적용하여 최적 후보를 선택하게 된다. 즉, 게임 상태에 대한 정적 형세 판단 함수의 값을 최대화하는 움직임을 찾는 것이 목표이다. 이 상황을 다음 그림과 같이 표현해보자.

깊이 1 탐색

▼즉, 게임 트리의 내부 노드(internal nodes)에서 정적 형세 판단을 할수도 있지만, 단말 노드(leaf node)에서 형세 판단을 수행하는 것이 수를 더 진행시킨 상황이라서 조금 더 정확하다고 생각할 수 있기 때문에 단말 노드에서 형세 판단을 수행한다.

다음 그림에서 삼각형은 현재 상태, 사각형은 수 읽기의 최종 상태인 단말 노드leaf node, 사각형 아래의 숫자는 ▼단말 노드에서의 정적 형세 판단 결과이다. 다음과 같은 경우는 가능한 3개의 후보 움직임 중에서 A1움직임을 선택하는 것이 합리적인 방안이다. 나에게 유리한 수를 두는 것이 합리적이기 때문이다. 물론, horizon effect 라고해서 지금 좋은 수라고 판단되는 수가 조금 더 깊이 탐색하는 경우에는 오히려 더 나쁜 수 일수는 있다. 그렇지만 이 문제는 인간도 가지고 있는 문제점이라서 여기서는 논의하지 않기로 한다.

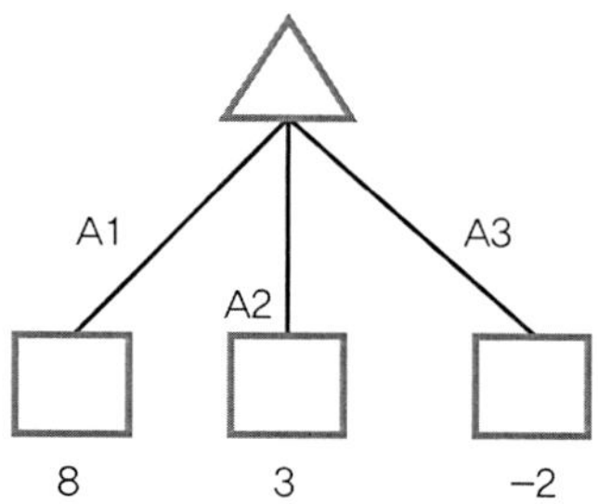

〈깊이 1 탐색〉

깊이 2 탐색

위의 경우는 나의 수 한 수만 고려하는 경우이다. 그러니까 상대방의 대응을 고려하지 않은 경우이다. 그러나, 대부분의 게임에서는 상대방이 있다. 나는 나의 입장에서 최선의 수를 두려고 하고, 상대는 상대의 입장에서 최선의 수를 두려고 할 것이다.

다음 그림에서 위로 향하는 삼각형은 나의 수를 고민하는 단계(Max 단계), 아래로 향하는 역삼각형은 상대방이 수를 고민하는 단계(Min 단계)를 의미한다. 그림처럼 두 단계 깊이까지만 탐색을 수행한다면, 먼저 제일 밑의 단말 노드leaf node들에서 각각 평가값들을 계산한다. 그리고 Min 단계의 노드들은 자식 노드들 중에서 가장 작은 값을 가지는 노드를 선택하고, Max 단계의 노드는 자식 노드들 중에서 가장 큰 값을 선택한다. 다음 그림과 같은 경우에 나는 A2 수를 두는 것이 합리적이다. 즉, 나는 A2수를 둠으로써 -2점을 예상하는 것이다. 왜 그럴까?▼

▼[A1]-[B1]을 둔 후 9점을 얻을 수 있지만, 우리는 A2를 두어야한다. 왜냐하면 내가 A1을 두는 경우에 상대는 B2를 둘것이기 때문이다. 즉 A1을 두었을 때 내가 얻을 수 있는 점수는 상대가 B2를 두었을 경우이기 때문이다. 왜냐하면 상대는 상대에게 유리하게, 즉 여기서는 가장 낮은 점수를 얻을 수 있는 경우의 수를 선택할 것이기 때문이다.

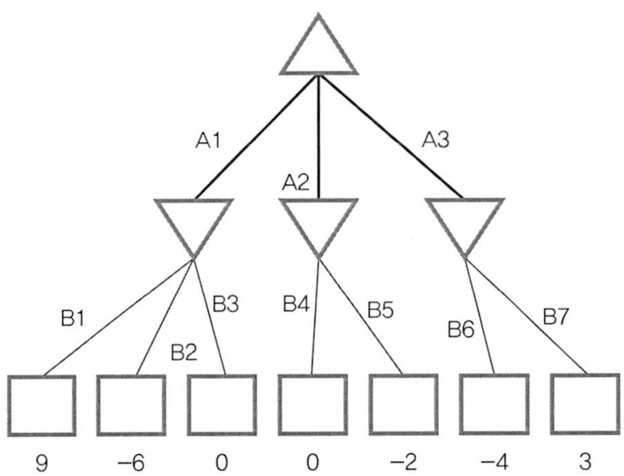

〈 깊이 2 탐색 〉

일반적인 경우

이 문제를 조금 더 일반화 해보자. 다음 그림은 Min-Max 알고리즘을 사용한 예이다. 트리 내부의 각 노드(상태)의 숫자는 자신을 기준으로 했을 때의 평가 함수의 결과값이다. 그림처럼 세 단계 깊이까지만 탐색을 수행한다면, 먼저 제일 밑의 단말 노드들에서 각 노드의 평가값들을 계산한다. 즉 평가 함수를 실행하게 된다. 그리고 Max 단계 노드에서는 바로 다음 자식 노드 중에서 평가값이 가장 큰 수를 선택하고, Min 단계 노드들은 아래 자식 노드 중에서 평가값이 가장 작은 수를 선택하게 된다(자신을 기준으로 계산한 평가값이기 때문에 상대방에게는 가장 작은 평가값이 가장 좋은 수가 된다). 따라서 다음 게임에서 나는 가장 우측의 A라는 수를 두는 것이 가장 좋은 수이다.

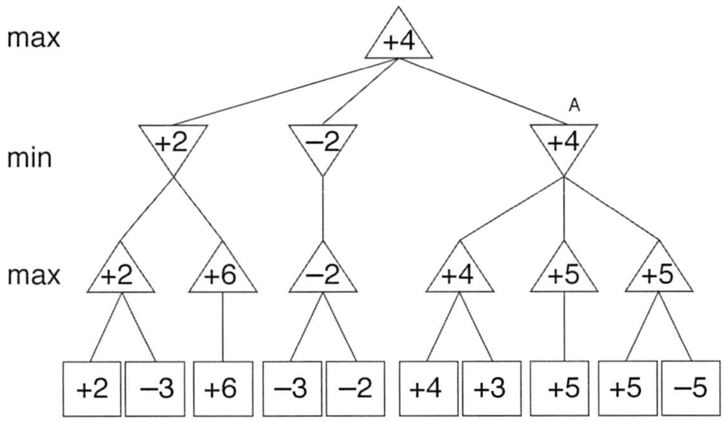

〈 MIN–MAX 알고리즘 예 〉

위의 게임 트리에서 유심히 보아야 하는 부분이 있다. 단말 노드에서 가장 좋은 점수는 +6을 가지는 경우인데, 게임의 상대방이 그 노드로 가지 않으려고 할 것이기 때문에 그 노드로 향하는 수를 선택할 수 없다는 점이다. 위의 경우에서 내가 취할 수 있는 가장 좋은 값은 평가값 '+4'를 가지는 단말 노드이다. 이러한 점이 Min-Max 트리의 특징이다.

게임 트리의 한 노드에서 탐색 가능한 자식 노드의 개수(가능한 후보 수의 개수)를 branching factor라고 부른다. 장기와 같은 게임을 생각해보면 장기 게임의 초/중반에서는 대략 30 정도의 branching factor를 가진다. 이런 상황에서는 많은 레벨의 깊이를 탐색하기에는 시간이 너무 많이 걸린다. 따라서 효율적인 탐색 기법이 필요하다. 이에 대한 논의도 중요한 부분이다.▼

▼위의 예에서는 branching factor가 최대 3인 경우이다.

Min-Max 트리는 기본적으로 몇 가지 가정을 하고 있다.

- 상대도 이성적rational으로 플레이한다. 즉, 상대도 게임을 이기기 위해서 플레이한다.▼
- Min-Max 트리를 수행하는 게임은 zero-sum 게임이다. 즉, 한 쪽이 점수를 얻으면 다른 쪽은 그에 상응하는 점수를 잃는 것이다.
- Complete information game에 사용한다. 즉, 게임에 사용되는 모든 정보를 자신과 상대가 공유하는 게임이다. 포커나 고스톱과 같은 게임은 그렇지 않다. 이러한 게임은 상대 패의 정보를 내가 알 수 없다. 즉, 내가 가진 정보와 상대가 가진 정보가 다르다.
- 정적 형세 판단기를 어느 정도 정확하게 만들 수 있다. TicTacToe, 오목, 장기, 체스 같은 게임은 어느 정도 정확한 정적 형세 판단기를 쉽게 만들 수 있다. 그러나 바둑과 같은 게임은 정적 형세 판단기를 만들기 아주 어렵기 때문에 Min-Max 트리를 이용한 AI 엔진을 만드는 것이 어렵다고 알려져 있다.

▼Min-Max 트리는 나와 상대가 '합리적'인 방법으로 수를 선택한다는 가정을 바탕으로 한다. '합리적'이라는 말은 각자 최선의 수를 선택한다는 것을 의미하며, 일종의 변칙적인 수를 사용하지 않는다는 의미라고도 할 수 있다. 때문에 컴퓨터는 사람의 변칙적인 공격에 엉뚱한 수를 두는 경우가 종종 발생한다.

정적 형세 판단(static evaluation)

이제 '정적 형세 판단'이 무엇인지 자세하게 알아보자. 정적 형세 판단이란 "게임의 특정 상태에서의 형세 판단"을 의미한다. 즉, 현재의 판의 상태를 점수로 바꾸는 작업이다.

게임이 종료되지 않은 상황에서 '정확한' 형세 판단을 할 수 있다면 게임 트리를 구성해서 더 깊은 수를 탐색할 필요가 없을 것이다. 그러나 이런 형세 판단기는 대부분의 게임에서 현실성 없는 이야기다. 그래서 가능한 깊은 게임 트리 탐색이 필요하다. 정적 형세 판단을 다음 2가지(게임 종료 후/ 게임 진행 중)로 나누어 설명할 수 있다.

게임 종료 후

게임 종료 후에는 각 게임의 규칙에 따라서 승/패 여부를 정확하게 판단할 수 있다. 따라서 게임이 종료될 때 까지(바둑과 같은 게임은 대략 250여수 이상의 수를 둔 후...) Min-Max 게임 트리 탐색을 수행할 수 있다면, 단말 노드에서 정확한 형세 판단이 가능하고 완벽한 게임 진행을 할 수 있을 것이다. 다음의 틱택토 게임이나 바둑 게임을 보면 게임이 종료된 지금은 틱택토 게임은 'O'가 이겼고, 바둑은 '흑이 몇 집 이겼다'라고 정확하게 평가할 수 있다. 그러나 바둑 같이 복잡한 게임에서는 게임 트리를 이렇게 게임 종료 시까지 탐색하는 것은 수행 시간상 거의 불가능하다.

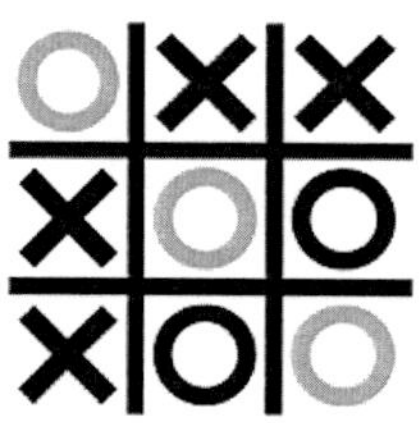
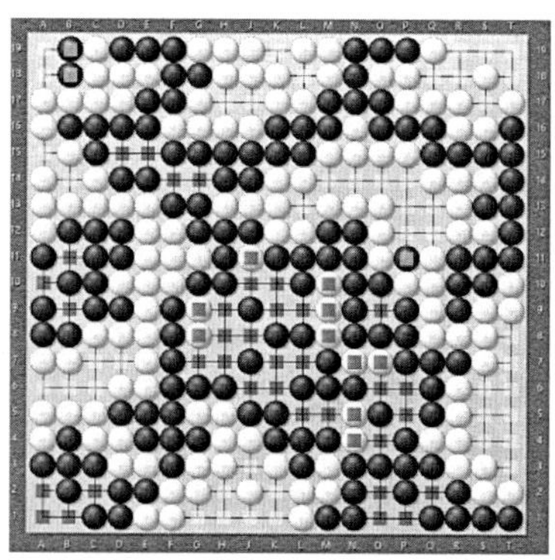

게임 진행 중

게임 종료 전에는 현 상태를 평가하는 사람에 따라서 판단 결과가 달라질 수 있다. 그래서 '누구는 형세 판단력이 뛰어나다'라는 말을 할 수 있는 것이다. 다음 그림들을 한번 보자. 틱택토 게임은 누가 우세한 것일까? *X*가 먼저라면 비긴것일까? 바둑 그림에서 검은 사각형은 '흑의 집', 흰색 사각형은 '백의 집'이라고 판단할 수 있는 곳이다. 특히 중앙 왼쪽 아래의 흰돌 2점이 죽은 돌(死石)이라는 판정은 사람에 따라 조금씩 달라질 수 도 있는 상황이다. 이러한 판단이 사람마다 조금씩 달라질 수 있다는 것이다.▼

▼장기나 체스와 달리 바둑은 정적 형세 판단기를 구현하기가 쉽지 않다. 이는 바둑의 최종 목표가 '집'을 많이 차지하는 것인데, 바둑 대국의 초반에는 집을 규정하기가 쉽지 않고, 바둑의 중반(전투 중)에는 바둑 돌의 사활을 결정하는 것이 쉽지 않기 때문이다.

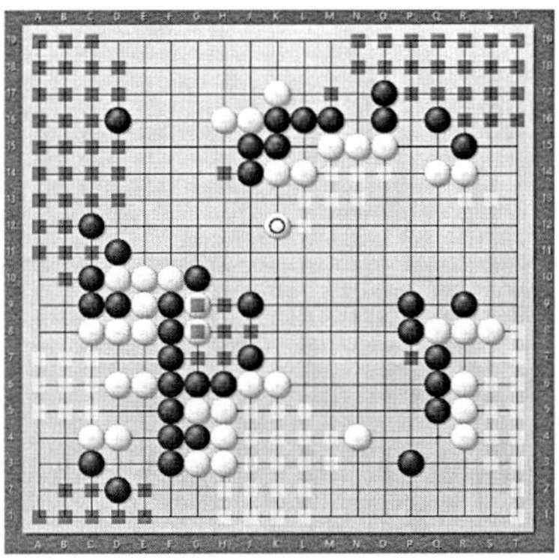

게임 트리 탐색을 게임의 종료까지 진행하기는 시간적으로 어렵기 때문에 게임 트리에 사용되는 대부분의 정적 형세 판단기는 게임 중간에 사용할 수 있도록 만드는 것이 일반적이다. 다음 절에서는 장기와 틱택토 게임을 예로 정적 형세 판단기를 만드는 방법을 살펴보자.

정적 형세 판단: 장기

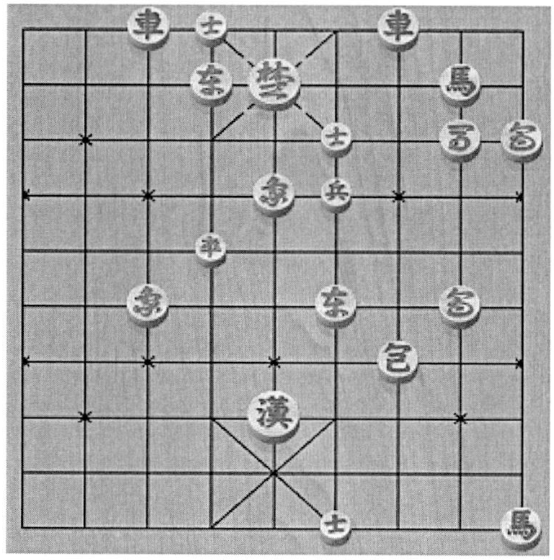

〈 한국식 장기 〉

장기에서는 어떤 정보를 바탕으로 정적 형세 판단을 할 수 있을까? 게임이 종료된 상황은 해당하는 나라의 '왕'이 없어지는 경우이므로 명확하다. 따라서 게임 도중의 형세 판단을 고려해보자. 아래에서는 플레이어 본인을 중심으로 정적 형세 판단 값을 계산하는 것을 가정한다. 즉 양수plus 값일 경우에는 본인에게 유리한 상황, 음수minus 값일 경우에는 상대에게 유리한 경우를 의미한다.

1. 방법 1

   내 말piece의 개수 – 상대 말의 개수

   가장 간단한 방법이다. 즉, 위의 그림과 같은 경우에는 다음과 같이 된다.▼

   ▼이 방법은 간단하기는 하지만 각 말의 '중요도'를 전혀 고려하지 않는 방법이다.

   - 한나라: 8개 → 8점
   - 초나라: 11개 → 11점
   - 그러므로, 한나라 입장에서는 -3(8-11) 점이 된다.

2. 방법 2

내 말의 가중치weighted 합 - 상대 말의 가중치 합

당연하게도 '차'는 '졸'보다 훨씬 중요한 말이다. 즉, 말의 중요도를 고려한 점수 계산 방법이다.

예를 들면 다음과 같이 계산할 수 있다.

가중치 합 = ∞ × 왕의 개수 + 13×차의 개수 + 7×포의 개수 + 5×마의 개수 + 3×상의 개수 + 3×사의 개수 + 2×졸의 개수▼

▼왕이 죽으면 게임이 끝나기 때문에, 왕은 ∞(무한대)로 표현하였다. 실제의 예에서는 '왕'은 별도로 고려해야 한다.

- 한나라: 13(차)×2 + 7(포)×1 + 5(마)×2 + 3(상)×0 + 3(사)×1 + 2(졸) ×1 = 48점
- 초나라: 13(차)×2 + 7(포)×2 + 5(마)×1 + 3(상)×2 + 3(사)×2 + 2(졸) ×1 = 69점
- 그러므로, 한나라 입장에서는 -21(48-69) 점이 된다.

3. 방법 3

방법 2 + 각 말의 이동 가능 경로 수

말이 보드 상에서 살아 있다 하더라도 말이 움직일 수 없으면 해당하는 말의 가치가 떨어질 수 밖에 없다. 따라서 각 말의 활로(活路: 말의 움직일 수 있는 경우의 수)에 따른 가중치를 반영하는 방법이다.▼

▼실제로 Deep Blue는 체스 보드 상에서 8000개 정도의 정보를 사용한다고 알려져있다. 즉, 이 책에서 장기 게임을 위해서 소개된 간단한 정보 이외에 아주 많은 정보를 사용한다는 말이다. 도대체 어떤 정보를 사용하는 것일까? 궁금하면 "Deep Blue Static Evaluation"이라는 단어로 검색해보자.

예를 들면 다음과 같이 계산할 수 있다.

가중치 합 = ∞ × 왕의 개수×활로 수 + 13×차의 개수×활로 수+ 7×포의 개수×활로 수+ 5×마의 개수×활로 수+ 3×상의 개수×활로 수 + 3×사의 개수×활로 수+ 2×졸의 개수×활로 수

위에서 장기 게임에서 사용할 수 있는 몇 가지 정보를 언급하였다. 당연하게도 사용하는 정보가(합리적인 정보라면) 많으면 많을수록 더욱 똑똑한 장기의 정적 형세 판단기를 만들 수 있을 것이다. 그러나 반대로 이에 따른 계산량 증가로 속도가 느려지

는 단점이 있을 수 있다.▼

▼ 시간 제한이 있는 게임에서는 정적 형세 판단을 위해서 얼마나 많은 정보를 고려해야 할지, 그리고 Min-Max 게임 트리를 얼마나 깊이 수를 읽어야 할지를 함께 고려해야 한다.

정적 형세 판단: 틱택토 게임

틱택토 게임을 예로 이야기해보자. 먼저 '게임이 종료된 후' 상황에서의 평가 함수를 만들어야 한다. 틱택토 게임에서는 일렬로 본인의 말을 배치하면 이기기 때문에 다음 그림은 X가 이긴 상황이다. 게임 종료 후에는 형세 판단이 명확하다.

X	X	O
X	O	O
X	O	

이제는 '게임 진행 중'의 상황을 고려해보자. 다음과 같이 간단하게 예를 만들어보자. 틱택토 게임에서는 현재 상황에서 각자가 이길수 있는 경우의 수를 사용하는 방법을 사용할 수 있다.

X		
	O	

이 상태에서는 X는 다음과 같이 6가지의 이길 수 있는 경우의 수가 있다. 나의 점수를 6이라고 하자.

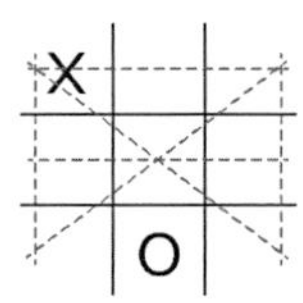

O는 다음과 같이 5가지의 이길 수 있는 경우의 수가 있다. 상대의 점수를 5라고 하자.

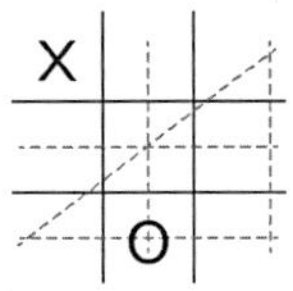

따라서 이 경우에는 "나의 점수 – 상대의 점수" 즉 6 – 5= 1점 으로써 나에게 1점이 유리한 상황이라고 판단할 수 있다.

틱택토 게임에서 방금 이야기한 정적 형세 판단기에 따라서 게임 트리를 운용해보자. 다음은 2수 앞을 탐색하는 경우이다. Max 단계에서는 최대값을, Min 단계에서는 최소값을 선택함으로써 다음 그림에서는 가장 오른쪽의 수를 선택하게 된다.

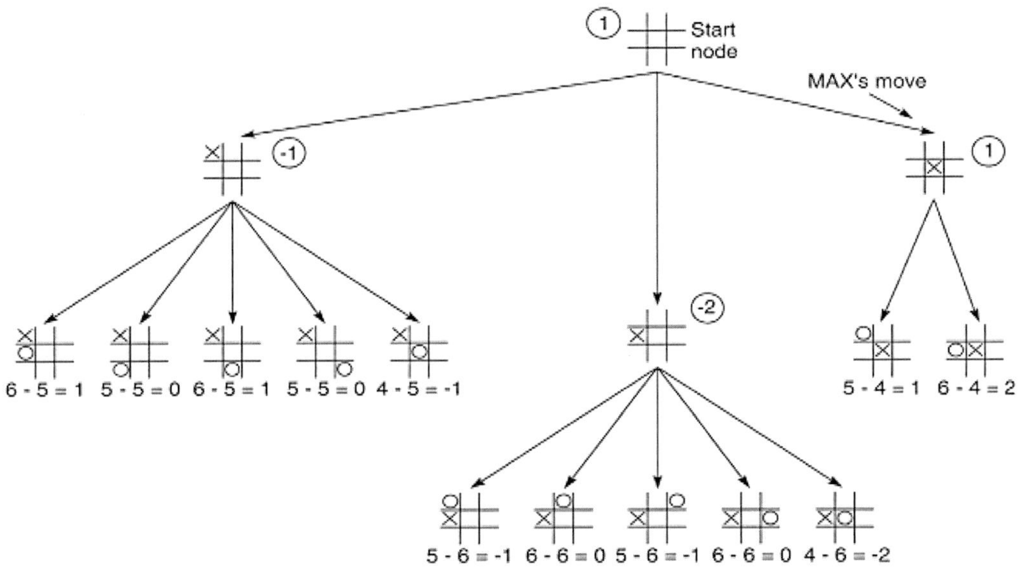

Min-Max 트리 구현

이제 보다 구체적인 Min-Max트리의 구현 방법에 대해서 알아보자. 다음은 Min-Max 트리의 의사 코드이다.

```
int maxNode( node, depth )
{
    if ( depth == 0 ) return staticEvaluate(node);▼
    int max = -oo;
    for ( all candidate moves )
    {
        makeMove();▼
        score = minNode( node, depth - 1 );▼

        max = max( score, max );▼
        unMakeMove();▼
    }
    return max;
}

int minNode ( node, depth )
{
    if ( depth == 0 ) return -staticEvaluate(node);▼
    int min = +oo;
    for ( all candidate moves )
    {
        makeMove();
        score = max( node, depth - 1 );
        min = min( score, min);▼
        unMakeMove();
    }
    return min;
}
```

▼함수의 시작 부분에 depth를 체크하여 종료 여부를 결정하지 않으면 게임 트리는 무한히 깊어진다.

▼한 수를 두는 단계.

▼상호 재귀적으로 minNode( ) 함수를 호출한다.

▼max(,) 함수는 파라미터 2개 중에 최대값을 돌려주는 함수이다.

▼두었던 수를 다시 되돌림.

▼Min 단계의 함수라서 상대방의 입장에서 점수를 평가해야하기 때문에 staticEvaluate( ) 함수에 마이너스(–) 부호를 붙였다.

▼min(,) 함수는 파라미터 2개 중에 최소값을 돌려주는 함수이다.

```
int staticEvaluate(node)▼
{
    int eval = 0;

    for( all pieces on the node )
    {
         if ( it is myPiece ) eval = eval + some value of myPiece;
         else eval = eval - some value of myPiece;
    }
    return eval;

}
```

▼이 부분은 게임의 종류에 따라서 달라지는 부분이다. 지금 의사 코드에서는 장기와 같은 게임에서 노드 상의 각 말을 가중치 합으로 점수를 계산하는 것을 가정하였다.

〈 Min–Max Pseudo 코드 〉

위의 의사 코드가 실제 실행되는 것을 그림으로 한번 살펴보자. 다음은 깊이가 2인 게임 트리의 예를 보인다. 각 노드는 가능한 수의 후보가 모두 2개라고 가정하자. 게임 트리는 위의 알고리즘으로 수행을 하면 자연적으로 깊이 우선 탐색Depth-First Search: DFS으로 수행되게 된다. 즉, max 단계와 min 단계가 상호 재귀적으로 호출하는 구조라서 내부적으로 함수가 호출될 때 스택이 쌓이면서 DFS 방식으로 실행된다.

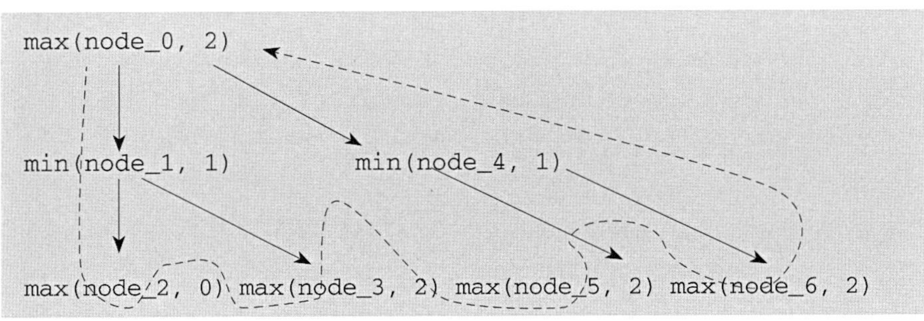

Min-Max 게임 트리를 구현하기 위해서는 실제로는 여러 가지 고려 사항을 생각해야 한다. 간단하게나마 이를 정리해보자.

- Adversarial Game: 상대가 있는 게임이어야 한다. 상대와 순번turn을 바꾸어가면서 진행하는 게임이어야 한다.
- Branching Factor와 Depth: 장기 게임은 대략적으로 평균 30개 정도의 후보가 존재한다. 즉, branching factor가 대략 30이다. 바둑은 대략 200이라고 할 수 있다. Branching factor는 게임 트리의 규모를 가늠하는 중요한 요소이다. 컴퓨터의 계산 속도에 가장 영향을 주는 요소이기 때문이다. Depth는 게임 트리의 탐색 가능한 깊이를 말하는 것으로, Branching factor와 반 비례하는 성격이다. 즉, branching factor가 크면 동일한 수행 시간에 depth가 얕을 수 밖에 없다.
- 정적 형세 판단Static Evaluation: 현재의 게임 상황을 보고 어느 쪽이 얼마나 유리한지를 판단하는 기능을 의미한다. 정적 형세 판단이 정확하다면 게임 트리의 부담을 상당 부분 줄여줄 수 있는 장점이 있다. 그러나 정적 형세 판단 기능의 수행 시간이 느리다면 게임 트리 탐색 시간이 길어질 수 있어서 많은 고려가 필요하다.▼
- 후보수candidate 선택: 실제적인 프로그래밍 언어를 이용하여 구현하려면 세밀한 부분에서 고려해야 하는 사항이 더 있을 수 있다. 그 중에 하나가 각 게임에서의 후보수를 찾는 부분이다. 틱택토나 바둑과 같은 게임은 빈 곳이 후보수가 될 수 있고, 장기나 체스와 같은 게임은 각 말이 이동하는 경우를 의미한다. 실제로 구현 단계에서는 Min-Max 게임 트리의 구현보다 이 부분이 더 분량이 많아질 수도 있다.

▼바둑과 같은 문제는 branching factor가 워낙 크고, 또한 정확한 정적 형세 판단기의 구현이 지금의 기술로는 거의 불가능한 상황이어서 전통적인 Min-Max 게임 트리의 사용이 큰 효과를 내지는 못하는 상황이다.

이제 게임 트리 구현에 관련된 대부분의 기본 설명은 마쳤다. 오목 정도의 게임을 스스로 구현해보는 것이 많은 도움이 될 것이다.

NegaMax 구현

Min-Max 트리를 실제로 구현하는 입장에서는 Min-Max 트리의 maxNode( ) 함수와 minNode( ) 함수가 기본적으로 형태가 동일하다는 점을 바탕으로 전체적인 구조를 조금 더 간단히 구현할 수 있다. 이런 방법이 바로 NegaMax이다. 정적 형세 판단기는 동일하다.

```
int NegaMax( node, depth , ▼color)
{
    if ( depth == 0 ) return ▼color × staticEvaluate(node);
    int max = -oo;
    for ( all candidate moves )
    {
        makeMove();
        score = -NegaMax( node, depth - 1, -color);▼
        max = max( score, max );
        unMakeMove();
    }
    return max;
}
```

〈 NegaMax Pseudo 코드 〉

▼color: 플레이어 자신이면 '1', 상대이면 '−1'

▼정적 형세 판단기의 값을 플레이어 자신이냐 상대냐에 따라서 color 값을 곱한다.

▼이 부분이 달라지는 부분이다. Min-Max의 특징을 바탕으로 '−1'을 곱해준다.

Alpha–Beta Pruning(가지 치기)

게임 트리의 한 노드에서 탐색 가능한 자식 노드의 개수를 branching factor라고 부른다. 다음과 같은 틱택토 게임 상태에서는 branching factor가 5라고 할 수 있다.

장기 게임에서는 게임 초반에 대략 30 정도의 branching factor를 가진다.▼ 이런 상황에서는 많은 레벨의 깊이를 탐색하기에는 시간이 너무 많이 걸린다. 수 읽기 깊이가 5인 경우를 생각해보자. 평균적으로 branching factor가 30이라면, 1번째 레벨의 수 읽기에서 30개의 노드가 생성되고, 2번째 레벨에서 각 노드마다 30개의 새로운 노드가 생기게 된다. 즉, 매번 트리가 깊어지게 됨에 따라 30배씩 탐색 노드가 많아지게 된다. 따라서 트리가 5레벨이 되면 30^5이 된다. 이는 24,300,000으로써 아주 큰 수이다. 따라서 효율적인 게임 트리 탐색 기법이 필요하다.

▼장기 게임 초반에 둘 수 있는 경우의 수를 한번 생각해 보자.

지금까지 Min-Max 과정을 대략적으로 설명하였는데, 이제 이 과정을 조금 더 자세히 살펴 보자. Min-Max 과정은 재귀 함수를 이용해서 구현할 때 내부적으로 깊이 우선 탐색depth-first search으로 수행된다. 이 방식은 가능한 깊이 탐색하고 단말 노드에서 정적 평가 함수 값을 한 번에 한 레벨씩 트리의 부모 노드로 전달하는 방식이다.

이제 알파-베타 가지치기(α-β pruning)를 설명해보자. 게임 트리를 깊이 우선 탐색(depth-first search)을 수행할 때 우리가 파악할 수 있는 정보는 다음과 같은 순서이다. 다음 그림에서 DFS 방식으로 현재 A-B-D-E-C-F 노드 순서로 탐색을 수행한 상황을 가정하자.

- Min 레벨의 왼쪽 노드(노드 B)를 탐색하면 B 노드의 자식 노드들로부터 현재까지 'MIN의 최소값'이 3이라는 것을 알 수 있다.
- Min 레벨의 두 번째 노드(노드 C)를 탐색했을 때 단말 노드의 첫 노드(노드 F)만 검색한 바로 그 상태에서 첫 노드의 평가치가 −5라면, 이는 현재까지의 최소값인 3보다 작기 때문에 노드 G는 탐색할 필요가 없다는 것을 알 수 있다. 왜냐하면 G 노드의 평가값이 A 노드에서의 선택에 영향을 미칠 수 없기 때문이다.
- 따라서 노드 G는 탐색할 필요가 없어서 가지 치기pruning가 가능하다.▼

▼알파−베타 가지치기는 branching factor를 줄이기 위한 알고리즘이다.

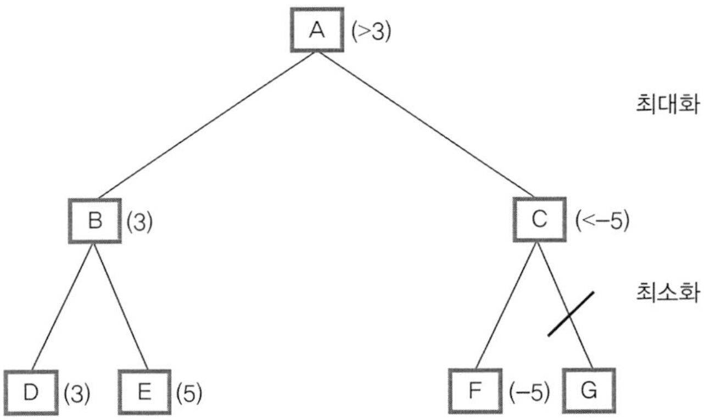

〈 알파−베타 가지치기 알고리즘 예 〉

이러한 방법이 **알파−베타 가지치기**Alpha-Beta Pruning이다. 알파, 베타라는 용어를 사용하는 이유는 특정 노드에서 플레이어가 가질 수 있는 가장 좋은 값(최대값)을 알파(α), 특정 노드에서 상대가 가질 수 있는 가장 좋은 값(최소값)을 베타(β)라는 이름으로 표현하기 때문이다.

다음은 알파-베타 가지치기의 의사 코드이다. 아래에서 알파-베타 가지치기는 다음과 같이 호출하면 된다. 즉, 처음 시작하는 단계에서 알파 값은 −∞, 베타 값은 +∞이다.▼

▼∞ : 무한대 값을 의미하는 심볼

```
alphabeta(origin, depth, -∞, +∞, MaxPlayer)
```

〈 함수 호출 방법 〉

```
alphabeta(node, depth, α, β, Player)
{
    if ( depth == 0 ) return staticEvaluation();

    if ( Player == MaxPlayer )
    {
        for ( all candidate moves )
            makeMove();
            α = max(α, alphabeta(child, depth-1, α, β, not(Player) ));
            unMakeMove();
            if ( β ≤ α ) break;        // Beta cut-off▼
        return α
    }
    else
    {
        for ( all candidate moves )
            makeMove();
            β = min(β, alphabeta(child, depth-1, α, β, not(Player) ));
            unMakeMove();
            if ( β ≤ α ) break;       // Alpha cut-off
        return β
    }
}
```

▼이 부분이 가지치기가 이루어지는 부분이다. 잘 한번 생각해보자.
Max 단계의 노드에서 이제까지의 탐색에서 플레이어가 가질 수 있는 가장 좋은 값(최대값)이 상대가 가질 수 있는 가장 좋은 값(최소값)보다 크다면 더 이상 상대의 수를 탐색할 필요가 없기 때문이다.

〈 알파 베타 가지 치기 〉

다음 그림에서 구체적으로 한번 보자. 특정 노드에서 가지 치기 되는 노드를 표시하였다. 각 노드 옆에 DFS의 순서대로 번호를 붙여서 α-β 값이 노드마다 변경되는 과정을 보였다. 천천히 따라가보도록 하자. 각 탐색 단계별 알파-베타 값이 수정되는 순서를 유심히 살펴보자.

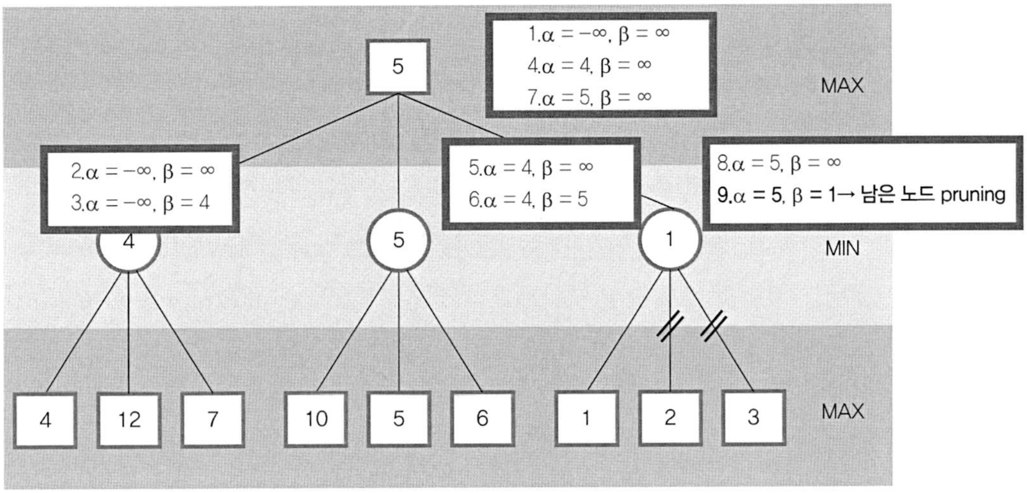
5
1.α = −∞, β = ∞
4.α = 4, β = ∞
7.α = 5, β = ∞
MAX
2.α = −∞, β = ∞
3.α = −∞, β = 4
5.α = 4, β = ∞
6.α = 4, β = 5
8.α = 5, β = ∞
9.α = 5, β = 1→ 남은 노드 pruning
4
5
1
MIN
4
12
7
10
5
6
1
2
3
MAX

중복 노드(Transposition)▼ 제거

게임 트리라는 용어에서 전체적인 문제 공간을 '**트리**tree' 형태로 검색할 것 같은 느낌이 들지만, 서로 다른 일련의 수moves가 같은 게임 상태로 만나는 경우가 있다. 즉, 실제로는 게임 트리의 탐색이 트리의 탐색이 아니고 그래프가 되어 버린다.▼

틱택토 게임을 예로 들어 생각해보자. 다음 예를 보면 depth 3(아래 그림의 leaf nodes)에서 가장 좌측의 노드와 가장 우측의 노드(원으로 표시한 노드들)는 동일한 모양이다. 트리를 DFS로 탐색하는 경우(left-to-right 순서로 탐색해서 왼쪽 노드를 먼저 살펴본다면...)에는 이 2개의 노드 중에 가장 왼쪽 하단의 노드를 먼저 탐색하게 된다. 따라서 오른쪽의 동일한 모양의 노드는 다시 살펴볼 필요가 없다. 이렇게 중복 탐색하는 경우를 줄인다면 탐색 속도를 향상시킬 수 있을 것이다. 이 예제에서는 중복 탐색이 단말 노드에서 발생해서 그 효과가 작아 보이지만 트리 탐색의 depth가 더 깊어지는 경우에는 그 효과가 훨씬 커질 수 있다.▼

▼Transposition: 치환(置換)이라는 의미이다. 즉, 서로 다른 일련의 움직임(move)에 의해서 동일한 상태를 나타내는 것을 의미한다.

▼사이클(cycle)이 생길 수 있다는 의미이다.

▼이와 같은 문제는 이 교재의 4장에서 A* 알고리즘을 설명할 때, 이미 탐색한 노드인지 아닌지를 판별할 필요가 있다는 부분에서 언급이 되었었다.

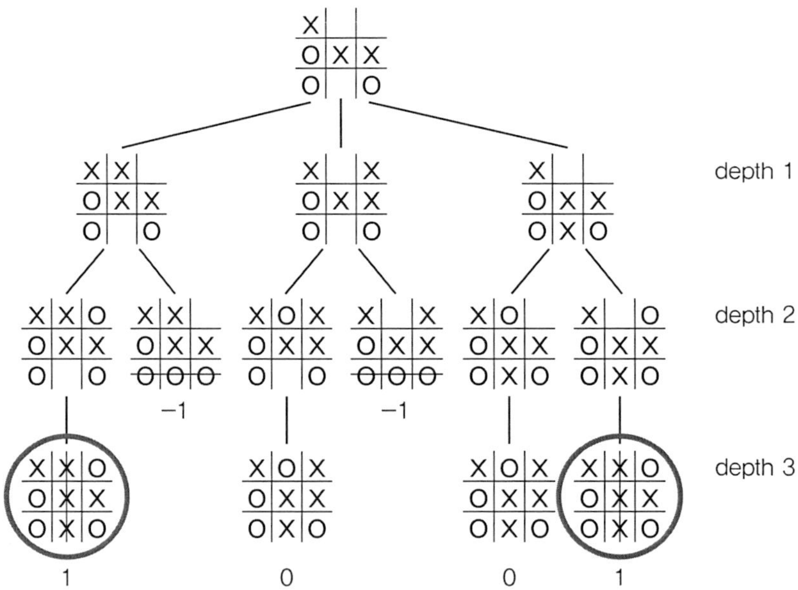

〈 중복 노드 존재 예제 〉

위의 틱택토 같은 간단한 게임에서는 게임이 간단해서 수행 속도의 문제가 없으니까 실감나지 않을 수 있다. 그렇지만 조금 더 큰 게임의 경우에 이러한 중복 노드를 어떻게 관리할 수 있는지 알아보자. 이를 위해서 많이 사용되는 방법은 ▼해싱Hashing이다. 해싱은 자료 구조에서 주로 다루는 주제인데, 이 책에서는 해싱을 설명하기 전에 조금 더 간단한 방법을 먼저 소개하도록 하겠다.

▼Hashing: 문자열 등으로 표현되는 키 값을 숫자로 변환하여서 검색 속도를 향상시키는 방법

실전 예: 단순 저장 틱택토 예

게임 트리 탐색 과정에서 동일한 모양의 노드의 중복 탐색을 막을 방법을 생각해보자. 가장 단순하게 생각하면 매번 탐색한 노드 정보(상태의 모양과 상태의 평가값)를 테이블에 저장하고, 새로운 노드를 탐색해야 할 경우 이미 이 노드의 평가 값을 구한 적이 없는지 이 테이블을 검색함으로써 구현할 수 있다. 이때 사용하는 테이블을 보통 transposition tables이라고 한다.

다음 그림에서 게임 트리를 left-to-right 순서의 깊이 우선 탐색depth-first search Min-Max 탐색을 수행한다면 1번 노드를 먼저 탐색할 것이다. 이때 1번 노드의 게임 상태와 평가값을 테이블에 저장해두고, 2번 노드를 만났을 때는 더 깊이 탐색할 필요없이 테이블에서 평가값을 가져오면 된다. 이렇게 되면 2번 노트에서의 더 깊은 탐색은 필요 없게 된다.

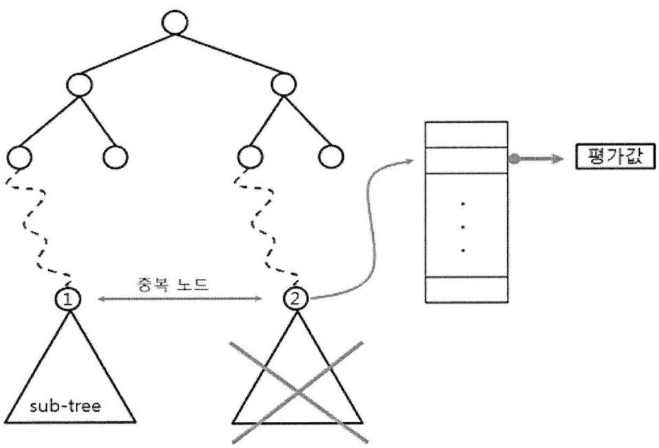

〈 Transposition Table 개념 설명 〉

기본 원리는 간단하다. 그런데 transposition table을 사용하는 경우 고려해야 하는 점이 있다. 실제 새로운 노드를 탐색하는 것보다 테이블을 검색하는 시간이 더 빨라야 한다는 점이다. 그렇지 않으면 실제로 탐색하는 노드 개수는 줄어들더라도 수행 시간이 더 소요될 수 있기 때문이다.▼

▼잊지말자. 중복 노드 제거의 궁극적인 목적은 탐색 노드 개수를 줄이는 것이 아니라, 탐색 시간을 줄이는 것이다.

따라서 transposition table의 검색 속도를 빨리 하기 위해서 자료 구조를 고민해야 한다. 이제 자료 구조나 알고리즘을 배운 사람이라면 예전 기억을 되살려보자.

- 구현이나 설명의 편이를 위해서 1차원 배열에 데이터를 저장하는 경우를 생각해보자. 데이터를 무작위(순서 없이)로 1차원 배열에 저장하는 경우에는 처음부터 순차적으로 검색하는 방법 밖에 없다. 이러한 경우는 검색 속도를 향상할 방법이 많지 않다. 왜냐하면 앞에서 장기 게임의 예처럼 깊이 5로 내려가는 경우라 하더라도 노드의 개수가 어마 어마해지기 때문에 이를 주기억 장치main memory에 보관하는 것은 사용하는 메모리의 용량도 문제가 되고 이를 순차 검색한다는 것은 아주 비효율적이기 때문이다.
- 그러면 남은 방법은 1차원 배열로 저장된 데이터를 정렬sorting하는 방법을 생각할 수 있다. 새로운 노드가 생길 때마다 테이블에 노드를 추가하면서 정렬해야 한다. 이를 위해서 삽입 정렬insertion sorting을 사용할 수 있을 것이다. 그러나 이 방법도 문제가 있다. 장기 게임의 각 상태(노드)를 어떠한 기준으로 정렬할 수 있을까 하는 점이다. 장기 게임에서의 노드는 단순히 숫자 하나로 표현하기 쉽지 않기 때문이다. 또한 정렬할 수 있다고 하더라도 매 번의 탐색 후에 새로운 노드를 추가할 필요가 있을 때 마다 정렬 알고리즘을 수행해야 한다는 단점도 있다.

이런 상황에서 사용할 수 있는 기법이 바로 해싱hashing이다. 그렇지만 해싱 개념을 설명하기 전에 조금 더 쉬운 방법을 먼저 생각해보자.

틱택토 게임에서는 한 번의 게임 진행에서는 총 9! = 362,880의 가능한 게임 상태 수가 있을 수 있다. 이것은 각 수를 두는 순서까지 고려한 경우이고, 순서를 고려하지 않으면 ▼3^9 = 19,683의 보드 판의 모양이 있을 수 있다. 물론 게임 판을 회전하거나 가로, 세로로 대칭해서 동일한 모양을 제거하면 가능한 경우의 수는 조금 더 줄어들

▼틱택토 판의 각 셀에는 O, X, 빈칸, 즉 3가지 상태가 가능하며, 총 9개의 셀이 있다.

수 있다. 실제로 장기나 바둑과 같은 게임에 비해서 틱택토 게임은 발생 가능한 노드의 개수가 아주 적다. 이렇게 간단한 경우는 다음과 같은 방법을 사용할 수 있다.

게임 트리를 진행해 가면서 어떤 노드의 평가 결과가 확정된 경우에는 이 때의 보드의 정보를 저장해두기로 한다. 그리고 다른 상태에서 트리의 탐색 또는 형세 판단이 필요한 경우에는 기존에 저장된 데이터베이스에 이 정보가 저장되어 있는지 찾아보고, 있다면 이 값을 사용하고, 없다면 계속된 탐색을 수행하면 된다.

이제 틱택토와 같은 게임에 한번 적용해보자. 틱택토는 3×3 크기의 보드판에 '○' 또는 '×'를 배치하는 게임이다. 다음과 같은 상황을 고려해보자. 왼쪽 그림과 같은 보드 상태를 오른쪽과 같이 각 자리마다 2비트를 할당해서 표현할 수 있다. 빈칸은 2진수 '00', ○는 '01', ×는 '11'로 표현하기로 한다.

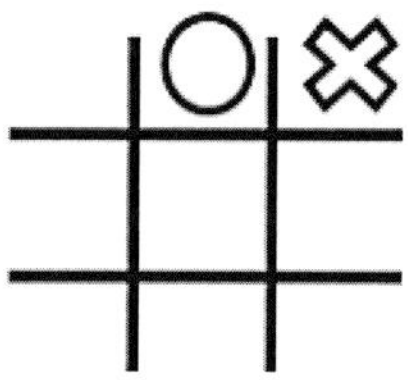

00	01	11
00	00	00
00	00	00

〈틱택토 예와 이를 2진수로 표현한 예〉

즉, 위와 같이 보드 상의 한 말(piece)을 2진수 2비트로 표현한다면, 하나의 게임 상태를 2×9 = 18비트로 표현 가능하다. 이 말은 실제 구현할 때 하나의 게임 상태를 정수형 변수(int) 하나(4bytes)면 충분히 표현 가능하다는 이야기가 된다. 즉, 2진수로 하나의 게임 상태를 다음과 같이 표현할 수 있고 위의 상태는 16진수로 0x007000(Hex)이 된다.

그러니까, 특정 보드의 모양을 4바이트 정수로 표현하려면,

00 01 11 00 00 00 00 00 00 → ▼**0000 0000 0000 00**00 0111 0000 0000 0000
→ 0x00007000 (16진수) → 28672 (10진수)

▼4바이트(32비트)로 비트 수를 맞추기 위해서 앞에 더미(dummy) 비트를 추가했다.

이렇게 노드를 인코딩하면 특정 노드의 상태가 4바이트 정수형 숫자 1개로 표현된다. 이렇게 되면 2^{18}개의 항목을 가지는 1차원 정수형 배열을 선언하면, 2^{18} =

262,144개의 항목을 가지는 1차원 배열이 되고, 틱택토 게임의 특정 상태는 이 배열의 인덱스로 사용할 수 있다. 그렇게 되면 위와 같은 게임 상황은 1차원 배열의 0x007000(16진수) = 28672 (10진수) 번째에 평가값을 저장하면 된다.▼

이 방법의 장점은 특정 상태를 검색할 때 배열의 인덱스를 이용한 참조가 가능하기 때문에 검색이 빠르고, 상태를 별도로 저장할 필요가 없기 때문에 메모리를 아껴서 사용할 수 있다는 점이다.▼

▼ 2^{18}=262,144라는 숫자는 실제 발생할 수 있는 상태의 개수인 3^{9}=19,683개 보다는 크지만 그렇게 부담되는 크기는 아니다.

▼실제로 이 방법은 3^{9} = 19,683개의 보드 상태만 저장하면 되지만 비트 단위의 인코딩 문제로 인하여 2^{18} = 262,144개의 크기를 가지는 배열을 사용해야하기 때문에, 메모리의 낭비가 조금 있기는 하다.

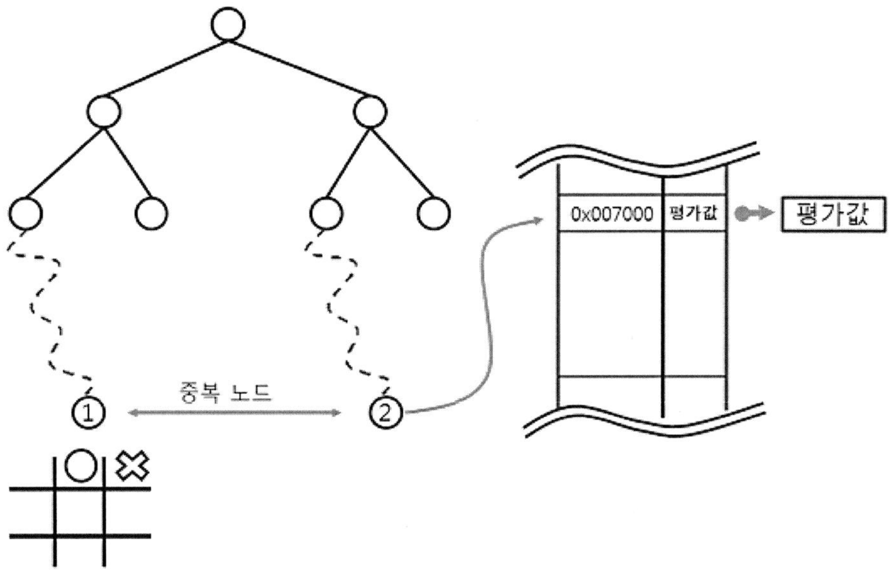

〈 틱택토 게임의 Transposition Table 사용 예 〉

틱택토와 같은 경우는 위와 같이 발생 가능한 게임 상태의 개수가 적어서, 위와 같이 1차원 배열을 사용하더라도 무리없이 구현할 수 있다. 그러나 장기, 바둑과 같은 경우는 거의 발생하지 않는 상태가 많을 수 있기 때문에 위와 같은 형식은 메모리의 낭비가 많을 수 있다.

또한 틱택토와 같은 경우는 보드 위의 말piece이 움직이거나 없어지는 경우가 없기 때문에, 동일한 모양의 노드는 동일한 depth에 위치하게 된다. 즉 동일한 모양의 노드가 다른 depth에 존재할 수 없기 때문에 '레벨'을 고려할 필요가 없지만, 바둑이나 장기 등의 게임에서는 고려해야 한다. 이러한 경우에 각 게임 트리에서 각 노드의 평가값이 결정되면 루트 노드에 가까운 노드의 값이 더 의미 있는 값이다. 왜냐하면 탐색 깊이가 고정된 상황에서 상대적으로 루트에 가까운 노드라는 말은 더 깊이 탐색했던 노드(즉, 보다 정확한 형세 판단 값일 수 있는 노드)라는 의미이기 때문이다.

위와 같은 방식의 C 언어 형식의 의사 코드를 아래에서 확인해보자.

```
typedef struct node
{
    int val;    // 형세 판단 값
    int depth; // depth 값
} Node;

Node transpositionTable[262144];▼

int encoding( node)
{
    // bit 연산을 통한 게임 상태의 인코딩
}

int max( node, depth )▼
{
    if ( depth == 0 ) return staticEvaluate(node);

    int max = -oo;
    for ( all candidate moves )
    {
        if ( transpositionTable( encoding(node) ).value == NULL )▼
        {
            score = min( node, depth - 1 );
            transpositionTable( encoding(node) ).value = score;▼
        else
        {
            score = transpositionTable(encoding(node)).value;
        }
        if( score > max )    max = score;
    }
    return max;
}
```

▼C 언어에서는 다음과 같은 자료 구조를 사용하면 된다.

▼틱택토 게임에서는 각 보드의 레벨을 고려할 필요가 없다. 왜 그럴까?

▼transposition table에 기존의 값이 있는지 체크

▼transposition table에 새로운 값 추가

〈 Transposition table을 이용하는 가장 간단한 의사 코드: max 단계만 예시함 〉

실전 예: 해싱(Hashing): Zobrist key 해싱의 기본

앞에서 소개한 단순 저장 방식은 틱택토와 같은 작은 게임에만 적용할 수 있는 방식이다. 실제로 바둑 같은 경우는 보드 판의 경우의 수가 ▼최대 3^{361}이어서 이런 방식으로는 관리할 수 없다. 기본적으로 필요한 메모리가 엄청나게 많아서 저장/검색이 비효율적이기 때문이다. 이런 경우에 해싱hashing을 사용하게 된다.▼

해싱을 구현하는 단계에서 몇 가지 중요한 고려사항이 있다.

- 나타날 수 있는 모든 상태state를 표현할 수 있어야 한다.
- 모든 상태를 충돌collision없이 저장할 수 없기 때문에, 해싱 테이블 상에서의 충돌 탐지와 교체replacement 방법이 필요하다.

여기서는 ▼Zobrist hashing key에 대해서 알아보자. 해싱에 관한 대략적인 내용은 자료 구조 등의 분야에서 이미 학습한 것을 가정한다.

Zobrist hashing key 방법을 설명해보자. 예를 들어 '10개의 영문자'로 이루어진 길이가 10인 영어 단어를 해싱하는 것을 가정하자. 이 상황에서 발생 가능한 경우의 수는 문자의 위치(10) * 문자의 종류(26) 해서 총 260개의 경우가 있다. 발생 가능한 단어의 개수가 260개라는 말이 아니다. 이 260개의 경우를 해싱 코드hash code라고 한다.

예를 들면, 다음과 같이 $h_{1,1}$ 에서 $h_{26,10}$까지 총 260개의 해싱 코드를 만들 수 있다. 여기서 해싱 코드 $h_{1,1}$은 1번째 글자가 A인 경우를 의미한다.

$h_{1,1}$ = A@1번째	$h_{2,1}$ = B@1번째	…	…	…	$h_{26,1}$ = Z@ 1번째
$h_{1,2}$ = A@2번째	$h_{2,2}$ = B@2번째				$h_{26,2}$ = Z@ 2번째
…	…				
…	…				
…	…				
$h_{1,10}$ = A@10번째	$h_{2,10}$ = B@10번째				$h_{26,10}$ = Z@ 10번째

이렇게 하면 다음과 같이 BAD라는 단어를 해싱 코드들의 조합으로 만들 수 있다.

▼바둑은 19×19(361) 개의 위치에 흰돌, 검은돌, 빈칸이 있을 수 있기 때문이다. 물론 바둑판의 대칭성(점 대칭, 선 대칭 등) 때문으로 이 보다 적은 숫자라고 할 수 도 있다.

▼자료 구조에서 해싱을 배우지 않은 독자는 검색을 통해서 스스로 공부할 필요가있다. http://en.wikipedia.org/wiki/Hash_function

▼Albert L. Zobrist의 원 논문인 "A New Hashing Method With Application For Game Playing," Technical Report #88, The University of Wisconsin, Computer Sciences Department 논문을 참고하였다.

예 BAD → $h_{2,1} + h_{1,2} + h_{4,3}$

이제 각각의 해싱 코드 $h_{i,j}$의 실제 값을 설정해야 한다. 이는 보통 n-bit의 정수integer로 설정한다. 즉, 위와 같은 경우는 260개의 랜덤 정수를 발생시켜서 해싱 코드로 사용하면 된다. 위와 같이 우리는 이제 260개의 해싱 코드($h_{i,j}$)를 사용할 수 있고 이를 해싱에 사용하게 된다. 즉, 아래와 같이 CAT에 대한 해싱값을 구할 수 있다.

예 hash(CAT) = $h_{3,1}$ XOR $h_{1,2}$ XOR $h_{20,3}$

즉, 이렇게 하면 특정한 단어를 숫자로 표현할 수 있게 되고, 이 숫자를 해싱 테이블의 검색에 사용하면 된다.

Zobrist Key를 이용한 해싱의 장점은 작은 게임 판의 모양 변화에도 불구하고 해싱의 분산이 잘 이루어지며, XOR 연산의 특성으로 인해서 바뀐 부분만 XOR 연산을 다시 수행하면 되기 때문에 수행 속도가 빠르다. 일반적인 보드 게임은 한 수를 둘 때 게임 판의 모양이 조금씩 바뀌는 형태이다. 즉 게임 판의 형태가 조금씩 바뀌는 경우에도 해싱 테이블에서의 충돌collision이 적게 일어날 수 있는 해싱 함수가 필요하다. 왜냐하면 해싱 함수의 조건인 무작위성randomness이 지켜져야 전체적으로 고르게 데이터가 분포되게 되고 이로써 해싱 테이블의 밸런싱이 되기 때문이다.

이렇게 되면 XOR의 정의에 따라서 hash(CAT) == hash(ACT)와 같아질 수 있다. 즉 다른 상태임에도 동일한 해싱 값을 가지는 오류가 발생하게 된다. 이 문제는 어떻게 해결할 수 있을까? Zobrist Key 값을 따로 보관하면 된다. 즉, 게임 상태를 모두 저장하면 되는데, 이렇게 하면 문제를 해결할 수 있기는 하지만 메모리를 많이 사용하게 된다는 단점이 있다.

해싱에는 기본적으로 다음과 같은 정보를 저장해야 한다.

- 게임 상태: 현재 게임 상태를 저장해둠으로써 게임 상태를 비교할 때 사용한다.
- Min-Max Depth: 동일한 게임 상태라고 하더라도 동일한 깊이를 탐색하는 경우라면 루트 노드로부터의 거리가 가까운 노드가 더 정확한 평가값을 가진다고 가정할 수 있다.

– 평가값: 형세 판단값을 저장함으로써 재 사용이 가능하다.

틱택토와 같은 게임을 생각해보자. 3×3=9개의 셀이 있고 각각은 ○, ×의 말과 빈칸이 놓여질 수 있으므로 3×9 = 27개의 해싱 코드가 필요하다. 다음 프로그램은 27개의 랜덤값을 생성하는 코드이다.▼

▼ 다음은 다른 상태가 동일한 해싱값을 가지는 경우는 따로 고려하지 않았다.

```
long[][] zobrist = new long[9][3];
for (int square = 0; square < 9; square++) {
   for (int side = 0; side < 3; side++) {
      zobrist[square][side] = Random();
   }
}
```

다음 코드는 특정 게임 상태에서의 해싱 값을 생성하는 코드이다.

```
long computeHashingKey(int[] board) {
   long hashKey = 0;

   for (int square = 0; square < 9; square++) {
      if (hasPiece(board[square])) {
         int side = getColour(board[square]); // 보드의 말(piece) 종류
         hashKey ^= zobrist[square][side];
       }
       else {
          hashKey ^= zobrist[square][0]; // 보드가 빈칸인 경우
       }
   }
}
```

6

CHAPTER

클러스터링(Clustering) 알고리즘

지금부터 2개의 챕터에 걸쳐서 클러스터링clustering과 패턴 인식pattern recognition을 순차적으로 다룰 것이다. 이 2가지는 아주 밀접한 관련이 있기 때문이다. 클러스터링은 비슷한 모양끼리 그룹으로 만드는 과정이고, 패턴 인식은 하나의 샘플을 보았을 때 이것이 어느 그룹에 속한 것인가를 결정하는 과정인데, 이 둘은 아주 비슷하다.

요즘 빅 데이터big data 분석에 대한 필요가 늘어가면서, 각종 데이터 속에 숨어있는 패턴, 규칙, 관계 등의 정보를 자동으로 탐색, 발굴mining해 내는 학문인 데이터마이닝data mining에 대한 연구가 활발하게 진행되고 있다. 그러한 데이터마이닝 연구에 관련 있는 데이터를 그룹으로 뭉치는 클러스터링 연구는 필수적이다.

온라인 서점에서 다음과 같은 화면을 본 기억이 있을 것이다. 이런 '도서 추천 시스템'은 어떻게 만들까? 협업 필터링collaborative filtering, 내용 기반 필터링content-based

〈 도서 추천 시스템 결과 〉

filtering 등 여러 방법이 있지만, '도서 추천 시스템'을 위해서는 기본적으로는 각 구매자의 도서 구입 성향을 분석하는 기능이 필요하다. 이때 클러스터링 기법이 사용될 수 있다. 프로그래밍 분야의 책을 구입한 사람, 그림 관련 책을 구입한 사람 등과 같이 말이다. 각각의 도서 구입자가 좋아하는 서적들의 패턴을 그룹화할 수 있다면, 동일한 성향을 보이는 사람에게 같은 성향의 다른 사람이 구입한 책을 추천할 수 있기 때문이다.

클러스터링의 정의

클러스터링cluster-ing, 이는 클러스터cluster로 만드는 과정을 의미한다. 즉, 어떤 기준에 의해 유사한 데이터들을 묶는 과정을 클러스터링이라고 한다. 글자 인식, 음성 인식, 얼굴 인식 등 인공 지능의 많은 문제가 패턴 인식 문제로 모델링될 수 있다. 또한 패턴 인식 문제는 클러스터링 문제로 모델링할 수 있다. 이것이 클러스터링이 중요한 이유이다.▼

▼ 예를 들어보자. 사용자가 펜으로 입력한 숫자를 인식하는 문제는 입력된 숫자 패턴의 인식 문제이며, 숫자 패턴 인식은 입력된 숫자가 0에서 9까지의 클래스 중 어떤 클래스에 속하는지를 판단하는 문제인 셈이다.

데이터들의 유사도similarity에 기반하여 클러스터cluster들로 구분하는 것을 클러스터링clustering 또는 '군집화'라고 한다. 즉, 비슷한 데이터들을 묶음으로 묶는, 또는 서로 다른 데이터들을 다른 묶음으로 나누는 것을 의미한다. 이러한 데이터 클러스터링은 기계 학습machine learning, 데이터 마이닝datamining, 패턴 인식pattern recognition 등의 많은 분야에서 데이터 분석을 위해 흔히 사용하는 기술이다.

클러스터링은 다음과 같은 경우에 필요하다.

- 데이터 마이닝과 같이 원천적으로 데이터에 대한 클래스 정보가 주어지지 않을 경우, 또는 표본의 수가 너무 많아서 각 표본마다 일일이 클래스 정보를 할당하는 것이 비용이 많이 드는 지루한 과정일 경우, 군집화해서 그룹으로 일괄적으로 클래스 정보를 할당할 수 있다. 다음 그림은 한자 인식을 위해서 유사한 문자들을 클러스터링하고 이 결과를 이용하는 연구 결과의 한 장면이다. 이와 같이 클러스터링 된 정보를 수작업 등으로 가공하면 훨씬 일의 능률을 기할 수 있다.

〈 클러스터링 된 결과 예제, 출처: 필기 한자 고문서의 디지털 라이브러리화를 위한 입력 시스템 개발, 장만대 등, 2003, 제30회 한국정보과학회 추계학술대회 논문집 〉

- 많은 데이터 집합들이 작은 프로토타입prototype 집합으로 압축이 필요한 경우: 클러스터링 이후에 대표 데이터를 이용해서 패턴 인식에 사용할 수 있다(예: k-means 결과를 인식에 사용하는 경우). 이 부분은 잠시 후 자세하게 다뤄보자.
- 비 정상적인 데이터fraud 탐지: 예를 들면 신용 카드 사용 내역 중에서 정상 거래와 비정상 거래 등을 구분하는데 사용할 수 있다. 즉 유사한 카드 사용 내역을 보이는 거래와 그렇지 않은 거래를 구분해 낼 수 있다면, 비정상적인 카드 거래를 막을 수 있을 것이다.▼

▼요즘 인터넷 뱅킹, 전자 화폐, FinTech 등의 분야에서도 비 정상적인 결재(fraud)의 자동 탐지가 중요한 부분이다.

수학에서 보로노이 다이어그램Voronoi diagram이라는 것이 있다. 어떤 공간을 분할하는 방법에 관한 이야기인데, 다음 그림과 같이 공간상의 특정 점을 기준으로 가장 가까운 점들로 공간을 나눈 것을 의미한다. 다음 그림에서 각 분할된 영역은 영역의 중심에 있는 픽셀 위치와 가장 가까운 점들의 집합을 의미한다.

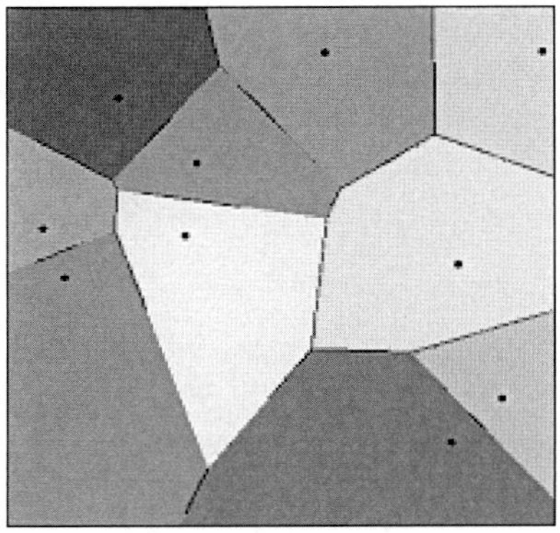

〈 보로노이 다이어그램 〉

클러스터링도 이와 유사하다. 다음 그림은 2차원 공간 상의 점들을 3개의 클러스터로 구분한 결과를 색깔로 보여주고 있다. 왼쪽 그림의 2차원 점들을 각 점의 위치에 따라서 근접한 위치의 점들을 그룹으로 묶어서 다른 색깔로 표시하였다. 즉, 각 색깔로 칠해진 부분이 동일한 클래스라고 구분된 영역이다.

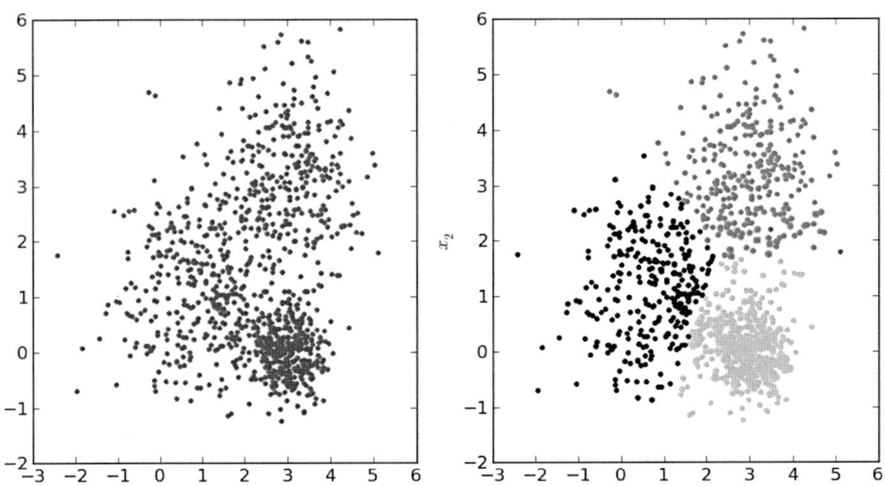

〈 2차원 공간 상의 샘플들의 클러스터링 예 〉

인간이 컴퓨터에 비해서 월등한 능력 중의 하나가 바로 추상화abstraction 능력일 것이다. 추상화란 세부 사항들을 제거하고 공통적인 또는 특징적인 내용을 추려서 인지하는 능력을 말한다. 이와 같은 능력은 패턴 인식 분야에서도 절대적으로 필요하다. 만약 우리가 직접 본 대상만을 구별할 수 있고 세세한 사항이 조금만 달라진 유사한 패턴을 인지하지 못한다면 어떨까?▼

▼안경 유무, 머리 스타일 변경 등으로 얼굴을 알아보지 못한다면 어떻게 될까?

다음 숫자 패턴을 한번 보자. 동일한 숫자라고 하더라도 세세한 부분에서는 조금씩 다른 것을 알 수 있다. 따라서 이러한 세세한 사항을 무시할 수 있는 대표 그림(?)을 만들어 내는 것이 중요하다. 이것을 추상화라고 할수 있을 것이다. 그래서 각 클래스의 숫자들을 하나의 클러스터로 묶고 이들을 대표할 수 있는 샘플을 사용할 필요가 있는 것이다. 그래서 클러스터링이 필요하다.

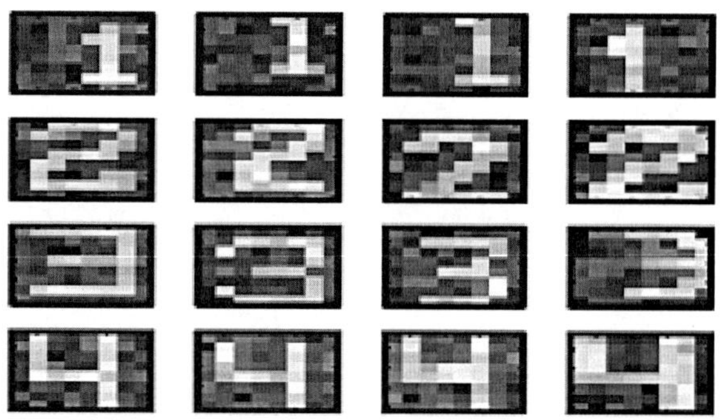

아주 많은 클러스터링 기법들이 있는데, 클러스터링 알고리즘을 사용하기 위해서는 다음 2가지 조건을 고민해야 한다.

- 거리 척도distance metric: 데이터 간의 거리를 측정할 수 있는 척도이다. 즉, 서로 다른 두개의 데이터의 차이를 계산하는 방법이 필요하다. 일상 생활에서 사용하는 Euclidian 좌표계에서의 거리 개념 뿐만 아니라 다양한 거리 기준이 사용될 수 있다.
- 클러스터링 알고리즘clustering algorithm: 클러스터로 만들어주는 세부 알고리즘이 있어야 한다. 예를 들어 비슷한 데이터들을 뭉치면서 클러스터를

만들어갈지, 아니면 서로 다른 데이터들을 분리하면서 만들지 등 다양한 알고리즘이 존재한다.

클러스터링, 즉 군집화의 구체적인 목표는 같은 클래스 내의 데이터 사이에는 가까운 거리 값을, 다른 클래스 간의 데이터들은 먼 거리 값을 가지게 하는 것일 것이다. 그런데 이러한 거리 값은 우리가 다루려는 데이터의 종류에 따라 좀 고민을 해야 한다.▼

- 양적인 의미가 있는 데이터quantitative data: 예 나이, 점수, 금액 등
- 순서의 의미가 있는 데이터ordinal data: 예 카드 번호, 알파벳 등
- 명칭 값으로 의미를 갖는 데이터nominal data: 예 학과명, 직업 등

위의 경우에서 양적인 데이터나 순서 데이터는 각 데이터의 값을 바로 비교 단계에 사용할 수 있지만, 명칭 값으로 의미를 갖는 데이터nominal data와 같은 경우는 각 데이터 값을 다른 표현(숫자 표현)으로 변환한 후에 거리 계산을 해야 한다. 또한 여러 값을 같이 고민하는 경우에는 각 데이터들이 가지는 값의 범위들을 서로 맞추어 줄 필요도 있다.▼

클러스터링을 위해서 많은 거리 척도distance metric가 사용될 수 있다. 우리가 거리 척도로 사용할 수 있는 함수 $d(\ ,\ )$는 다음과 같은 조건을 만족해야 한다.▼

1. $d(x, y) \geq 0$
2. $d(x, x) = 0$
3. $d(x, y) = d(y, x)$
4. $d(x, z) \leq d(x, y) + d(y, z)$

위의 조건을 만족하는 다양한 거리 척도들이 존재한다. 두 벡터 $\mathbf{a}=(a_1, a_2, \ldots a_{k\text{-}1}, a_k)$, $\mathbf{b}=(b_1, b_2, \ldots b_{k\text{-}1}, b_k)$ 의 거리distance는 다음과 같은 다양한 척도들을 사용할 수 있다. 클러스터링에서는 해당하는 문제에 따라서 각 거리 척도의 특성에 따라서 적절한 것을 사용하면 된다.

▼거리(distance)와 유사도(similarity)는 반대 개념이다. 거리가 크면 유사도는 작다.

▼예를 들어 사람의 키와 몸무게 2가지의 데이터를 같이 고민하는 경우는 두 값 각각의 값의 크기나 편차들을 고민해야 한다.

▼이 책의 주제와는 관련없지만 유클리디언 기하학에서 다루는 거리 개념(일상 생활에서의 거리 개념)은 이러한 조건을 만족한다. 그러나 휘어진 공간(예를 들면 지구 표면)에서는 이러한 기준이 만족되지 않을 수 도 있다. 무슨 말일까 한 번 생각해보자.

Distance metric	정의
Euclidean distance	$\sqrt{\sum_{i=1}^{k}(a_i - b_i)^2}$
Hamming distance	$\sqrt{\sum_{i=1}^{k}(different(a_i,\quad b_i)} \begin{cases} different(a,b) = 1, & if\ (a \neq b) \\ different(a,b) = 0, & otherwise \end{cases}$ 예 hamming distance(1011101, 1001001) = 2
Manhattan distance▼	$\sum_{i=1}^{k}\lvert a_i - b_i \rvert$
maximum distance	$\max_i \lvert a_i - b_i \rvert$
Mahalanobis distance	$\sqrt{(\boldsymbol{a}-\boldsymbol{b})\boldsymbol{S}^{-1}(\boldsymbol{a}-\boldsymbol{b})}$, S는 공분산 행렬

▼일명 Taxicab Distance라고도 한다. 맨하탄 도심에서 택시가 운행하는 길은 가로, 세로로만 움직이고 대각선으로 움직일 수 없기 때문이다.

클러스터링 방법은 아주 아주 많은 방법이 있다. '비 모수적non-parametric 방법'과 '모수적parametric 방법'으로 나눌 수 있다. 이 책에서 소개되는 k-means 알고리즘이 비 모수적 방법의 대표적인 방법이다.

비 모수적 방법(non-parametric methods): k-means Algorithm

클러스터링 방법을 크게 2가지로 모수적parametric 방법과 비모수적non-parametric 방법으로 나눌 수 있다. 이 교재에서는 비-모수적 방법, 그 중에서도 k-means 알고리즘을 설명한다.

다수의 데이터가 주어졌을 때, 계산을 단순화하고 수렴을 가속시키기 위한 방법으로 ▼군집화clustering 기법을 사용한다. 그 중 k-means 클러스터링 알고리즘은 간단하면서도 효과적인 군집화 방법이다.

▼여러 데이터로부터 공통적인 데이터를 생성하여 이를 대표 데이터로 사용하는 방법이다. 즉 여러 데이터를 대표하는 데이터를 구하자는 것이다. 어떤 면에서 보면 이도 추상화라고 할 수 있지 않을까?

k-means 클러스터링 알고리즘은 데이터가 벡터 공간을 이룬다는 가정 아래, k개의 클래스의 분산을 단계적으로 최소화하는 방법이다. 아래에 개략적인 알고리즘을 기술해보자.

1. 데이터 수는 n, 클러스터 수는 k라고 할 때, 데이터 집합으로부터 무작위로 선택된 k개 클러스터의 평균 벡터(중심 벡터)를 구성한다. 초기 데이터 중에 k개를 선택하거나 랜덤하게 생성할 수도 있다.
2. 모든 데이터를 가장 가까운 거리에 있는 평균 벡터means를 기준으로 분류한다.
3. 나누어진 각 클러스터 데이터들의 평균값으로 평균 벡터를 갱신한다.
4. 2~3 단계를 평균값들이 거의 변하지 않을 때까지 반복한다.▼

▼k-means 알고리즘은 1950년대 중반에 만들어졌다고 한다. 이름에서 의미하는 것처럼 각 클러스터의 분산을 최소화할 수 있는 k개의 means(대표값)을 구하는 것이 목표다.

다음 그림은 초기의 상태에서 새로운 평균값means들을 구해가는 과정을 그림으로 나타낸 것이다. 아래에 각 과정의 그림과 설명을 참고하자.

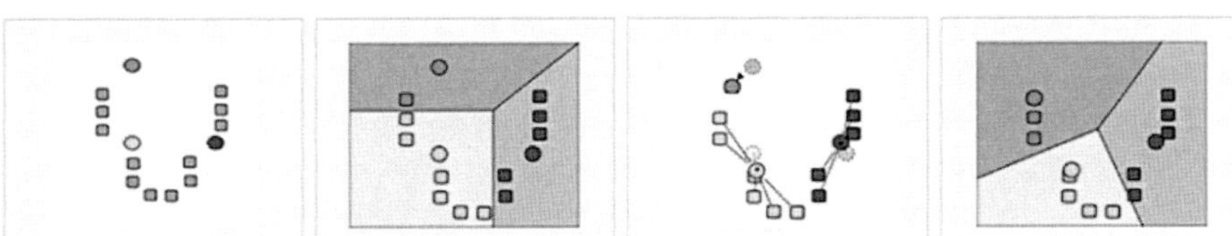

(1) 초기 데이터 중에서 임의로 3개의 means를 선정.

(2) 모든 데이터에 대하여 가장 가까운 mean으로 그룹을 분할.

(3) 각 그룹의 mean 위치를 다시 계산.

(4) 2~3 과정을 반복.

k–means 알고리즘

앞에서 개략적으로 살펴본 k-means 알고리즘을 의사 코드를 통해서 자세히 알아보자. 아래에서 사용한 각 심볼의 의미는 다음과 같다.

- 데이터의 수: n
- 클러스터의 수: k
- n개의 초기 데이터 집합: $\{x_1, \ldots, x_n\}$
- k개의 초기 중심 집합: $\{\mu_1, \ldots, \mu_k\}$
- k번째 클래스: C_k

의사 코드(Pseudo Code)	상세한 설명
초기화 $n, k, \mu_1, \ldots, \mu_k$	
do	
각 데이터를 가장 가까운 중심을 가진 클러스터(C_i)로 분류	$C_i = \{x_n \mid distance(x_n, \mu_i) \leq distance(x_n, \mu_j), j=1,\ldots,k\}$
각 클러스터의 중심(μ_i) 갱신	$\mu_i = mean(C_i), i = 1,\ldots,k$
until (μ_i가 변화가 없거나 변화량이 적을 때까지)	
return $\mu_1, \mu_2, \ldots, \mu_k$	

〈 k–means 알고리즘 〉

k-means 알고리즘의 장단점은 다음과 같다.

장점:

- 알고리즘이 간단하다.
- 군집 분석 이외에도 분류·예측을 위한 선행 작업, 특이 오류 값이나 결손 값 처리 작업 등 다양한 분석에 사용할 수 있다.

단점:

- 속성들의 형태가 다르거나 같은 형태의 속성이라도 값의 범위가 다양할 경우 거리 측정기준을 설정하는데 어려움이 따른다.

• k-means 클러스터링 기법은 사용자가 지정한 *k*값에 따라 데이터를 *k* 개의 군집으로 나눈다. 그러나 실제 데이터의 구조가 이 값보다 작거나 큰 수의 군집 특성을 갖고 있다면 좋은 결과를 기대하기 어렵다. 즉, 클러스터의 개수에 해당하는*k* 값을 먼저 선택해야하는데, *k*의 값에 따라서 결과가 달라질 수 있다는 문제점이 있다. 다음 왼쪽과 같은 2차원 좌표 데이터를 클러스터링 하는 문제를 생각해보자. 다음 그림과 같이 클러스터의 개수를 2개 또는 3개로 달리함에 따라 다른 결과로 나뉠 수도 있다. 따라서 적절한 *k* 값의 선택은 아주 중요하다.

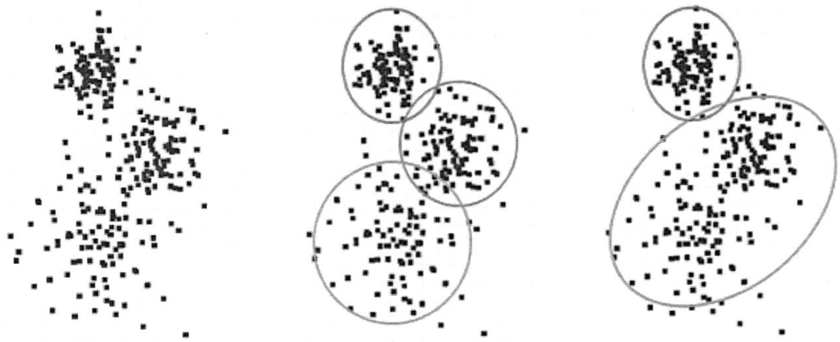

〈2차원 좌표 데이터 샘플〉 〈3개의 클러스터로 나눈 결과〉 〈2개의 클러스터로 나눈 결과〉

• 초기 클러스터 중심을 어떻게 정하느냐에 따라서 다른 최종 클러스터가 나올 수 있다. 즉, 안정된 상태의 클러스터는 보장하지만, 최적이라는 것은 보장하지 못한다. 즉, k-means 알고리즘은 전역 최적값global optimal을 보장하지는 못한다.

k-means 예제

다음과 같이 분포하는 2차원 벡터 데이터를 2개의 클러스터로 분류하는 문제를 통해서 k-means 알고리즘을 이해해보자.

데이터 : 다음 표와 같이 2차원 데이터 8개가 있다. 이를 2차원 상에서 그림으로 나타내면 오른쪽 그림과 같다.

번호	X	Y
1	4.96	3.21
2	1.99	1.38
3	3.12	1.38
4	3.46	1.79
5	2.17	0.94
6	3.06	0.18
7	3.99	3.98
8	2.79	0.8

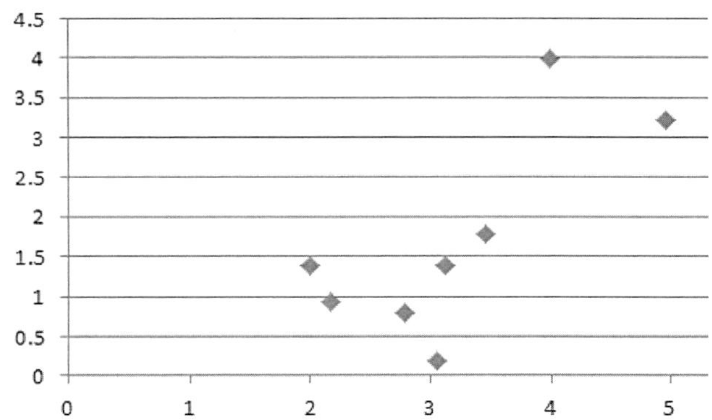

초기 중심 위치: 1, 2번 데이터를 초기 중심 위치로 정하자.

Iteration # 1: 각 중심에 가까운 데이터로 구분하면 다음 그림과 같다. 둥근 점이 각 클러스터의 새로운 중심이다.

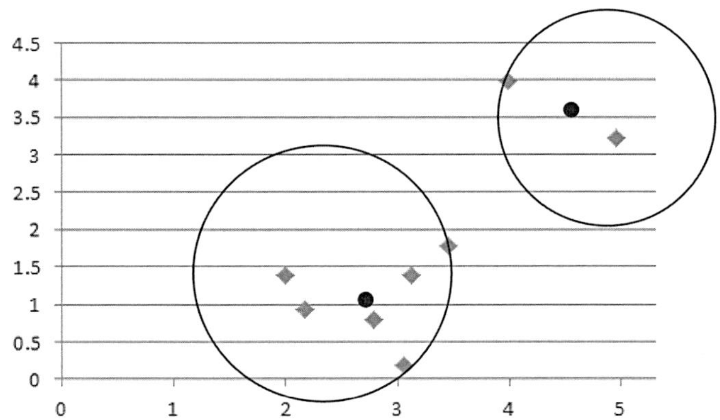

Iteration # 2: 새로운 중심을 기준으로 클래스를 다시 분할한다. 각 데이터의 클래스 소속 여부가 변경되지 않아서 평균값의 변화가 없으므로 종료한다.

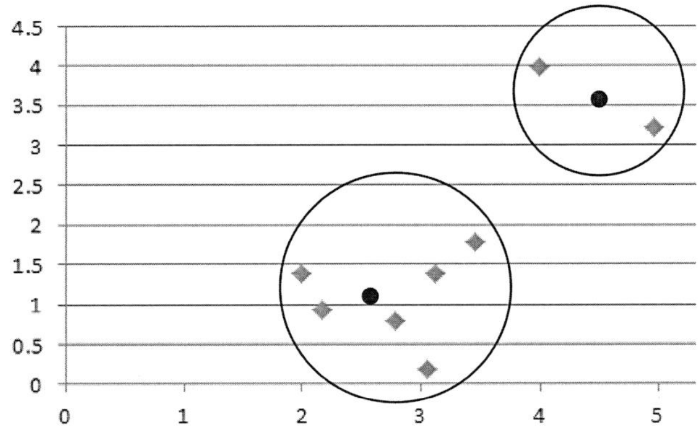

실전 예: 영상 분할 또는 영상 압축

k-means 클러스터링 알고리즘의 응용 예제를 하나 더 보자. 하나의 이미지 파일의 각 픽셀들의 색상값 R, G, B값을 3차원 벡터로 이용하여, 색상값들을 k-means 클러스터링해보자. 다음 그림은 5개의 색상으로 클러스터링한 결과를 3차원 공간상에 표현한 그림이다. 이러한 픽셀 색상 값의 클러스터링을 어디에 이용할 수 있을까? 구체적인 아래의 이미지로 살펴보자.

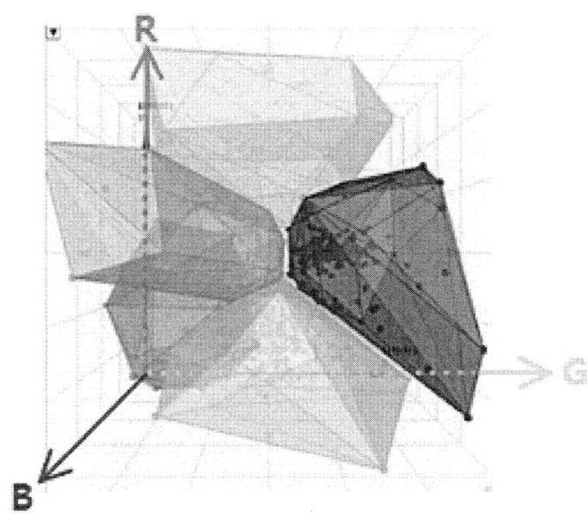

다음 왼쪽은 원본 이미지이며, 오른쪽은 16개의 클러스터로 클러스터링한 후 각 픽셀의 값을 평균 벡터로 표시한 이미지이다. 이러한 작업을 영상 처리 등에서는 벡터 양자화vector quantization이라고 한다. 이것이 무슨 의미가 있을까? 다음과 같이 벡터 양자화를 하면 해당 픽셀을 표현하는데 필요한 비트수가 ($\log_2$ K) 개로 줄어들기 때문에 영상 압축의 효과가 있는 것이다.

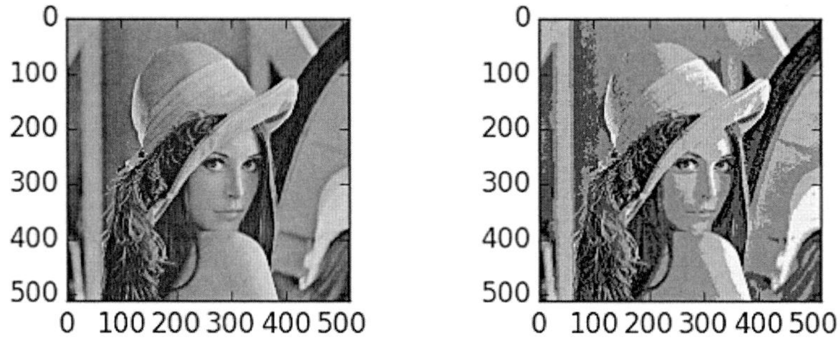

CHAPTER 7

패턴 인식(Pattern Recognition)

우리 주위에는 패턴 인식 기능을 가진 시스템들이 아주 많다. 스마트 폰에서 사용되는 필기 글자 인식기와 동작 인식을 통한 스마트 폰 사용, 보안 분야에서 사용되는 생체 정보(홍채, 지문, 목소리, 걸음 걸이 등) 인식, 과속 단속기를 위한 자동차 번호판 인식, 문서 인식OCR: Optical Character Recognition, 자동차 자동 운전, 자동 번역 등이 모두 패턴 인식 기능을 가지고 있는 서비스들이다.▼

▼2000년대 초반만 하더라도 연구실에서 시범적으로만 사용되던 이러한 시스템들이 이제는 일상 생활 전반에서 광범위하게 사용되고 있다. 실로 지금은 인공 지능 전성시대라고 할만하다. 인공 지능 분야에서도 '패턴 인식'은 인간의 입력 기관의 역할을 대신하는 아주 중요한 분야이다.

〈 얼굴 인식 예제 〉

〈 자동차 번호판 인식 예제 〉

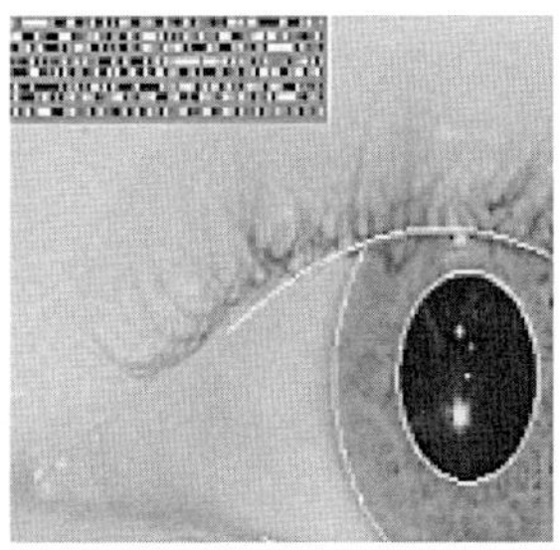

〈 눈동자 홍채 인식 예제 〉

인간이나 동물들은 태어나면서부터 자연스럽게 패턴 인식 기능을 수행한다. 자신에게 위험한 동물이 어떤 동물인지, 자신의 먹이가 될 것이 어떤 모양인지 구분할 수 없다면 그 종species은 곧 멸종될 것이다. 인간도 예외는 아니다. 이와 같은 패턴 인식 기능은 인간은 너무나 자연스럽게 수행할 수 있는 기능인데, 너무 자연스럽게 패턴 인식 과정이 이루어지기 때문인지 인간이 어떻게 패턴 인식을 수행하는지 그 과정은 우리가 거의 알지 못한다. 이러한 패턴 인식 기능을 컴퓨터로 구현해보자.

패턴 인식 기초

패턴 인식의 개념을 익히기 위해서, 먼저 다음과 같은 문제를 한번 생각해보자. 빨간 점으로 표시된 데이터와 파란 점으로 표시된 데이터를 구분하는 문제를 풀어야 한다고 생각해보자. 패턴 인식이라는 문제는 바로 분류classification 또는 인식recognition 문제이다. 여기서 '분류'란 입력된 테스트 용 샘플이 어느 클래스에 더 가까운지를 판단하는 문제를 의미하는데, 이를 위해서는 기존 데이터(학습 데이터)들을 클래스끼리 구분하는 '구분선decision line'을 찾아야 하는 문제가 된다.

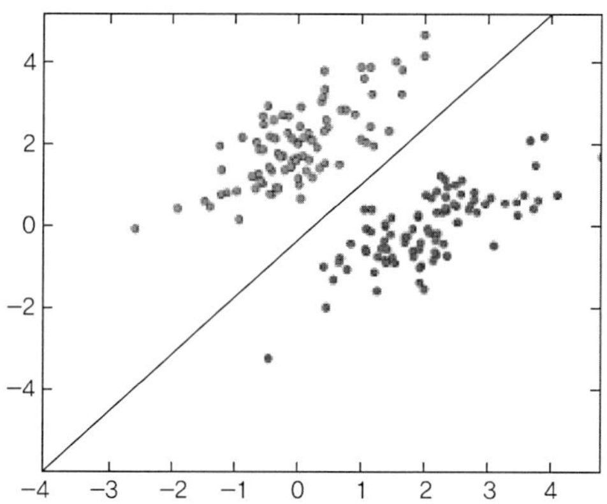

아직 패턴 인식기를 어떻게 구현할 수 있을지 배우지 않았지만 초보자 입장에서 이를 구현할 수 있는 방법을 생각해보자.

패턴 인식 시스템은 보통 학습 데이터를 사용하게 된다. 이러한 학습 데이터를 다음과 같이 많은 if ( ) 문을 사용하여 빨간 점 데이터는 +1, 파란 점 데이터는 −1을 출력하는 함수를 작성할 수 있을 것이다. 즉, 입력 샘플(학습 샘플)들을 미리 배열에 보관하고, 새로운 테스트 샘플이 입력되었을 때 이들과 비교한 결과를 사용하는 방법이다.

그러나 이 방법은 모든 학습 데이터를 일일이 코드에 표현해야 한다는 번거로움이 있다. 또한 다양한 새로운 입력 샘플에의 일반화generalization가 어렵다. 즉, 보지 못했던 데이터에 대한 결정을 할 수 없다는 단점이 있다.

```
int redSamples[100][2], blueSamples[100][2];▼

int classification(int x, int y) {▼

    for(i=0; i<100; i++) {
        if ( x==redSample[i][0] and y==redSample[i][1] ) return +1;
        else if ( x==blueSample[i][0] and y==blueSample[i][1] ) return -1;
    }
    return 0;
}
```

▼클래스마다 각 학습 샘플이 100개라고 가정한다.

▼이 함수는 테스트 데이터가 redSample에 속하면 +1을, blueSamples에 속하면 -1을, 그 이외에는 0을 리턴하는 함수.

이러한 방법보다 조금 더 체계적인 방법을 생각해보자. 이제부터는 차근 차근 패턴 인식의 기초부터 살펴볼것이다.

얼굴 인식 문제를 예로 들어보자. 얼굴 인식이란 카메라 등을 통해서 입력된 사진 속의 사람의 얼굴을 맞히는 문제이다. 어떻게 인간의 얼굴을 인식할 수 있을까?

얼굴을 구분하기 위해서 얼굴의 색깔과 모양, 눈, 코, 입 등의 모양, 크기, 위치 등의 정보를 사용할 수 있을것이다. 입력받은 영상으로부터 얼굴 인식에 필요한 위와 같은 정보(▼특징값: features)를 추출하고, 이를 미리 저장해둔 데이터베이스에 포함된 데이터와 비교하여 판단하면 되는 것이다.▼

▼특징값(features): 패턴 인식에 필요한 정보를 특징값이라고 한다.

▼패턴 인식을 위한 과정은 크게 두 단계로 나뉜다고 할 수 있다.

1. 특징값 추출
2. 패턴 비교(매칭)

즉, 인식을 위해 어떤 정보를 추출할지를 고민해야하고, 이 특징값을 어떻게 기존의 데이터와 비교하는가를 고민해야 한다.

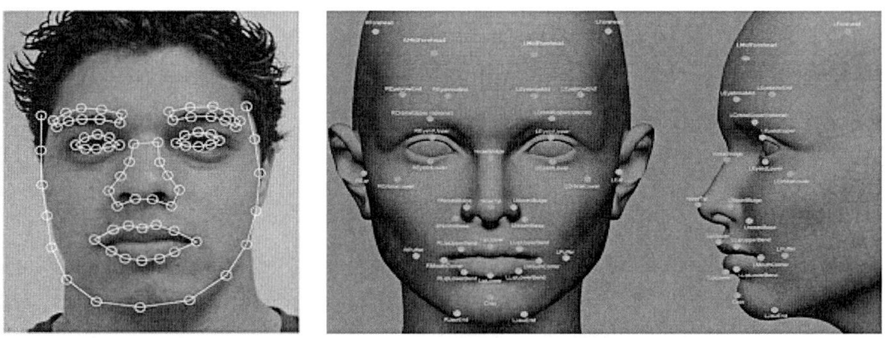

〈 얼굴인식을 위한 특징값 추출 예 〉

이와 같이 입력 패턴으로부터 특징을 추출하고 이를 기존의 사전 정보와 비교하여 입력 패턴이 어떤 종류인지 판단하는 것이 패턴 인식의 일반적인 과정이다. ▼센싱을 통해 인식할 대상을 입력받고, 입력 데이터를 특징 공간으로 변환하고 분별력이 높은 특징을 추출한다. 추출된 특징을 바탕으로 분류기를 통해 인식한다. 이 인식 과정에서의 핵심은 특징 추출과 분류 과정이라 말할 수 있다.

▼식물도 일정 부분 그렇지만 동물들은 태어남과 동시에 패턴 인식 기능을 수행한다. 아기가 태어나서 엄마 얼굴을 인식하고 동물들이 생존을 위해서 먹이 사슬의 아래에 있는 대상들을 인식함으로써 생존을 유지하는 것이다.

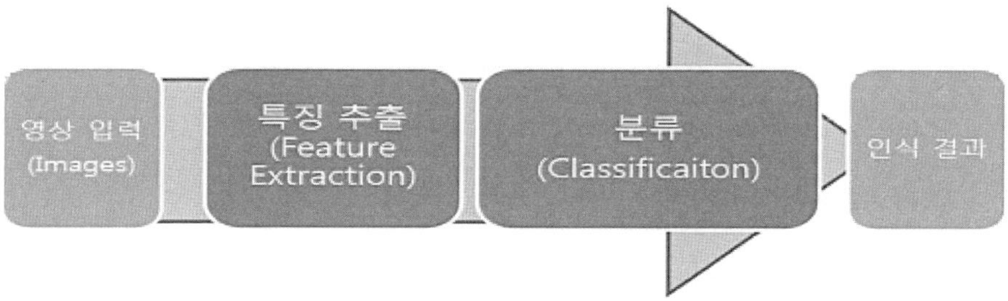

〈 패턴 인식 과정 〉

숫자 인식을 통한 패턴 인식 개념 익히기

다양한 응용 분야에 따른 패턴 인식의 대상이 다를 수 있지만 원리는 동일하다. 가장 쉬운 대상으로 설명을 시작하자. 패턴 인식의 전체 과정을 이해하기 위해 '0'에서 '9'까지의 숫자 인식 시스템을 고려해보자. 즉 숫자가 적힌 카드를 입력 받아서 그 카드의 숫자가 무엇인지 알아내는 문제이다. 이 문제를 컴퓨터를 이용해서 어떻게 풀 수 있을까?

다양한 패턴 입력 장비

패턴 인식 연구 분야에서 다루는 패턴Pattern의 종류는 무궁 무진하다. 아래에 다양한 패턴 입력 장치와 예제 그림을 모아두었는데, 이 장을 다 배운 후에는 각 분야의 패턴 인식은 실제로 어떻게 구현할 수 있을지를 유추할 수 있는 실력이 되었으면 좋겠다.

〈 휴대용(hand-held) 스캐너를 이용한 바코드 입력 〉

〈 평판 스캐너를 이용한 서류 스캐닝〉

〈 펜형 스캐너를 이용한 단어 입력 〉

〈 키보드를 이용한 키 터치 리듬 인식(본인 인증을 위한 키를 누르는 속도 인식 용) 〉

〈 펜을 이용한 온라인 글자 입력 〉

〈 적외선 카메라와 입력 영상: from http://www.infratec-infrared.com 〉

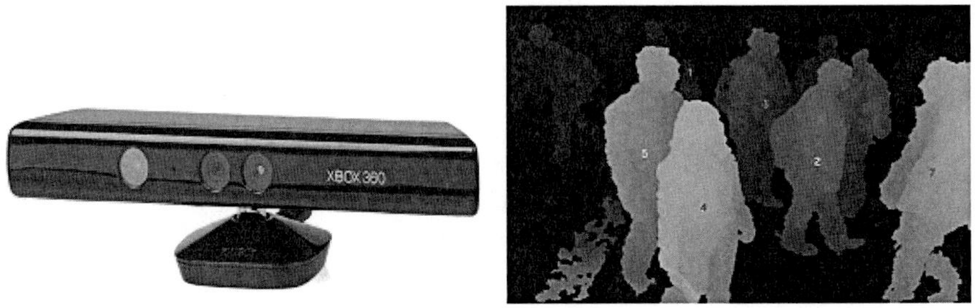

〈 키넥트 카메라를 이용한 3D 정보 입력: from http://www.pervasive.jku.at 〉

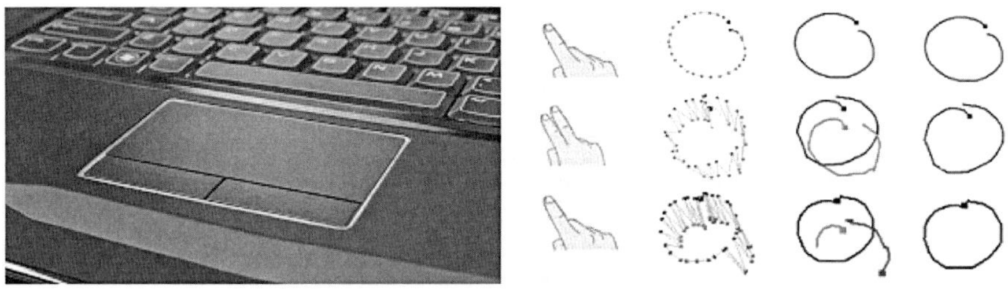

〈 터치패드를 이용한 커맨드 입력 〉

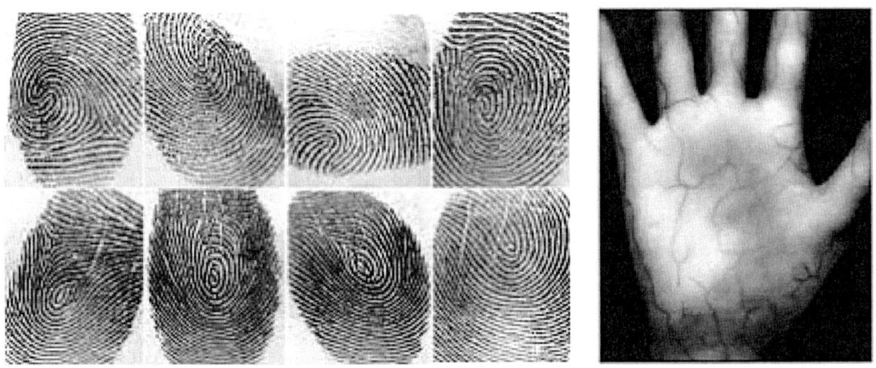

〈 손가락 지문 및 손바닥 정맥 인식 〉

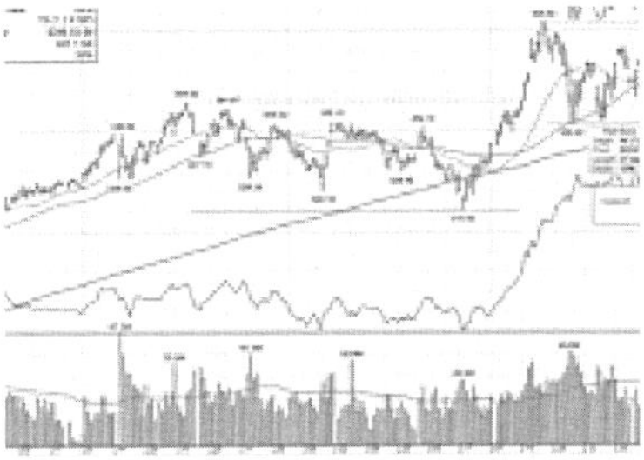

〈 주가 변동 인식 〉

〈 얼굴 인식@Facebook 〉

숫자 인식 개괄

숫자 인식을 위해서는 숫자를 입력 받아야 할 것이다. 숫자 인식(패턴 인식, 문자 인식 등)은 인식 대상의 입력 방식에 따라서 2가지 종류로 나눌 수 있다.

- 온라인 문자 인식: 다음 그림과 같이 펜으로 입력받으면 펜의 궤적 정보를 사용할 수 있는데 이러한 인식을 '온라인 문자 인식Online Character Recognition'이라고 한다.
- 오프라인 문자 인식: 오른쪽 그림 처럼 평판 스캐너를 사용하여 문서를 입력 받을 수 있는데 이를 '오프라인 문자 인식Offline Character Recognition'이라고 한다. 오프라인 문자 인식은 적혀진 문자 정보를 이미지(그림)로 통째로 입력 받기 때문에 궤적 정보를 입력받을 수 없다.

〈 온라인 인식 〉

〈 오프라인 인식 〉

문자 인식, 그 중에서도 숫자 인식의 전체적인 방법을 한번 생각해보자. 본 교재에서는 오프라인 인식을 대상으로 한다. 숫자 인식을 위해서는 먼저 10개의 숫자가 어떻게 생겼는지에 대한 정보를 가지고 있어야 한다. 인식 대상이 무엇이고, 인식을 위해서 어떤 정보를 사용할지를 결정하기 위해서다. "▼이미 알고 있는 지식" 즉, 사전 정보를 모으기 위해서 먼저 데이터를 수집한다. 다음은 문자 인식을 위한 데이터들의 예이다.

▼패턴 인식은 새로운 정보를 기존에 저장된 정보와 비교하는 과정이다.

- 인쇄체 숫자: 프린터 등을 이용하여 정해진 폰트font로 인쇄된 숫자를 말한다. 어떤 분야에 응용될 수 있을까? 다음과 같은 자동차 번호판 또는 각종 계량기의 숫자, 또는 스캔한 서적들을 인식하는 용도로 사용할 수 있다.

〈 인쇄체 숫자 패턴의 예 〉

- 필기체 숫자: 사람의 손에 의해서 적힌 숫자들이다. 싸인sign 인식, 수표 인식, 우편 봉투 주소 인식 등에 활용할 수 있다. 이러한 필기체 숫자들은 개인별 또는 상황별로 글자의 모양이 다양하다. 그래서 일반적으로 인쇄체 숫자 인식에 비해서 어려운 문제라고 여겨진다.▼

▼인식 대상의 종류에 따른 인쇄체/필기체 인식 등의 구분 이외에도, 숫자 하나 하나를 박스로 구분해서 입력하는지 아니면 자연스럽게 연속해서 입력하는지에 따른 구분 등 다양한 구분이 있을 수 있다.

〈 필기체 숫자 패턴의 예 〉

물론 폰트의 종류에 따라서 조금은 달라질 수는 있지만 필기체 문자가 훨씬 어려운 문제이다. 여기서는 별도의 구분없이 일반적인 숫자 인식 문제를 고려한다. 다음 그림은 숫자 영상 하나를 8×8 크기의 동일한 크기의 영상으로 만들었다.▼

▼크기의 정규화(size normalization): 비교할 패턴들의 크기를 일치시키는 것이 매칭할 때 편하다. 글자가 가진 다양한 변형 조건들을 줄일수록 고려해야하는 정보가 줄어들기 때문이다.

〈 크기가 정규화된 숫자 패턴의 예 〉

패턴 인식이란 다음 그림과 같이 입력 이미지를 기존에 저장된 이미지와 비교해서 가장 비슷한 클래스를 찾는것이다. 아래 그림의 좌측의 이미지가 입력 이미지, 우측의 이미지가 데이터베이스Database: DB에 저장된 숫자 이미지라고 할 때, 각 입력 이미지를 모든 숫자 이미지와 비교해서 가장 비슷한 비교 값을 내는 숫자로 인식하면 될 것 이다. 다음 예에서는 입력 이미지가 숫자 '1'의 학습 이미지와 더 비슷하다고 판단할 수 있을 것이다.

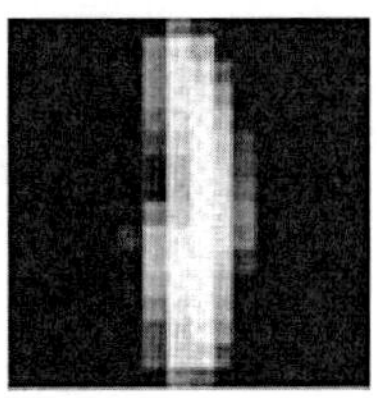

〈 입력 이미지 〉

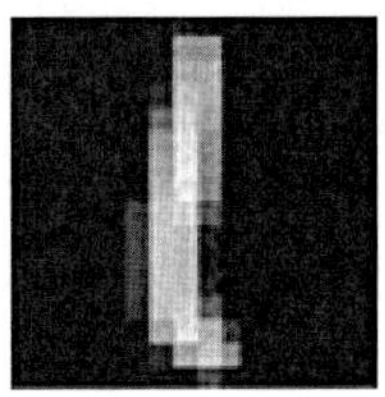

〈 숫자 '1'의 저장된 이미지 〉

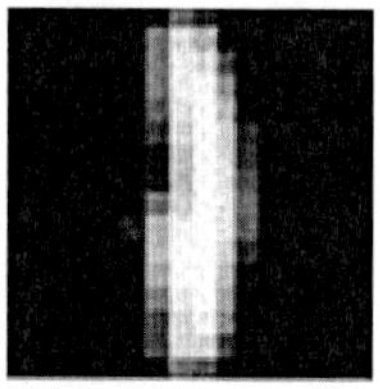 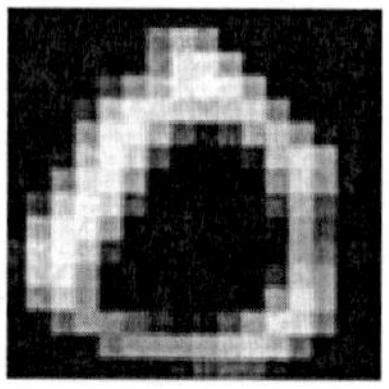

〈 입력 이미지 〉 〈 숫자 '0'의 저장된 이미지 〉

이제는 2개의 이미지의 비교 방법에 대한 이야기를 해야 한다. 2개의 이미지를 어떻게 비교할 수 있을까? 입력 이미지와 DB에 저장된 숫자 이미지를 그대로 매칭해보자. 이를 이미지 기반 템플릿 매칭image-based template matching이라고 한다. 즉, 여기서 별도의 특징값 추출 과정 없이 입력 이미지 자체를 바로 사용하자는 것이다. 여기서 템플릿이란 기준으로 삼고있는 패턴의 모양을 의미한다.

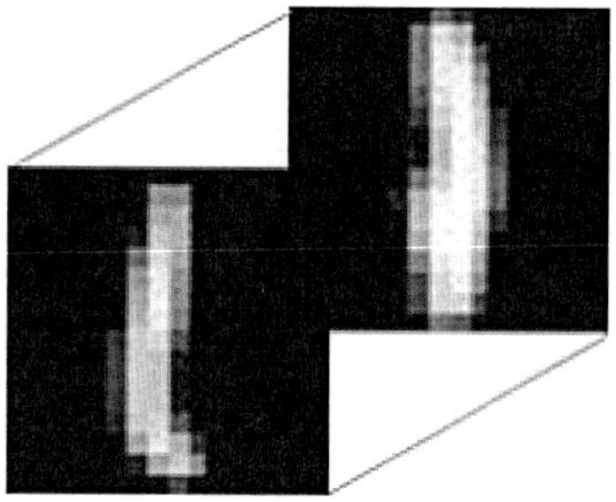

〈 이미지를 이용한 템플릿 매칭 〉

그럼 이제 남은 문제는 어떻게 '비교'할 것인가? 하는 점이다. 어떤 거리 측정 방법distance metric을 사용할 것인지를 결정하는 단계이다. 간단한 방법으로는 다음과 같이 SADSum of Absolute Difference를 구하면 된다. 이것은 두 이미지의 대응하는 각 픽셀의 차이의 절대값absolute value을 합하는 방법이다. 검은 점을 '1', 흰 점을 '0' 이라고 생각하면 SAD(,) 값은 정수integer 값을 얻게 된다. 즉, 패턴 간의 차이 정도를 정수로 표현할 수 있게 되었다.

$$\text{SAD(imageA, imageB)} = \sum_{i=1}^{row}\sum_{j=1}^{col} abs(imageA(i,j) - imageB(i,j))$$

이렇게 하면 단순한 숫자 인식 시스템을 구현할 수 있다. 그러나 입력 이미지 정보를 그대로 매칭에 사용하는 방식이 아니라 조금 더 차원이 낮은 특징 정보를 추출할 필요가 있다. 이러한 2차원 숫자 패턴으로부터 어떻게 인식에 필요한 정보를 추출하는가 하는 점이다. 이 내용을 더 이야기해보자.

차원 축소: 1차원

위와 같이 입력 데이터를 2차원 배열로 표현하는 방법은 8×8 크기의 이미지라고 했을 때, 하나의 숫자를 8×8=64차원 벡터로 표현하는 방식인 셈이다. 이 방법은 입력 정보에 군더더기가 너무 많아 보인다. 또한 숫자 이미지가 조금만 기울어져 있거나 위치 이동을 하면 전혀 엉뚱한 인식 결과가 나올 수 도 있다. 즉, 사용할 수 있는 정보는 많지만 위의 형식은 2차원 배열 형식이라서 다루기에 무거워 보인다.

이제 입력된 숫자 이미지로부터 조금 더 낮은 차원의 특징값features을 사용해보자. 특징값이라는 것은 분류classification를 위해 필요한 정보를 의미한다. 여기에서는 문제를 단순화하기 위해서 일반적인 숫자 인식을 위한 특징값이 아니라 1과 0 만을 구분하기 위한 특징값을 고려해보자.▼

각 입력되는 숫자가 8×8=64개의 숫자로 표현된다고 가정하자. 이렇게 입력되는 모든 정보를 사용해도 되겠지만, 사용할 정보를 축소할 수 있다면 용량이나 수행 속도면에서 장점이 있을 것이다. 그래서 먼저 특징값의 차원을 ▼1차원으로 낮춰보자. 그럼 어떻게 64차원 벡터를 1차원으로 낮출 수 있을까?

1. 방법 1

   다음 변수 선언을 보자. 좌측이 0, 우측이 1의 이미지라고 하면, 가장 간단하게는 0행 2열의 정보(zero[0][2]과 one[0][2])만을 사용하여도 0과 1의 숫자 구분이 될 것이다. zero[0][2]는 1이고, one[0][2]는 0이기 때문에, 이 한 개의 숫자

▼물론 지금부터 설명할 방법을 '0 부터 '9'까지 10개의 숫자를 구분하는 문제에 적용해도 된다. 아래에서 소개하는 단순한 특징값을 사용하면 인식률은 떨어지겠지만…

▼여기서 특징값의 차원이라는 용어는 8×8 이미지를 바로 사용하는 경우는 64(8×8) 차원 특징값을 사용하는 경우이다.
특징값의 차원을 낮추는 문제는 패턴 인식의 아주 중요한 연구 주제이다.

만 보면 구분할 수 있다. 그러나 앞에서 이야기한 것 처럼 입력 패턴은 조금씩의 변형이 있을 수 있기 때문에 이러한 방법은 거의 사용할 수 없다.

int zero[8][8] = {
{0,0,**1**,1,1,1,0,0},
{0,1,1,0,0,1,1,0},
{1,1,0,0,0,0,1,1},
{1,1,0,0,0,0,1,1},
{1,1,0,0,0,0,1,1},
{0,1,1,0,0,1,1,0},
{0,0,1,0,0,1,0,0},
{0,0,1,1,1,1,0,0}
};
	int one[8][8] = {
	{0,0,**0**,1,1,0,0,0},
	{0,0,0,1,1,0,0,0},
	{0,0,0,1,1,0,0,0},
	{0,0,0,1,1,0,0,0},
	{0,0,0,1,1,0,0,0},
	{0,0,0,1,1,0,0,0},
	{0,0,0,1,1,0,0,0},
	{0,0,0,1,1,0,0,0}
	};

〈 숫자 1과 0의 자료 구조 〉

2. 방법 2

이미지 내의 1의 개수를 세어보자. 이미지의 크기가 동일하다면 아마도 1보다 0 이미지가 1의 개수가 많을 것이다. 그러면 0과 1을 위한 DB 데이터를 이와 같이 만들었다고 할 때, 각 2차원 배열 속의 1의 개수를 세면 된다. 이 정보는 앞의 '방법1'보다는 입력 패턴의 변형에 조금 더 강건할 수 있을 것이다.▼

▼문제를 단순화하기 위해서 이미지가 흑과 백으로만 이루어진 2진 영상이라고 가정하고, 흑의 픽셀을 '1'로 백의 픽셀을 '0'으로 표시하는 경우이다.

위의 패턴을 사용한다면 다음과 같이 숫자 '0'과 숫자 '1'의 1의 개수가 다를 것이다. 동일한 크기의 숫자라면 0을 사용하기 위해서 더 오래 펜을 사용하기 때문이다.

- 패턴 '0'의 1의 개수 = 30
- 패턴 '1'의 1의 개수 = 16

이렇게 하면 이제 패턴 인식 문제는 다음 그림과 같이 두 클래스를 구분할 수 있는 경계 값을 찾는 문제로 바뀐다. 대략 30과 16의 중간 위치인 23 정도의 값으로 구분하면 될 것 이다. 즉, 이렇게 여러 개의 숫자들에 대해서 특징값을 추출하면, 다음 그림과 같이 패턴 '1'은 1의 개수가 23보다 왼쪽, 패턴 '0'은 오른쪽에 밀집해있을 것

이다. 정리하면 지금의 방법은 특징값은 1의 개수를 사용하고, 분류 방법은 23과의 대소 비교이다.▼

▼물론 각 숫자의 모양에 따라 짜리몽땅한 0도 있을 수 있다. 지금은 그냥 일반적인 경우라고만 생각하자.

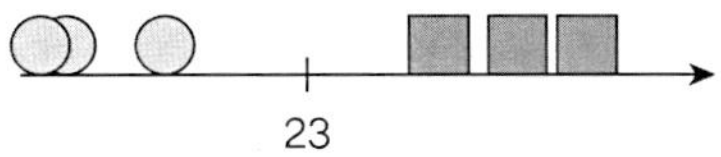

차원 축소: 2차원

이렇게 숫자 인식 문제를 1차원 특징 공간에서 다루면 인식률에 문제가 있을 수 있다. 64차원 문제를 1차원 문제로 차원을 낮추었으니 잃어버리는 정보가 아주 많아서 인식률이 낮을 수 밖에 없다.

그래서 조금 더 많은 정보를 활용해보자. 숫자의 모양을 잘 관찰하면 0에 비해서 1은 세로축으로 픽셀들이 모여있음을 알 수 있다. 그래서 0과 1을 구분하기 위한 적당한 정보로 *X*축의 분산값, *Y*축의 분산값을 사용해서, 문제를 2차원으로 문제로 변환해 보자. 여러 개의 패턴 0과 패턴 1 이미지를 대상으로 각각 *X*축의 분산값과 *Y*축의 분산값을 구해서 2차원 화면상에 그려보자. 다음 그림에서 원은 패턴 '1'을, 사각형은 패턴 '0'을 나타낸다. 이와 같은 방법을 사용하면 패턴을 숫자 2개로 표현 가능해진다.▼

▼숫자 2개로 표현 가능해지면 2차원 평면상에서 점을 찍어서 각 데이터의 거리를 직관적으로 볼 수 있는 장점이 있다.

패턴 '0'의 특징값	패턴 '1'의 특징값
x_1 : 분산 $Y = 5.333$ x_2 : 분산 $X = 5.500$	x_1 : 분산 $Y = 5.600$ x_2 : 분산 $X = 0.267$

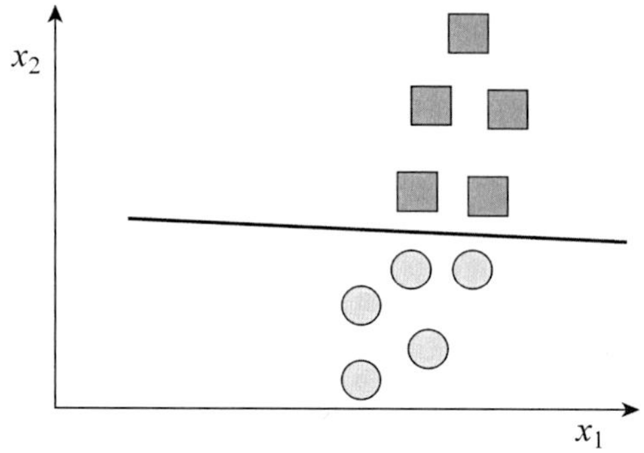

자, 그럼 이제 2차원 평면상의 점 하나가 숫자 하나를 의미하게 된다. 이제부터 할 일은 '땅 따먹기'이다. 위의 그림에서 사각형 영역과 동그라미 영역을 구분하는 선을 찾는 문제가 되는 셈이다. 이 단계에서 다음 그림과 같이 어떻게 땅을 분할하는 엔진을 만들 수 있느냐가 인식률의 관건이다. 이렇게 클래스를 나누는 함수를 결정 함수decision function, 이렇게 나뉘어진 경계선을 결정면decision boundary이라고 한다.

다음 그림은 동일한 데이터를 다양한 종류의 결정 함수로 나누는 것을 보인다. 결정 함수가 복잡할수록 결정면이 섬세하게 이루어질 수 있는 장점은 있지만, 수행 시간과 일반화generalization 능력이 떨어질 수 있는 단점이 있다.

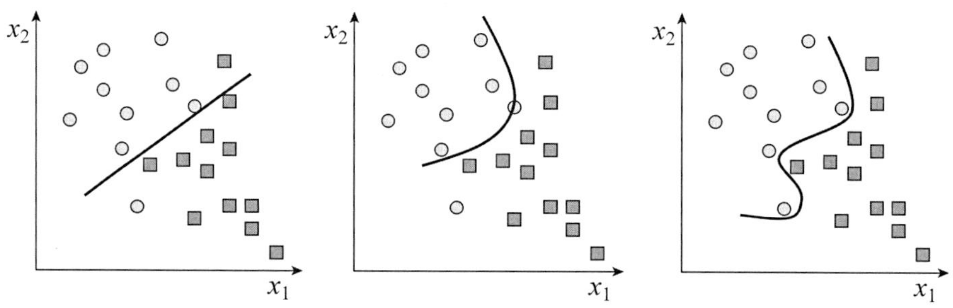

〈 1차 함수 〉 〈 2차 함수 〉 〈 3차 이상의 함수 〉

위에서는 각각 1차원 특징값과 2차원 특징값을 이용한 패턴 인식을 예로 들었다. 곧 특징 벡터의 차원을 높인 예를 보이겠지만 특징 벡터의 차원과 패턴 인식 문제의 관계를 간단하게 정리해보자.

특징 벡터 차원이 높아질수록

- 인식률이 높아질 수 있다.
- 인식 속도가 느려질 수 있다.
- 노이즈가 증가될 가능성이 많다.
- 학습을 하는 경우에는 많은 학습 데이터가 필요하다.

특징 벡터 차원이 낮아질수록

- 수행 속도와 필요 공간이 줄어들 수 있다.
- 문제를 다루기 쉬워진다.
- 인식률이 낮아질 수 있다.

특징값 추출: 오프라인 문자 인식을 위한 특징값

패턴 인식에서는 인식기의 성능도 중요하지만 어떤 특징값을 사용할 것인지도 중요하다. 패턴 인식을 위한 예제로써 본 교재에서 들고 있는 숫자 인식을 위해 사용되는 특징값을 예를 들어보자.

오프라인 문자 인식이라고 하면 다음 그림과 같이 종이 위에 적힌 문자를 스캔한 이미지를 인식 대상으로 하는 경우를 말한다. 스캔한 문자 이미지를 그대로 인식 정보로 사용하기에는 정보가 너무 많기 때문에, 문자들 간의 구분 정보로 사용할 수 있는 특징값들을 추출하여 인식에 사용하게 된다.

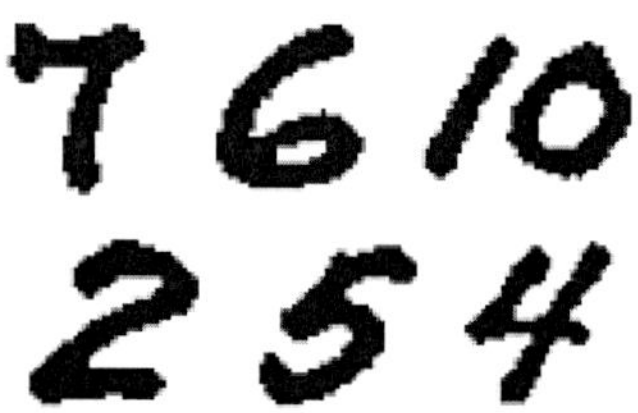

〈 입력 이미지 〉

❖ 구역 분할 방법

전체 이미지를 픽셀 단위로 처리하지 않고 전체적으로 몇 개의 구역으로 나누어서 특징값을 추출하는 방법이다. 다음 그림과 같이 전체 이미지를 4×4개로 나누어서 각 구역의 색상 값의 평균을 사용하는 방식 등이 있을 수 있다. 이렇게 되면 4×4=16 차원 벡터로 차원을 축소하는 장점이 있다.

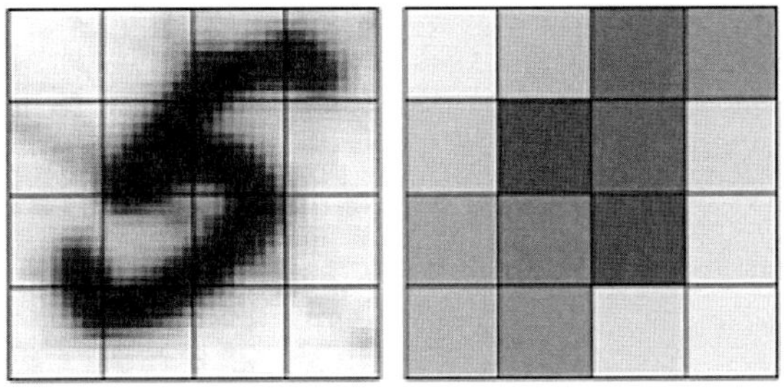

〈 구역 분할(Zoning) 방법 〉

❖ 프로젝션 방법

입력 이미지를 가로 또는 세로로 프로젝션projection함으로써 2차원 입력 정보를 1차원으로 축소하는 방법이다.

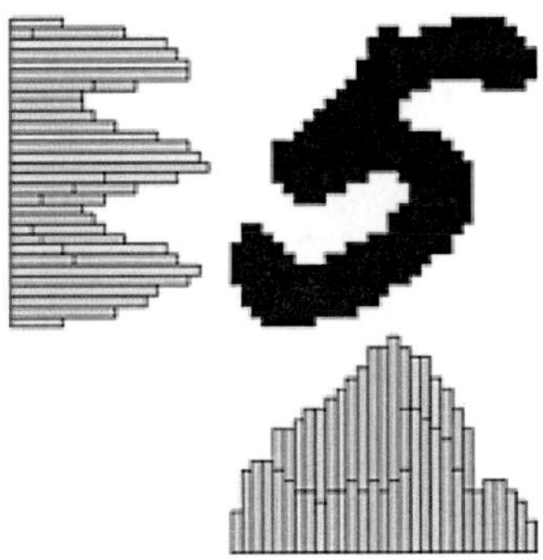

〈 가로 세로 프로젝션 〉

❖ 프로파일 방법

프로젝션과 유사한 방법으로 가장 자리의 모양profile을 사용하는 방법이다.

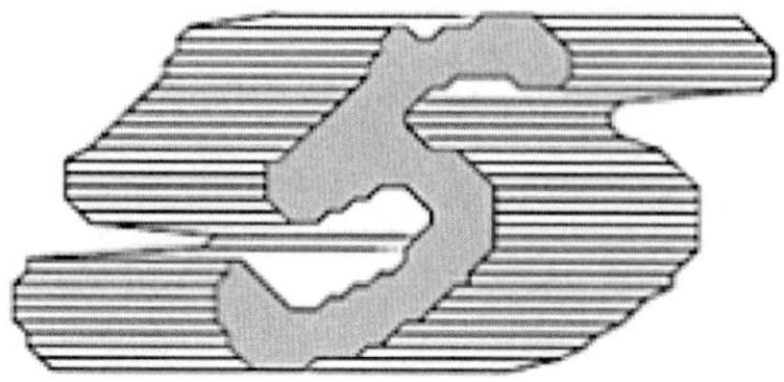

〈 좌우 또는 상하의 프로파일 〉▼

▼[참고]
Oivind Due Trier, Anil K. Jain, and Torfinn Taxt, "Feature Extraction Methods for Character Recognitio–A Survey" Pattern Recognition, Vol. 29, No. 4, pp. 641–662, 1996

❖ 세선화(細線化)thinning 방법

세선화란 글자의 두께를 한 줄로 만드는 것을 의미하는데, 이를 통해서 글자의 변형에 따른 불필요한 정보들을 제거하려는 방법이다. 세선화 결과를 통해서 컴포넌트의 개수라든가 폐곡선의 개수, 교차점의 개수, 끝점의 개수 등 다양한 특징값을 추출할 수 있다.

〈 세선화(thinning) 결과 〉

❖ 크기 정규화Size Normalization

입력 샘플들은 상황에 따라 크기가 달라질 수 있기 때문에 크기를 동일하게 해주는 작업을 해주면 인식이 편해진다. 이를 위해서 다음 사각형과 같이 글자를 포함하는 가장 작은 사각형minimum bounday rectangle/bounding box을 구한 후, 이를 표준 크기(예를들면 10×10)로 크기를 통일하는 작업이 크기 정규화 작업이다.

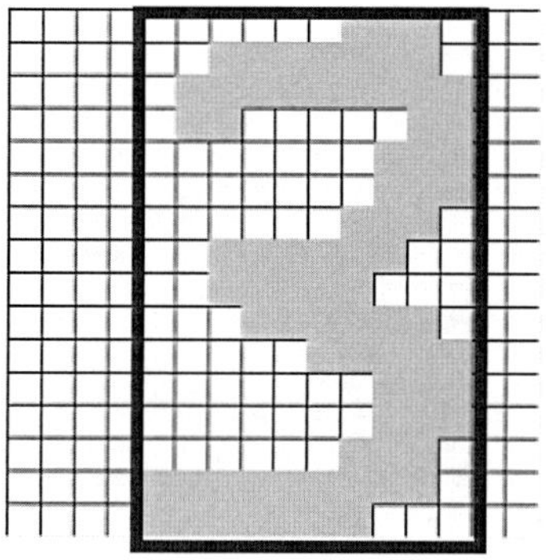

인식 방법

본 교재에는 K-NN 인식 방법과 확률을 이용한 베이지언 인식 방법을 소개한다.

K-NN(K-Nearest Neighbors)

K-NNK-Nearest Neighbors은 한국어로 'K-인접 이웃'이라고 할 수 있을 것이다. 이는 특징 공간 상의 학습 샘플에 기반한 분류 방법이다. K-NN은 instance-based learning 또는 lazy learning 방법의 일종인데, 인식을 위한 학습machine learning 과정 없이 모든 계산이 분류 작업 단계에서 이루어지기 때문에 이렇게 부른다.▼

▼즉, 사전에 '학습'이라든지 '일반화(generalization)' 등과 같은 과정을 전혀 수행하지 않는다는 의미이다.

다음 그림과 같이 2차원 공간 상에서 (*x*, *y*) 좌표값을 이용해서 구분되는 2개의 클래스가 있다. 각 클래스는 편의상 사각형과 삼각형으로 표시하였다. 지금 현재는 각 클래스마다 5개의 샘플이 있는 상황이다. 물론 각 샘플은 사각형 클래스인지 삼각형 클래스인지 알 수 있다. 이 상황에서 동그란 점 위치에 새로운 패턴이 들어오면, 이를 사각형 클래스라고 분류해야 할까? 아니면 삼각형 클래스라고 분류해야 할까?

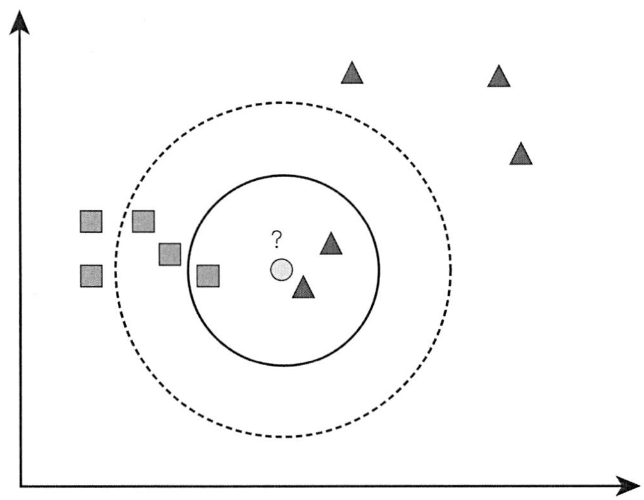

〈 K-NN 개념 설명: modified from wikipedia 〉

K-NN 알고리즘을 구체적으로 설명하기 전에 상식적인 수준에서의 방법을 모색해보자.

1. 방법 1

   이 문제는 2차원 좌표상의 거리 정보를 기준으로 클래스를 분할하는 문제이기 때문에, 모든 기존의 샘플들 중 가장 가까운 샘플이 속한 클래스로 인식한다. 위의 문제에서는 새로운 샘플은 삼각형 클래스라고 판단하는 것이다.▼

2. 방법 2:

   또 다른 방법으로 모든 기존 모든 샘플들과의 거리를 계산해서 가장 그 합이 작은 클래스로 인식한다.▼

위 2 방법의 절충화된 중간 방법은 없을까? K-NN 알고리즘이 그 대안이라고 생각할 수 있다.

K-NN 알고리즘은 입력 샘플과 가장 비슷한 K개의 샘플을 구하고, 이 중에서 가장 많이 존재하는 클래스로 인식하는 것을 의미한다.▼ 즉, K는 범위를 말한다고 할 수 있다. 위의 예제에서는 K 값에 따라서 다음과 같이 인식 결과가 달라질 수 있다.

- K가 1이라면 삼각형 클래스
- K가 3이라면 삼각형 클래스
- K가 5라면 사각형 클래스

K 값에 의해 입력 샘플의 클래스가 결정되므로 K 값을 정하는 문제는 중요하다. K가 클수록 노이즈에 영향을 덜 받겠지만, 속도가 느려지고 분류 경계선이 복잡해 질 수 있다. 이러한 상황에서 K 값을 어떻게 자동으로 선택하는 가에 대한 연구 결과도 많지만 여기서는 생략한다.

K-NN을 다수결majority voting이라고 할 수 있을 것이다. 정해진 숫자의 인원에서 다수의 의견을 따르는 방식과 동일하다. 다수결의 변형은 어떤 것이 있을까? 주식회사에서 주주 총회를 개최할 때 보유하고 있는 주식의 숫자에 따라 권한이 달라진다. 이와 유사하게 입력 샘플에 가까이 있는 샘플은 가중치weight를 크게 부여하는 방법이 있을 것이다.▼

▼이 방법은 K-NN에서 1-NN이라고 할 수 있다.

▼이 방법을 사용하면 '사각형' 클래스라고 해야 할 것이다.

▼직관적으로 설명하면 입력 샘플을 중심으로 동그라미를 그리고 그 안에 사각형이 많은지 삼각형이 많은지 세보는 것이다.
만약 실선까지 센다고 하면 입력 샘플은 삼각형으로 인식될 것이고 점선까지 센다면 사각형으로 인식될 것이다.

K-nearest neighbor Algorithm에서 K가 의미하는 것은 위 예에서 점선과 실선의 지름과 유사한 의미이다.

▼K-NN 알고리즘을 이렇게 수정해도 되고, 이러한 방식 중의 하나가 self-organizing map(SOM)이라는 신경망을 이용한 방법도 있다.

확률(Probability, 確率)의 기초

잠시 후에 확률에 기반한 패턴 인식 기법을 소개하려고 한다. 그래서 먼저 여기서 확률의 기초를 한번 살펴보고 넘어가자. 필요없다고 생각되는 독자는 다음 절(확률적 패턴 인식)로 바로 넘어가자.

확률이란 말의 의미는 '어떤 일이 일어날 확실성의 정도'를 의미한다. 일반적으로 우리의 관심이 되는 ▼사건event들은 랜덤random하게 무수히 많이 반복되면 일정한 패턴이 생기는 데, 이를 수치로 표현한 것을 확률이라고 한다. 즉, 동전을 던지는 것과 같은 행위(사건event)는 미리 결과를 속단할 수는 없으나, 여러 번 반복 수행하면 일정한 패턴이 나타나는 데 이를 확률로 표현할 수 있다.

▼사건(event): 우리가 시행하는 어떤 행위를 의미한다. 동전의 앞면이 나올 확률은 1/2이라고 하는데, 여기서 '동전의 앞면' 이라는 것이 하나의 사건이다.

확률의 정의

확률은 보통 다음과 같이 정의한다.

$$\text{확률} = \frac{\text{조건에 맞는 경우의 수}}{\text{모든 가능한 사건의 수}}$$

예를 들어, 주사위를 던져서 1의 눈이 나올 확률은, 모든 가능한 경우의 수 6가지 중에 1가지이므로 확률은 1/6 이 된다. 이와 같은 확률을 '수학적 확률'이라고 한다. 즉, 수학적 확률은 전체 경우의 수로 일어날 사건의 경우의 수를 나눈 값을 말한다.

이와는 다른 방법으로 실제 주사위를 던져서 확률을 구할 수도 있다. 즉, 주사위를 100번 던져서 1의 눈이 몇 번 나왔는지를 세어보고 확률값을 나타내거나, 1000번 던져서 동일한 방법으로 경우의 수를 구하는 확률을 '통계적 확률'이라고 한다. 즉, 통계적 확률은 특정 사건이 일어날 확률을 반복 시행해서 그 사건이 일어난 횟수의 통계적 비율을 말한다.▼

▼이와 같이 확률에는 수학적 확률과 통계적 확률이 있는데, 발생하는 사건의 경우의 수를 '수학적'으로 계산하는지, 이를 '통계적'으로 구하는지에 따른 방법의 차이이다.

확률에 대한 3가지 ▾공리axiom가 있다. 공리라는 말에서 짐작할 수 있듯이, 다음의 3가지는 확률값과 관련된 기본적인 약속이다.

1) 모든 사건event E의 확률은 0과 1 사이이다. 즉 $0 \leq P(E) \leq 1$

2) ▾표본 공간sample space S의 확률은 1이다, 즉 $P(S) = 1$

3) 서로 ▾배타적인mutually exclusive 사건들의 확률의 합은 각 사건의 확률을 합한 것과 동일하다. 즉, $A \cap B = \varnothing$에 대하여, $P(A \cup B) = P(A) + P(B)$

▾공리(公理): 모든 사람이 공정하다고 인정하는 이치를 의미하는 것으로써, 수학에서는 증명을 하지 않아도 자명(自明)한 진리를 말한다.

▾표본공간: 가능한 모든 사건들의 집합을 표본공간이라고 한다.

▾배타적이라는 말은 서로가 중복되지 않는다. 즉 교집합이 없다는 말이다.

위의 공리의 의미를 주사위를 던지는 확률 실험을 예로 들어 생각해보자.

1) 주사위를 던져서 나오는 숫자 1, …, 6 중의 하나의 숫자가 나올 확률은 모두 1/6로써, 모두 0보다 크고 1보다 작은 수이다.

2) 표본 공간 $S = \{1, 2, 3, 4, 5, 6\}$로써 $P(S) = 1/6 + 1/6 + 1/6 + 1/6 + 1/6 + 1/6$ 로써 1이다.

3) 주사위를 던지는 경우에 $A=\{1\}$, $B=\{3\}$일 때, $P(A \cup B) = P(A) + P(B) = 1/6 + 1/6 = 2/6 = 1/3$이다.

확률의 기대값

일반적으로 우리는 어떤 사건의 발생 확률을 궁금해 하면서, 또한 그 사건이 일어날 경우 우리가 얻는 이익에 대해서도 많이 궁금해한다. 예를 들면 다음과 같다. 누군가 나에게 다음과 같은 제의를 한다고 생각해보자.

"주사위를 한번 던져서 나오는 숫자×100원을 준다. 즉, 주사위를 던져서 3의 눈이 나오면 3×100=300원을 받는다. 그런데 던질 때 마다 판돈으로 300원을 내야 한다"

이러한 내기에 응하는 것이 현명한 일일까? 이러한 경우에 내가 주사위를 한번 던져서 받을 수 있는 돈의 평균은 얼마가 될지 예상할 필요가 있다. 이때 기대값expected value의 계산이 필요하다.

위의 경우를 생각해보면, 주사위를 한번 던질 때 받을 수 있는 돈

$= \sum_{i=1}^{6}(i \times P(event = i) \times 100) = 1 * \frac{1}{6} * 100 + 2 * \frac{1}{6} * 100 + \cdots + 6 * \frac{1}{6} * 100 = 350$원

으로, 주사위를 한번 던질 때 평균적으로 350원을 받으리라고 기대할 수 있다. 그러므로, 판돈을 300원을 내야 한다면 이 내기에 응하는 것도 괜찮다고 생각할 수 있다.

다시 한번 확률의 기대값expected value의 의미를 생각해보자. 이것은 어떠한 확률적 사건의 평균이라고 할 수 있다. 위와 같은 경우에는 평균적으로 내가 얼마를 받을 수 있는지에 대한 계산을 의미한다. 이때 어떤 ▼확률 변수 X의 기대값은 보통 $E(X)$ 또는 μ_x라고 표현한다.

▼확률 변수(random variables)는 조금 후에 자세히 설명될텐데, 일단 여기서는 어떤 특정한 확률적 사건을 나타내는 심볼이라고 하자.

확률의 덧셈

확률의 덧셈이라는 것은 서로 다른 2개 이상의 사건들이 발생활 확률값을 더하는 경우를 말한다. 다음 2가지 예를 들어 설명해보자.

1. 주사위를 1회 던져서 1이 나올 확률이 1/6, 1회 던져서 2가 나올 확률이 1/6이다. 이때 "주사위를 1회 던져서 1 또는 2가 나올 확률"은 얼마인가?
   - P(A): 주사위를 1회 던져서 1이 나올 확률 = 1/6
   - P(B): 주사위를 1회 던져서 2가 나올 확률 = 1/6
   - P(A U B) = 주사위를 1회 던져서 1 또는 2가 나올 확률
   - P(A U B) = P(A) + P(B) = 1/6 + 1/6 = 2/6 = 1/3

2. 주사위를 1회 던져서 2의 배수가 나올 확률이 1/2, 1회 던져서 3의 배수가 나올 확률이 1/3이다. 이때 "주사위를 1회 던져서 2의 배수 또는 3의 배수가 나올 확률"은 얼마인가?▼
   - P(A): 주사위를 1회 던져서 2의 배수가 나올 확률(즉, 2, 4, 6 중 하나의 수가 나올 확률) = 1/2
   - P(B): 주사위를 1회 던져서 3의 배수가 나올 확률(즉, 3, 6 중 하나의 수가 나올 확률) = 1/3

▼확률은 발생하는 경우의 수를 고려하는 것이므로, 사건들 사이에 중복되는 경우가 발생하면(교집합이 있으면), 교집합이 중복 계산되지 않도록 해야한다.

- P(A U B): 주사위를 1회 던져서 2 또는 3의 배수가 나올 확률(즉, 2, 3, 4, 6 중 하나의 수가 나올 확률) = P(A) + P(B) = 1/2 + 1/3 = 5/6 라고 할 수 없다. 왜냐하면 아래 그림처럼 2의 배수와 3의 배수의 공배수인 '6'이 겹치기 때문이다. 즉 두 사건의 교집합이 존재하는 경우이다.

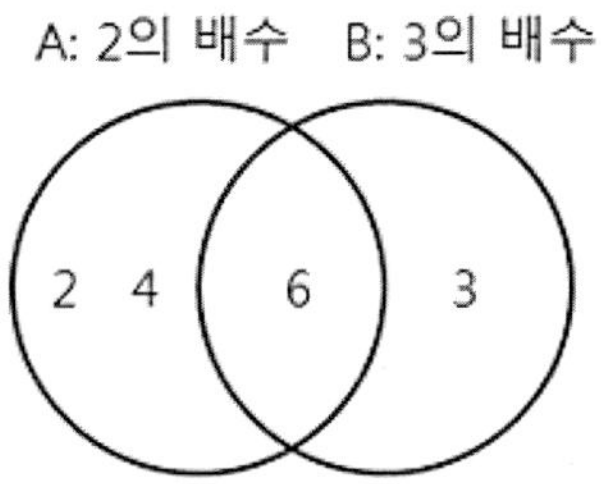

그래서 확률의 덧셈은 다음과 같이 정의한다.

$$P(A \cup B) = P(A) + P(B) - P(A \cap B)$$

그래서 이 문제는 $P(A) + P(B) - P(A \cap B) = 1/2 + 1/3 - 1/6 = 4/6 = 2/3$

이와 달리 위의 첫 번째 예제와 같이 $P(A \cap B) = 0$인 경우를 배반 사건이라고 한다. 배반 사건과 향후에 설명될 독립 사건은 확연하게 다른 것이다.

- 배반사건mutually disjoint/ exclusive event은 교집합이 없는 사건, 배반사건이면 $P(A \cap B) = 0$
- 독립사건independent event은 서로 영향을 주지 않는 사건, 독립사건이면 $P(A \cap B) = P(A) \times P(B)$

예를 들면 주사위를 던지는 사건과 동전을 던지는 사건은 독립사건이다. 그래서 주사위와 동전을 던져서 주사위는 1이 나오고 동전은 앞면이 나올 확률은, 1/6 × 1/2 = 1/12이다.

확률의 곱셈 및 조건부 확률(conditional probability)

확률의 곱셈은 2개 이상의 사건이 동시에 발생할 경우의 확률(결합 확률joint probability) 계산과 관련 있다. 이를 위해 독립 사건과 종속 사건의 의미를 알아보자.

독립 사건(independent events)

▼독립 사건(independent event)

여러 사건이 서로 영향을 미치지 않을 때▼, 즉 서로 다른 사건이 서로 영향을 미치지 않고 서로 독립적인 경우에는(독립 사건independent event) 아래가 만족하고, 이를 확률의 곱의 법칙이라고 한다. 두 사건이 서로 영향을 받지 않는 경우에는 두 사건이 모두 일어날 경우의 확률을 구하기 위해서는 다음과 같이 확률의 곱을 구하면 된다.

$$P(A \text{ 이면서 } B) = P(A \cap B) = P(A) \cdot P(B)$$

예를 들어 설명해보자.

1. 신생아가 남자일 확률이 1/2이라고 하고, 한 신생아가 1월에 태어날 확률이 1/12이라고 하자. 1월에 태어나며 남자아이일 확률은 얼마인가?
   태어나는 월과 남자일 확률이 서로 독립이면 1/2 × 1/12라고 할 수 있다.▼

▼그러나, 두 사건이 서로 영향을 주는 경우에는 주의해야 한다. 여기서는 이 경우에도 2 사건이 독립이면…이라는 가정에 바탕한 계산이다.

2. 동전을 던져서 앞면이 나올 사건 A의 확률은 1/2, 주사위를 던져서 짝수가 나올 사건 B의 확률은 1/2. 이때 이 두 사건이 동시에 일어날 확률은
   $P(A \cap B) = P(A) \cdot P(B) = 1/2 \times 1/2 = 1/4$

종속 사건(dependent events)

두 사건 A, B에 대하여 $P(A) > 0$, $P(B) > 0$이라고 하자(즉, 두 사건은 전혀 일어나지 않는 사건이 아니다).

이때 두 사건 A와 B가 동시에 일어날 확률, 즉 결합 확률joint probability은 다음과 같이 표현할 수 있다

$$P(A \cap B) = P(A, B) = P(A \mid B) \cdot P(B) = P(B \mid A) \cdot P(A)$$

이를 설명하기 위해서는 '조건부 확률'을 이해해야 한다. 조건부 확률이란 어떤 사건이 일어날 확률이 다른 사건의 발생 여부에 영향을 받는 경우의 확률을 의미한다. B가 일어났다는 조건하에 A가 일어날 확률을 ▼P(A|B)로 표시한다.

▼ "probability of A given B"라고 읽는다.

$$P(A \mid B) = \frac{P(A \cap B)}{P(B)},\ P(B) > 0$$

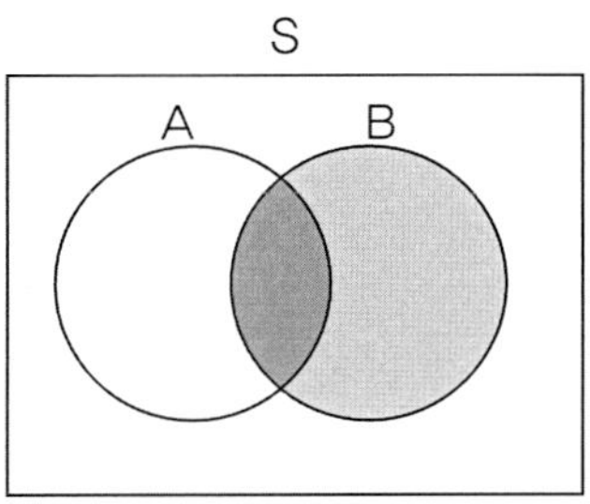

위에서 사용한 확률 P(A∩B)을 결합 확률joint probability이라고 한다. 결합 확률이란 2개 이상의 사건이 모두 일어날 확률, 즉 동시에 일어날 확률을 의미한다. 만일, 위에서 두 사건 A, B가 서로 독립이라면, 두 사건이 서로에게 영향을 미치지 않기 때문에 $P(A \mid B) = P(A)$, $P(B \mid A) = P(B)$이기 때문에 $P(A \cap B)=P(A, B)= P(A) \cdot P(B)$이 된다. 이에 관계된 내용은 앞의 확률의 곱셈 부분에서 이야기한바 있다.

조건부 확률에 대한 개념을 다음 예를 들어서 설명해보자.

[문제]

주머니 1에는 흰 공이 2개, 검은 공이 3개 있고, 주머니 2에는 흰 공이 5개, 검은 공이 5개 있다. 동전을 던져 앞면이 나오면 1 주머니를 선택하고, 뒷면이 나오면 2 주머니를 택해서 공을 1개 꺼낸다. 이때 주머니에서 흰 공을 뽑을 확률을 구하라. 이 경우에 흰 공을 뽑을 확률은 동전을 던지는 사건에 영향을 받게 된다. 조건부 확률을 구해야 하는 경우이다.▼

▼문제가 좀 복잡하게 보일수도 있지만 간단한다. 동전을 던져서 공을 꺼낼 주머니를 하나 선택한 후에, 그 주머니에서 공을 꺼내는 것이다.

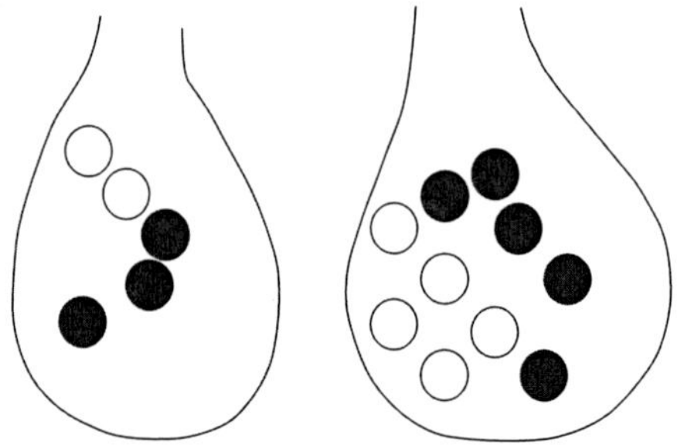

〈주머니 1〉 〈주머니 2〉

[해답] : 공을 꺼내는 사건은 그 이전의 동전을 던지는 사건에 영향을 받게 된다. 즉, 공을 꺼내는 사건은 동전을 던지는 사건에(조건부로…) 영향을 받는다. 이렇기 때문에 공의 꺼냈을 때 흰 공이나 검은 공이 나올 확률은 동전을 던지는 사건에 영향을 받게 된다.

이는 다음 그림과 같이 그려볼 수 있다. 다음 그림은 조건부 확률을 직관적으로 설명하기 위해서 그린 그림이다. 전체 100개의 블록 중에서 동전을 던져서 두 개의 주머니 중 하나를 선택할 확률은 ½로 동일하다. 따라서 동전 앞면과 동전 뒷면을 각각 50개의 블록으로 분할하였다. 여기서 흰색으로 표시한 윗 부분을 흰 공이라고 생각하면, 총 100개의 블록 중에 45개의 블록이 검은 색이어서 흰 공을 뽑을 확률은 최종적인 확률은 0.45임을 예상할 수 있다.

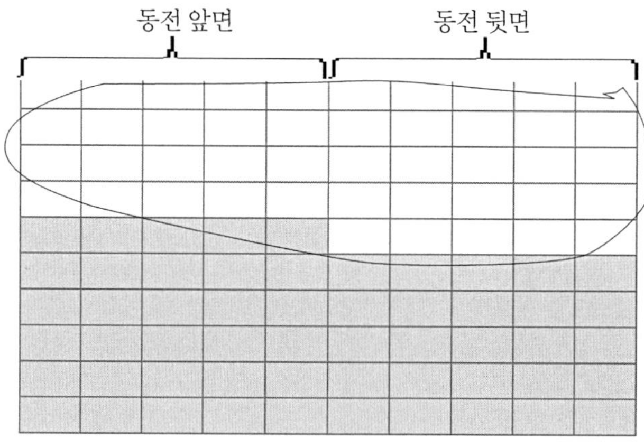

이러한 직관적인 방법 대신, 조금 다른 방법을 살펴보자. 다음과 같이 기호를 사용해서 표시해보자.

White = 흰 공이 뽑히는 사건

Head = 동전을 던져 앞면이 나오는 사건

Tail = 동전을 던져 뒷면이 나오는 사건

우리가 관심이 있는 확률은 흰 공이 나올 확률, 즉 P(White)이다.

$$P(White) = P(White \cap Head) + P(White \cap Tail)$$
$$= P(White, Head) + P(White, Tail)$$

즉, 동전이 앞면일 때 흰 공이 나올 확률과 동전이 뒷면일 때 흰 공이 나올 확률을 더하면 된다.

1) 동전이 앞면이면서 흰 공이 나올 확률은?▼
   이 경우가 조건부 확률이 필요하다.

$$P(White \cap Head) = P(White \mid Head) \cdot P(Head) = \frac{2}{5} \times \frac{1}{2} = \frac{1}{5}$$

2) 동전이 뒷면이면서 흰 공이 나올 확률은?▼
   이 경우도 조건부 확률이 필요하다.

$$P(White \cap Tail) = P(White \mid Tail) \cdot P(Tail) = \frac{5}{10} \times \frac{1}{2} = \frac{1}{2} \times \frac{1}{2} = \frac{1}{4}$$

3) 우리가 구해야 하는 흰 공을 뽑을 확률은 다음과 같이 2개의 조건부 확률이 된다.

$$P(White)=P(White \cap Head)+ P(White \cap Tail)=$$
$$P(White \mid Head) \cdot P(Head) + P(White \mid Tail) \cdot P(Tail) = \frac{2}{5} \times \frac{1}{2} + \frac{5}{10} \times \frac{1}{2} = 0.45$$

▼이것도 시각적인 위의 그림을 보면, 전체 100개의 블록 중 왼쪽 위의 흰색의 20블록임을 알 수 있다. 이를 바탕으로 쉽게 20/100 = 1/5임을 알 수 있다.

▼이것도 시각적인 위의 그림을 보면, 전체 100개의 블록 중 오른쪽 위의 흰색의 25블록임을 알 수 있다. 이를 바탕으로 쉽게 25/ 100 = 1/4임을 알 수 있다.

확률 분포

일상 생활의 여러 가지 사건들은 일반적으로 '숫자'로 표현되지 않고 '문자'로 표현된다. 예를 들어 '동전 던지기'와 같은 상황에서 동전의 앞/뒷면이 나올 확률을 다루는 경우에 동전의 '앞/뒷면'과 같이 사건의 결과를 보통 문자로 표현하기 때문에, 이러한 확률적인 문제를 수학적으로 다루기 위해서 문제를 '숫자'로 표현할 필요가 있다.

이러한 필요에 의해서 ▼표본 사건을 실수real numbers로 대응하는 함수를 정의하는데, 이를 확률 변수random variable라고 한다. 무슨 의미일까? 일반적으로 변수(variable)라는 의미는 '하나로 정해지지 않은 숫자' 또는 '어떤 경우에 바뀔 수 있는 숫자'라는 의미이고, random이라는 말은 '무작위'라는 의미이다. 확률 변수는 확률적으로 발생하는 사건을 숫자로 표현하는 함수이다.▼

▼결과를 확률적으로 예측할 수 있는 실험을 확률 실험(random experiment)이라고 하고, 확률 실험에서 나타날 수 있는 결과들의 모임을 표본 공간(sample space), 표본 공간의 각 경우를 표본 사건(sample event)이라고 한다.

▼변수(variables)라는 단어 때문에 컴퓨터 프로그래밍에 사용되는 변수라는 느낌이 들 것 같다. 그러나 이 확률 변수는 데이터를 실수로 연결하는 함수라는 사실을 다시 한번 염두에 두자.
(실제로는 프로그래밍에 사용되는 변수는 변수의 이름과 특정한 값을 보관하는 메모리 상의 주소를 연결시켜주는 기능을 하기 때문에 유사하다고 볼 수도 있다)

확률 분포probability distribution는 확률 변수 값 x와 이 값이 가지는 확률 값 $f(x)$를 표시하는 것, 확률 분포 함수probability distribution function는 확률 분포를 함수로 표시한 것을 의미한다. 즉, 확률 변수 값에 그 값을 가질 경우의 확률을 대응시킨 관계를 '확률 분포'라고 하고, 이를 그래프로 그리면 '확률 분포 그래프'가 되고, 이를 표로 나타내면 '확률 분포 표'가 된다.▼

▼다음 개념을 확실히 하자.
- 확률 변수
- 확률 분포
- 확률 분포 그래프
- 확률 분포 표

확률 분포는 확률 변수가 어떤 종류의 값을 가지는가에 따라서 이산(discrete) 확률 분포와 연속(continuous) 확률 분포로 나눌 수 있다.

- 이산 확률 분포
  - 정수와 같이 명확한 값을 변수 값으로 하는 사건을 다룬다.
  - 예 주사위를 던졌을 때 나오는 눈에 대한 확률변수가 있을 때, 표본 공간이 가질 수 있는 값이 1...6까지의 이산적(discrete) 값이기 때문에, 그 변수의 확률 분포는 이산 확률 분포
- 연속 확률 분포
  - 확률 변수가 연속량(continuous values)으로 표기되어 가능한 변수값의 개수를 셀 수 없는 사건을 다룬다.

- **예** 사람들의 키에 대한 확률변수는 연속된 값을 가질 수 있기 때문에 연속 확률 분포▼

▼물론 사람의 키도 160cm대(즉 160 이상 170미만)와 같이 구간(bin)으로 나눈다면 이산 확률 분포로 표현할 수 있지만, 키라는 값 자체가 연속적이라는 의미에서 연속 확률 분포로 다룰 수 있다는 것이다.

위의 이산/연속 확률 분포를 표현하는 함수를 확률 분포 함수라고 한다.

- 이산 확률변수에 대한 확률 분포를 확률 질량 함수probability mass function라고 하고,
- 연속 확률 분포의 함수를 확률 밀도 함수probability density function라고 한다.

이산 확률 변수(Discrete random variable)

다음 예제와 같이 확률 변수가 가질 수 있는 값을 하나 하나 모두 나열할 수 있는 경우를 이산 확률 변수라고 한다. 아래에서 몇 가지 예를 살펴보자.

[문제 1]

한 개의 주사위를 던져서 나오는 눈의 수를 확률 변수로 표현하는 경우를 생각해보자.

표본 공간 $S = \{1, 2, 3, 4, 5, 6\}$가 되고, 확률 변수 $X(i) = i$라고 쓴다.

즉, $x(1) = 1, x(2) = 2, \ldots, x(6) = 6$이다.

확률변수 X	1	2	3	4	5	6
확률 분포 $P(X=x)$	1/6	1/6	1/6	1/6	1/6	1/6

[문제 2]

두 개의 동전을 던져서 나오는 앞면의 개수를 확률 변수 X라고 하자.

표본 공간 S = { (앞면, 앞면), (앞면, 뒷면), (뒷면, 앞면), (뒷면, 뒷면) }이다.

X((앞면, 앞면)) =2,

X((앞면, 뒷면)) =1,

X((뒷면, 앞면)) =1,

X((뒷면, 뒷면)) =0으로 표현하는 예를 이용해서, 확률 변수의 개념을 확실히 하자.

$P(X=0)$는 얼마인가? 즉, 2개의 동전을 던져서 앞면이 0번(뒷면이 2번) 나올 확률은?

1번째 동전이 앞면이 나오고(확률 1/2), 2번째 동전이 앞면이 나올(확률 1/2) 확률이다. 즉, 이 둘을 곱하면 1/4이 된다. 즉, $P(X=0)$ = 1/4이다.

따라서 확률 분포는 다음 표와 같이 나타낼 수 있다.

확률변수 X	0	1	2
확률 분포 $P(X=x)$	1/4	1/2	1/4

[문제 3]

두 개의 주사위의 합을 나타내는 확률 변수를 X라고 하자. 그러면 이산 확률 분포는 다음 표로 나타낼 수 있다.

확률변수 X	2	3	4	5	6	7	8	9	10	11	12
확률 분포 $P(X=x)$	1/36	2/36	3/36	4/36	5/36	6/36	5/36	4/36	3/36	2/36	1/36

확률적 패턴 인식

하나 하나 나열할 수 없을 만큼 많은 패턴인식 방법들이 있지만, 지금부터 다룰 베이지언 분류기는 확률을 바탕으로 한 분류 방법이다. 지금까지의 확률 관련 설명은 여기서 사용되는 '베이지언 정리'를 설명하기 위해서였다고 해도 과언이 아니다.

베이지언 정리(Bayes Theorem/Bayes Rule)

앞에서 확률의 기본적인 내용들을 설명하였는데, 이제는 실제로 패턴 인식에서 이러한 확률적인 개념들이 어떻게 사용될 수 있는지 살펴볼 것이다. '베이지언 정리▼ '는 확률의 가장 기본적인 내용이자 확률 관련 내용 중에 실제 많은 응용 분야에서 활용되고 있다. 이제 베이지언 정리Bayesian Theorem와 이를 이용한 확률적인 패턴 인식 기법인 베이지언 분류Bayesian classification를 배워보자.

▼ 베이지언 정리

영국의 수학자(Thomas Bayes(pronounced : beiz), 1702~1761)가 제시한 개념

패턴 인식, 그 중에서도 '숫자 인식'이란 문제는 "지금 내가 보고 있는 숫자 패턴이 어떤 숫자 그룹에서 나왔을까?"를 맞히는 것이라고 할 수 있다. 이러한 패턴 인식 문제를 설명하기 전에 조금은 간단한 다음 문제로 베이지언 정리를 설명해보자. 다음 예제는 패턴 인식 문제를 "2개의 주머니에서 공 꺼내는 문제"로 변환해서 설명하려고 한다.

다음 예에서 눈을 감고 꺼낸 공이 흰 공이라면 그 공이 1번 주머니에서 나왔을까? 아니면 2번 주머니에서 나왔을까? 를 맞히는 문제로 바꾸어서 설명한다. 이 문제를 확률적으로 풀어 보자는 것이 '베이지언 정리'이다.

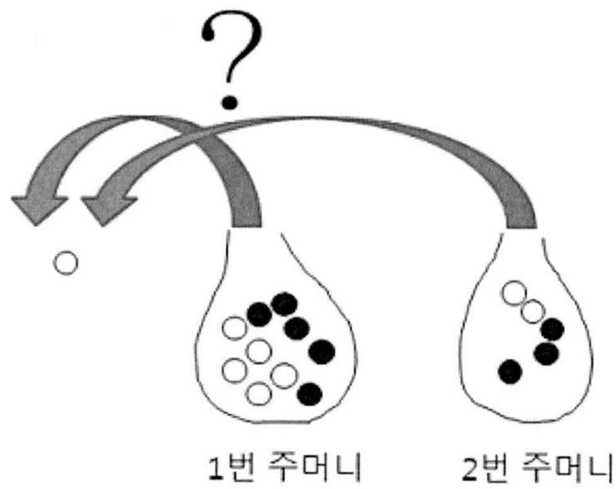

베이지언 정리를 이용하기 전에 간단한 방법으로 이 문제를 풀어보자. 가장 간단하게 생각해서 특정 공이 2개의 주머니에서 나올 확률이 동일하다고 생각해보자. 즉, 2개의 주머니 중 하나의 주머니를 선택할 확률이 동일하다고 가정하는 것이다.

그러면 각 주머니에서 흰 공이 선택될 확률을 생각해보자.

- 1번 주머니에서 흰 공의 나올 확률:
  - 전체 10개의 공 중에서 흰 공이 5개이므로,
    $P(x = \text{흰공} \mid C = \text{1번 주머니}) = 5/10 = 1/2$
- 2번 주머니에서 흰 공이 나올 확률:
  - 전체 5개의 공 중에 흰 공이 2개이므로,
    $P(x = \text{흰공} \mid C = \text{2번 주머니}) = 2/5$

그렇다면 $P(x = \text{흰공} \mid C = \text{1번 주머니}) > P(x = \text{흰공} \mid C = \text{2번 주머니})$ 이므로 1번 주머니에서 나왔다고 하는 것이 "확률적인 면에서" 합리적인 결정이라고 할 수 있을 것이다.▼

▼즉, 이 경우에는 흰공이 나왔으면 무조건 1번 주머니에서 나왔다고 말하는 것이 확률적으로 합리적인 결정이라는 의미이다.

그러면 각각의 주머니를 선택할 확률이 다르다면 어떻게 될까? 자세한 이야기는 곧 이어진다.▼

▼이 예제는 "패턴 인식" 교보문고, 오일석 저 서적을 참고하였다.

아직까지 공 꺼내는 문제와 패턴 인식 문제가 어떻게 연결되는지 이해하기 쉽지 않을 것이다. 위의 '공/주머니' 문제를 패턴 인식 문제로 바꾸어보자. 내가 지금 보고 있는 어떤 숫자 패턴이 1번 주머니에서 나왔을까? 아니면 2번 주머니에서 나왔을까? 즉, '내가 지금 보고 있는 숫자가 무슨 숫자인가?' 하는 문제가 '내가 지금 보고 있는 숫자가 어느 주머니(클래스)에서 나왔을까?' 하는 문제로 바꾸어서 생각해보는 셈이다. 이렇게 설명을 하면 감이 오는가? 아직 명확하게 감이 오지 않는다면 차근 차근 설명을 따라가 보자.

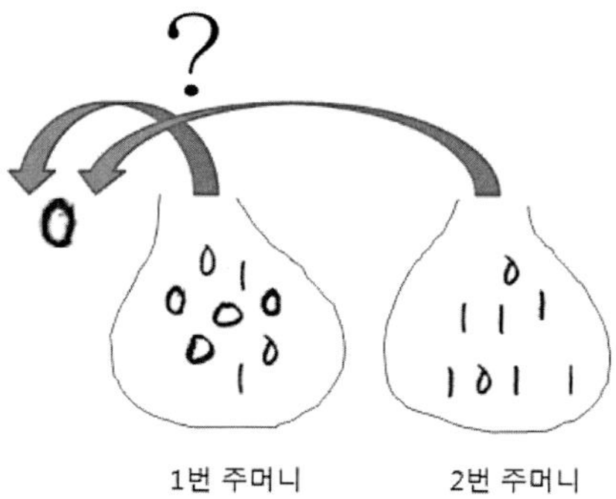

자세한 베이지언 정리 소개

베이지언 정리는 앞에서 설명한 조건부 확률 개념이 바탕이 된다. 이제 베이지언 정리를 다루어보자. 이를 위해서 몇 가지 기호들을 정리하고, 확률적인 패턴 인식 문제를 전체적으로 정리해보자.

대부분의 패턴 인식 문제에서 우리가 알고 싶은 것은 다음과 같은 문제이다. 조금 전의 문제를 조금 수정하였다. 왼쪽의 주머니에서 하나의 글자를 뽑고 그 글자의 주머니에서 공을 하나 꺼내는 문제이다. 꺼낸 공이 하얀공이라고 할 때 이 공이 어느 주머니에서 나왔을 지를 맞히는 문제이다.

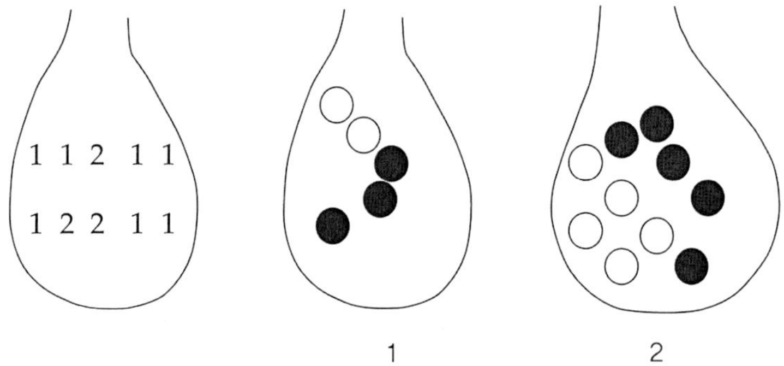

이런 상황에서 일반적으로 우리가 알고 싶은 문제는 내가 뽑은 공이 흰공일 때 이 공이 1번 주머니에서 나왔을지, 2번 주머니에서 나왔을 지를 알고 싶은 것이다.▼

▼이를 숫자 인식 문제로 바꾸어보자. 내가 어떤 숫자를 보았을 때, 이 숫자가 1번 주머니에서 나왔다는 것은 숫자 1 클래스임을 의미하는 것이다.

이러한 내용을 몇 개의 심볼을 이용해서 적어보자. 우리가 얻고자 하는 것은 샘플 x가 있는 상황에서 이 샘플이 클래스 C에 속할 확률 즉 $P(C|x)$를 구하는 것인데, 이를 위해 $P(x|C)$, $P(C)$, $P(x)$ 값을 이용해서 구할 수 있다는 이론이 '베이즈 정리'이다.

클래스 C에 속하면서 샘플 x를 가지는 경우의 확률은 다음과 같이 결합 확률로, 또한 이는 다음과 같이 조건부 확률로 표현 가능하다.

$$P(C \cap x) = P(C) \times P(x|C) = P(x) \times P(C|x)$$

위의 식을 다시 정리하면 다음과 같은 베이지언 정리가 된다.

$$P(C \mid x) = \frac{P(C) \times P(x \mid C)}{P(x)}$$

위의 식의 심볼들을 자세히 설명해보자.

- *P(C| x)*: "Probability of C given x"라고 읽는다. 즉, x라는 관측 심볼이 주어졌을 때, x가 C 클래스에서 나왔을 확률이라는 의미이다. 이를 사후 확률posterior probability이라고 하는데, '사후'라는 의미는 어떠한 데이터를 관측한 이후의 상황에서 구할 수 있는 확률이라는 의미이다.
- *P(x| C)*: "Probability of x given C"라고 읽는다. Likelihood 또는 class conditional probability라고도 한다. 즉, 어떤 클래스가 정해졌을 때 그 클래스에서 값 x를 관측할 확률을 의미한다.
- *P(C)*: "Probability of C"라고 읽는다. 클래스의 사전 확률priori probability이라고 한다. 즉, 사건의 행위 여부와 상관없이 특정 클래스가 존재할 확률을 의미한다.
- *P(x)*: "Probability of x"라고 읽는다. 샘플 x의 사전 확률이다. 즉 샘플 x가 존재할 확률이다. ▼

▼아직 각 확률값들의 의미가 이해되지 않을 수 있다. 아래의 설명을 더 읽어보자.

베이지언 정리가 의미하는 것이 무엇일까? 사후 확률(즉, 어떤 사건을 행한 후에 결정 가능한 확률 값)을 사전 확률과 클래스 조건부 확률들의 곱으로 구할 수 있다는 의미이다.

그러면 위의 베이즈 정리를 "공 꺼내는 문제"로 설명해보자. 내가 흰 공을 꺼냈을 때 그 공이 1번 주머니에서 나올 확률은 다음과 같이 구할 수 있다.

$$P(C = 1\text{번 주머니} \mid x = \text{흰공}) = \frac{P(C = 1\text{번 주머니}) \times P(x = \text{흰공} \mid C = 1\text{번 주머니})}{P(x = \text{흰공})}$$

이제까지 설명한 내용을 표로 정리해보자.

심볼	의미	예(위의 색깔있는 공 선택 문제의 경우)
x	시행(event)와 관련된 확률 변수	x = 흰공, x = 검정공
C	분류하고자 하는 class	C = 1번 주머니, C = 2번 주머니
P(x)	전체 모집단에서 변수 x에 대한 확률 값	P(x = 흰공) = 공 전체에서 흰 공이 나올 확률 = 7/15
P(C)	임의의 샘플이 class C에 속할 사전 확률▼	P(C = 1번 주머니) = 주머니에서 1을 뽑을 확률 = 7/10
P(x| C)	class C에서 변수 값 x가 얻어질 조건부 확률	p(x = 흰공 | C = 1번 주머니) = 1번 주머니에서 흰 공이 나올 확률 = 2/5

▼사전 확률(prior probability)이란, 추가적인 관측 데이터가 없는 상황에서의 확률을 말한다.

이제 다음 2개의 사후 확률을 계산해보자.

$$P(C = 1\text{번 주머니} \mid x = \text{흰공}) = \frac{P(C = 1\text{번 주머니}) \times P(x = \text{흰공} \mid C = 1\text{번 주머니})}{P(x = \text{흰공})} = \frac{\frac{7}{10} \times \frac{2}{5}}{\frac{7}{15}} = \frac{3}{5}$$

$$P(C = 2\text{번 주머니} \mid c = \text{흰공}) = \frac{P(C = 2\text{번 주머니}) \times P(x = \text{흰공} \mid C = 2\text{번 주머니})}{P(x = \text{흰공})} = \frac{\frac{3}{10} \times \frac{5}{10}}{\frac{7}{15}} = \frac{9}{28}$$

$P(C = 1\text{번 주머니} \mid x = \text{흰공}) > P(C = 2\text{번 주머니} \mid c = \text{흰공})$이기 때문에 1번에서 나왔으리라고 결정하는 것이 베이지언 분류기bayesian classifier이다.▼

▼이 결과를 직관적으로 한번 생각해보자. 1번 주머니에는 흰공이 검은 공보다 적다. 2번 주머니에는 흰공, 검은 공의 개수가 동일하다. 그러나 숫자 주머니에 1의 개수가 많아서 1번 주머니의 선택 확률이 더 높기 때문이다.

ML(Maximum Likelihood)와 MAP(Maximum A Posteriori)

확률적인 판단 방법은 크게 MLMaximum Likelihood 방법과 MAPMaximum A Posteriori 방법이 있는데, ML은 용어 그대로 likelihood가 가장 높은 것을 선택하는 방식, MAP은 사후posterior 확률이 가장 높은 클래스를 선택하는 방식이다. 베이지언 정리와 관련 있는 것이 MAP이다. ML은 likelihood 값만을 분류에 사용하는 것이다.

즉, 위의 문제에서

A 주머니에서 흰 공이 나올 확률은 $P(\text{흰공} \mid A)$ =2/5

B 주머니에서 흰 공이 나올 확률은 $P(\text{흰공}|B)$ = 5/10=1/2

따라서 흰 공을 B상자에서 왔을 것이라고 판단하는 방식이 ML이다.

ML과 MAP 중 어느 것이 보다 정확한 방법이냐고 물으면 대답은 MAP이 보다 정확한 방법이다. 그리고 ML로 문제를 푸는 것은 모든 사전 확률이 같다는 가정 하에 일종의 근사적인 해를 구하는 것이다.

상상할 수 있는 가장 간단한 패턴 인식기

베이즈 정리를 이용하여 패턴 인식기를 만드는 것을 가장 단순한 경우(즉, 가장 제약 조건이 많은 경우)부터 조금씩 복잡한 경우로 변화시키면서 설명해보자.

#1: 가장 간단한 경우: 사전 확률만 사용하는 경우

주사위를 던졌을 때, 어떤 숫자가 나왔는지를 맞히는 상황을 생각해보자.

그런데, 나는 주사위를 눈으로 보거나 손으로 만져서 던진 주사위의 숫자를 확인할 수 없는 상황이라면 어떻게 할까? 이런 상황에서 평균적으로 가장 이상적인 패턴 인식 알고리즘은 어떤 것이 있을까?

주사위를 볼 수 없는 상황에서는 1에서 6사이의 숫자들 모두 나타날 수 있는 확률이 1/6이니까, 어느 숫자를 말하더라도 상관이 없는 상황이다. 즉, 이 경우는 클래스 사전 확률class priori probability만을 사용할 수 밖에 없는 상황이다. 따라서 이 인식기는 인식률이 17% 정도라고 할 수 있을 것이다▼.

▼눈을 감고 맞히는 경우이다. 이것이 무슨 패턴 인식 문제이냐고 항의할 사람도 있겠지만, 뒤에 설명할 용어를 사용하면 이 경우는 '사전 확률'만을 사용하는 경우이다.
즉, '사전 확률'이란 어떠한 행위를 하기 전에 미리 알 수 있는 확률이라는 의미이다.

다음 베이즈 정리에서의 $P(C)$ 값만을 이용한 경우라고 할 수 있다.

$$P(C \mid x) = \frac{P(C) \times P(x \mid C)}{P(x)}$$

주사위를 2개 던지는 경우를 생각해보자. 나타날 수 있는 경우의 수는 다음 표와 같이 2~12까지의 숫자가 있다.

Sum	2	3	4	5	6	7	8	9	10	11	12
Probability	$^1/_{36}$	$^2/_{36}$	$^3/_{36}$	$^4/_{36}$	$^5/_{36}$	$^6/_{36}$	$^5/_{36}$	$^4/_{36}$	$^3/_{36}$	$^2/_{36}$	$^1/_{36}$
Probability (simplified)	$^1/_{36}$	$^1/_{18}$	$^1/_{12}$	$^1/_9$	$^5/_{36}$	$^1/_6$	$^5/_{36}$	$^1/_9$	$^1/_{12}$	$^1/_{18}$	$^1/_3$

여기서는 2개의 주사위의 숫자의 합이 7이 나올 확률이 1/6로써 가장 높다.

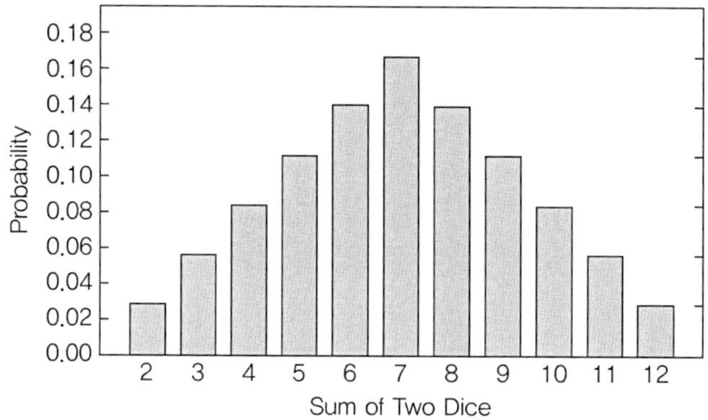

이 경우에도 실험자가 주사위를 볼 수 없는 상황이라면, 이상적인 패턴 인식 알고리즘은 가장 경우의 수가 큰 경우인 2 주사위의 숫자의 합이 7이라고 하는 것이 합리적일 것이다. 16% 정도의 정확도를 가지는 경우이다.

실제로 누가 이런 패턴 인식기를 사용하겠냐고 반문하겠지만, 실 생활에서 많이 사용한다. 실제로 시장에서 어떤 물건을 살 때, 우리는 그 물건을 보지 않고 인터넷으로 바로 주문하는 경우가 많다. 실제로 물건을 보지 않고, 다른 사람의 평가에 의한 판단을 하는 경우라고 볼 수 있다. 사람을 처음 만나기 전에 이름 등에서 느끼는 느낌 등으로 판단하는 경우도.. 또한 이러한 경우라고 생각할 수 있다.

#2: 조금 더 실질적인 패턴 인식기: 관측값도 사용하자.▼

▼여기서 '실질적인' 이라는 말은, 눈을 감고 사전 확률 만으로 찍는 경우가 아닌, 또 다른 정보도 같이 사용하는 경우를 말한다.

지금까지는 사전 확률만을 이용한 패턴 인식기인 셈이다. 다음 그림을 보자. 이제 우리가 만들 '패턴 인식기'는 과일의 크기를 보고 수박인지 사과인지를 판단하는 '과일 인식기'이다.

다음 그림과 같이 사과와 수박이 크기가 5 또는 10인 크기를 가지는 경우만을 가정한다. 과일의 개수는 사과도 15개, 수박도 15개이다.

크기 5

크기 10

크기 5

크기 10

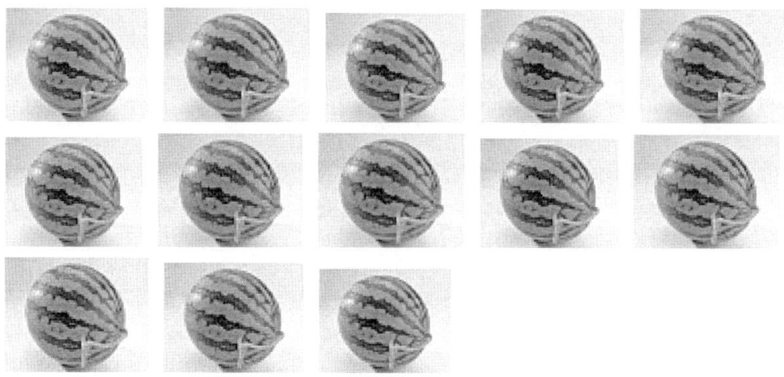

앞에서 소개한 베이즈 정리를 이용하기 위해서 몇 개의 심볼을 다음과 같이 정해보자.

- 우리가 측정한 과일의 크기를 x
- 사과 또는 수박 즉, 분류하고자 하는 클래스를 C
- 전체 모집단에서 변수 x 에 대한 확률값을 $P(x)$
- 임의의 샘플이 클래스 C 에 속할 사전 확률 $P(C)$▼
- 클래스 C에서 샘플 값 x를 얻을 조건부 확률 $P(x|C)$▼

▼즉 P(사과)는 임의의 과일을 선택했을 때 이것이 사과일 확률을 의미한다.

▼즉 P(5|사과)는 위의 그림의 경우에는 12/15(=4/5)이다.

내가 지금 만지고 있는 과일의 크기가 10이라고 할 때, 이 상황에서 우리가 구해야 하는 확률값은 $P(C = \text{사과} | x = 10)$과 $P(C = \text{수박} | x = 10)$이다. 즉, 크기가 10인 경우의 조건부 확률을 구하여서 확률이 큰 값으로 인식 값을 결정하려는 것이다. 이를 위해서 베이즈 정리의 다음 식에서 좌변을 구하려는 것이다.

$$\mathrm{P(C \mid x) = \frac{P(C) \times P(x \mid C)}{P(x)}}$$

예를 들어 위의 심볼들은 다음과 같이 사용할 수 있다.

우리가 측정한 과일의 크기가 $x = 10$
전체 모집단에서 변수 x 에 대한 확률값을 $P(x=10)=16/30$

임의의 샘플이 클래스 C에 속할 확률, 즉 클래스 사전 확률은 다음과 같다.

- $P(\text{사과}) = 15/30 = 1/2$
- $P(\text{수박}) = 15/30 = 1/2$

클래스 C에서 샘플 x를 얻을 조건부 확률 $P(x | C)$

- $P(10 \mid \text{사과}) = 3/15 = 1/5$
- $P(10 \mid \text{수박}) = 12/15 = 4/5$

확률을 이용한 과일 인식기를 만들려면, "과일의 크기가 x일 때, 그 과일이 사과 또는 수박일 확률"을 구하면 된다.

예를 들어, 우리가 구해야 하는 확률값은 $P(\text{사과} \mid 10)$ 과 $P(\text{수박} \mid 10)$이다. 이 값을 아는 경우에, 예를 들면, $P(\text{사과} \mid 10) = 3/16 < P(\text{수박} \mid 10) = 13/16$이므로 크기가 10일 경우에는 수박이라고 하는 것이 합리적일 것이다.

크기가 5인 경우에, 우리가 구해야 하는 확률값은 $P(\text{사과} \mid 5)$ 과 $P(\text{수박} \mid 5)$이다.

$P(\text{사과} \mid 5) = 12/14 = 6/7 > P(\text{수박} \mid 5) = 2/14 = 1/7$이므로 크기가 5일 경우에는 사과라고 하는 것이 합리적일 것이다.

이를 베이지언 정리를 사용해서 식으로 써보면 다음과 같다.

$$P(C = \text{사과} \mid \text{크기} = 10) = \frac{P(\text{임의의 과일이 사과일 확률}) \times P(\text{크기} = 10 \mid C = \text{사과})}{P(\text{과일의 크기가 } 10)} = \frac{\frac{1}{2} \times \frac{1}{5}}{\frac{16}{30}}$$

일반적인 형태로 바꿔보면 다음과 같다.

$$P(C \mid x) = \frac{P(C) \times P(x \mid C)}{P(x)}$$

그러나, 패턴 인식을 위해서는 분모의 $P(x)$가 공통으로 사용되는 항이기 때문에 대소 비교만을 하면 되는 지금 상황에서는 생략해도 무방하다. 즉

$$P(C = \text{사과} \mid x = 10) = P(\text{사과}) \times P(x = 10 \mid C = \text{사과})$$

$$P(C = \text{수박} \mid x = 10) = P(\text{수박}) \times P(x = 10 \mid C = \text{수박})$$

이 2 값의 크기만을 비교하면 판단할 수 있다.

그러나 이 경우에는 P(사과)와 P(수박), 즉 클래스 사전 확률이 동일한 값이기 때문에 실제로는 사용하지 않는 것과 동일한 상황이다. 클래스 사전 확률이 다른 경우를 다음에서 보자.

#3: 조금 더 실질적인 패턴 인식기: 클래스 사전 확률도 사용하자

위 경우는 사과와 수박의 개수가 동일한 경우다. 따라서 P(C)를 사용하지않고 Likelihood, 즉 $P(x \mid C)$ 값 만을 사용한 셈이 된다. 조금 더 복잡한 경우를 예로 들어보자.▼

▼이런 경우를 패턴 인식에서는 maximum likelihood estimation이라고 한다.

가을에는 수박보다 사과가 더 많이 나온다. 그래서 가을에는 사과를 더 많이 보게 된다. 즉, 이에 따라서 P(C)가 클래스마다 달라지게 된다.

크기 5 크기 10

크기 5 크기 10

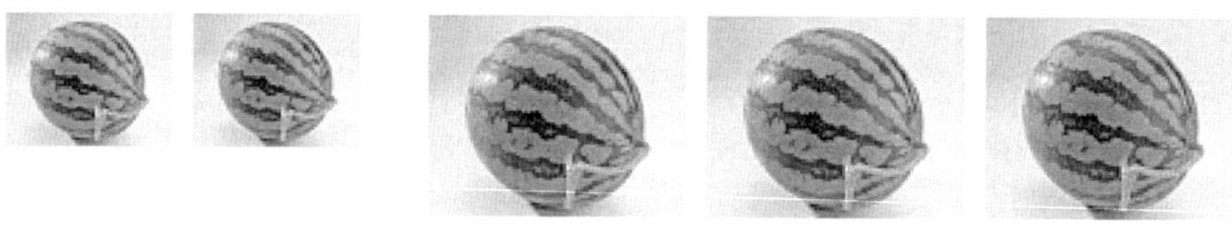

관찰값 확률 P(x)

- 전체 모집단에서 변수 x =5일 확률값은 P(x=5)= 59/65
- 전체 모집단에서 변수 x =10일 확률값은 P(x=10)= 6/65

임의의 샘플이 클래스 C 에 속할 사전 확률 P(C)

- P(사과) = 60/65 = 12/13
- P(수박) = 5/65 = 1/13

클래스C에서 샘플 x를 얻을 조건부 확률 P(x|C)

- P(10 | 사과) = 3/60 = 1/20
- P(5 | 사과) = 57/60 = 19/20

- P(10 | 수박) = 3/5
- P(5 | 수박) = 2/5

$$P(C = \text{사과} \mid \text{크기} = 10) = \frac{P(\text{임의의 과일이 사과일 확률}) \times P(\text{크기} = 10 \mid C = \text{사과})}{P(\text{과일의 크기가 } 10)} = \frac{\frac{12}{13} \times \frac{1}{20}}{\frac{6}{65}} = \frac{1}{2}$$

$$P(C = \text{수박} \mid \text{크기} = 10) = \frac{P(\text{임의의 과일이 수박일 확률}) \times P(\text{크기} = 10 \mid C = \text{수박})}{P(\text{과일의 크기가 } 10)} = \frac{\frac{1}{13} \times \frac{3}{5}}{\frac{6}{65}} = \frac{1}{2}$$

$$P(C = \text{사과} \mid \text{크기} = 5) = \frac{P(\text{임의의 과일이 사과일 확률}) \times P(\text{크기} = 5 \mid C = \text{사과})}{P(\text{과일의 크기가 } 5)} = \frac{\frac{12}{13} \times \frac{19}{20}}{\frac{59}{65}} = \frac{57}{59}$$

$$P(C = \text{수박} \mid \text{크기} = 5) = \frac{P(\text{임의의 과일이 수박일 확률}) \times P(\text{크기} = 5 \mid C = \text{수박})}{P(\text{과일의 크기가 } 5)} = \frac{\frac{1}{13} \times \frac{2}{5}}{\frac{59}{65}} = \frac{2}{59}$$

P(사과 | 10) = 1/2 = P(수박 | 10) = 1/2

P(사과 | 5) = 57/59 〉 P(수박 | 5) = 2/59

즉, 위와 같이 크기가 10인 경우는 P(사과 | 10) = P(수박 | 10) = 1/2 로 동일하고(그림을 보면 크기 10인 사과와 수박의 개수가 동일함을 알 수 있다), 크기가 5인 경우는 사과의 개수가 월등하게 많기 때문에 사후확률도 높이 나옴을 알 수 있다.

NAÏVE 베이지언 분류기

지금까지는 간단한 예를 통해서 베이지언 분류기를 살펴보았다. 이제 조금 더 자세하게 살펴보자. 패턴 인식에 확률의 개념을 이용하여 확률적으로 가장 확실한 인식기를 구현하고자 하는 방식이 바로 베이지언 분류기이다.

이 교재에서 이제까지는 관측값이 하나인 경우만 예를 들었다. 즉 과일 인식 문제에서는 과일의 크기를 사용한 것 처럼 특징값이 1차원인 경우만 사용하였었다. 그렇지만 일상 생활에서는 다르다.

즉, 일상 생활에서의 문제를 다룰 때는 여러 개수의 특징값을 사용하는 경우가 많다. $(X_1, X_2, \ldots, X_n)$와 같이 다차원 벡터를 입력받고 클래스 C를 결정하는 경우가 많다는 것이다.

이런 상황에서는 우리는 아래를 풀어야 한다.

$$\arg\max_{C} P(C \mid X_1, \ldots, X_n)$$ ▼

▼이 식은 X_i 벡터들의 결합 확률(joint probability)를 구해야하는 문제이다.

확률과 수식에 약한 사람을 위해서 위의 경우를 사과/수박 문제로 예를 들어 보자. 사과와 수박을 구분하기 위해서 크기와 색깔을 보도록 하자. 여기서도 계속해서 이산 확률 변수를 사용하기로 한다.

X_1 : 크기(5 또는 10)
X_2 : 색깔(빨간색 또는 녹색)

이런 경우에 관측값이 (X_1 = 5, X_2 = 빨간색)인 경우에 이 입력값에 대한 사후 확률을 구해야 한다.
그러면 우리가 구해야 하는 사후 확률은 아래와 같다.

$P(C$ = 사과 | X_1 = 5, X_2 = 빨간색)
$P(C$ = 수박 | X_1 = 5, X_2 = 빨간색)

위의 식은 베이즈 룰을 사용하면 다음과 같이 기술할 수 있다.

$$P(C \mid X_1, \ldots, X_n) = \frac{P(X_1, \ldots, X_n \mid C)}{P(X_1, \ldots, X_n)}$$

앞에서 이야기한 바와 같이 분모는 상수로 볼 수 있다. 그래서 우리는 likelihood와 prior probability를 구하면 된다.
그러나 단순하게 생각해보아도 2차원 이미지 20×20 크기를 다룬다면 특징값이 400개나 된다. 이들의 결합 확률joint probability을 구하는 것은 쉬운 일이 아니다.

즉 다음 사후 확률을 구하기 위해서는

$$P(C = \text{수박} \mid X_1 = 5,\ X_2 = \text{빨간색})$$

베이즈 룰을 적용하면 다음 2개의 likelihood를 구해야 한다.

$$P(X_1 = 5,\ X_2 = \text{빨간색} \mid C = \text{수박})$$
$$P(X_1 = 5,\ X_2 = \text{빨간색} \mid C = \text{사과})$$

다음 식과 같이 결합 확률joint probability을 구한다는 말은 조건부 확률을 구한다는 말이 되는데, 일반적인 경우에 이러한 결합 확률을 통계적으로 구하는 것은 아주 어렵다.

$$P(A,\ B) = P(A \cap B) = P(B|A)P(A)$$

그래서 문제를 단순화하기 위해서 클래스 레이블 C가 주어졌을 때의 모든 특징값들의 확률이 독립이라고 가정하는 것이 Naïve Bayes Model이다.▼

$$P(X_1, \dots, X_n|C) = \prod_{i=1}^{n} P(X_i|C)$$

그렇게 되면 다음 likelihood $P(X_1 = 5,\ X_2 = \text{빨간색} \mid C = \text{수박})$는 다음과 같은 2 확률값의 곱으로 표현될 수 있다. $P(X_1 = 5 \mid C = \text{수박}) \times P(X_2 = \text{빨간색} \mid C = \text{수박})$

▼ 이것이 문제다. 베이즈 모델은 확률적으로는 완벽한 인식 모델이기는 하지만, 사용되는 확률값을 구함에 있어서 추정, 가정 등이 많이 포함되기 때문이다.

실전 예: 나이브 베이지언 숫자 인식

이제 실제의 예로 넘어가서 숫자 인식을 예를 들어 설명해보자. 아직 조금 전의 사과/수박 문제와 실질적인 패턴 인식을 연결하기는 쉽지 않을 것이다.

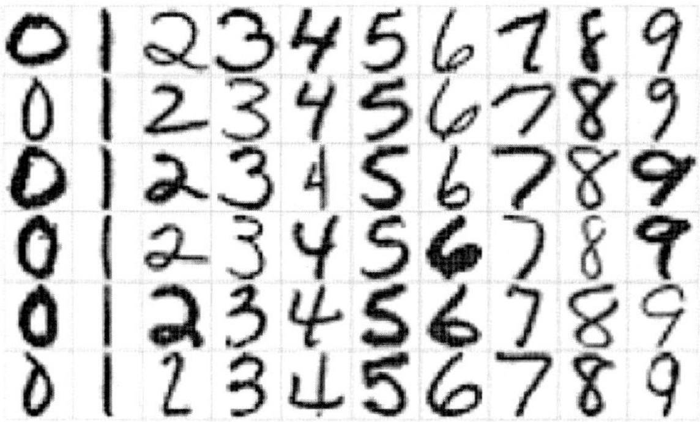

〈숫자 패턴의 예〉

베이지언 분류기를 이용해서 숫자 0..9를 인식하려면 필요한 값들이 있다. 다음 베이즈 식을 보자.

$$P(C \mid x) = \frac{P(C) \times P(x \mid C)}{P(x)}$$

가장 먼저 해야 하는 일이 무엇일까?

1. random variable x를 어떻게 정의해야 할까?

그 이후에는?

2. P(c), P(x), P(x|C)와 같은 확률값들을 구해야 한다. P(x)는 베이즈 식에서 공통으로 사용되는 분모값이기 때문에 구할 필요는 없다.

이를 어떻게 할 수 있을까?

Naïve 베이즈 분류기를 만들려면…

1. 사전 확률을 통계로부터 구한다. 즉, 다음과 같이 각 숫자 클래스의 개수를 구하면 된다. 즉, 각 클래스의 샘플 개수를 모든 샘플 개수로 나누어주면 된다.

$$P(C) = \frac{\#\text{ of C class samples}}{\#\text{ of all samples}}$$

2. Likelihood를 통계로부터 구한다.

$$P(x = x_i \mid C) = \frac{\#\text{ of C class and x} = x_i}{\#\text{ of C class samples}}$$

혹시나 위의 값을 구하면서 분자나 분모의 어떤 값이 0이되는 경우가 생기는 것을 방지하기 위해 더미dummy값을 더할 수 있다. 예를 들면, 다음과 같이 아주 작은 값을 더해준다.

$$P(x = x_i \mid C) = \frac{(\#\text{ of C class and x} = x_i) + 1}{(\#\text{ of C class samples}) + 2}$$

위의 값을 모두 구하면 문제는 다 푼 셈이다. 이제 구해진 확률값들을 베이즈 식에 넣어서 대소 비교만 하면 인식이 완료된다.

8

CHAPTER

Decision Tree(결정 트리)

앞 장에서 패턴 인식을 공부했었다. 패턴 인식기도 각 클래스를 분류한다는 의미에서 분류기classifier라고 할 수 있는데, 분류기가 다루는 데이터를 그 형식에 따라서 다음의 2 종류로 나눌 수 있다.

- 양적으로 계량할 수 있는 데이터quantitative data
- 질적qualitative data으로만 판단할 수 있는 데이터▼

▼데이터를 수치화하기 힘든 종류를 의미한다.

양적인 데이터는 기존에 배운 숫자를 다루는 많은 수학적인 방법들을 사용할 수 있다. 그런데 많은 분야에서는 인식 대상을 숫자를 통해서 표현하기 힘든 분야들이 있다. 그러한 질적으로 판단해야하는 분야에 적합한 분류기가 바로 결정 트리decision tree이다. 결정 트리는 우리가 일상 생활에서 자주 사용하는 '스무 고개'와 같은 방식으로 문제를 처리하는 방식이다.

Decision Tree 기초

'스무 고개' 게임은 한번씩 해본 경험이 있을 것이다. 아래와 같은 질문들을 통해서 '악어'라고 결정하게 되는 상황은 앞에서 배운 K-NN이나 베이지언 분류기와 같은 숫자를 통한 인식 기법을 사용하기 어색하다.▼

▼물론 다음 예제에서도 동물은 1, 식물은 2, 그리고 크기가 사람보다 크면 1, 사람보다 작거나 같으면 2와 같은 방법으로 숫자로 표현할 수 있기는 하다.

1) 종류가 동물입니까?	= 예
2) 크기가 사람보다 큽니까?	= 예
3) 발이 4개인가요?	= 예
4) 주로 땅에서 생활합니까?	= 아니오
5) 악어입니까?	= 예

〈 스무고개 예제 〉

위의 연속된 질문을 다음과 같이 트리tree 모양으로 그려보자. 트리를 루트root 노드에서부터 아래로 차근 차근 따라 내려가면 정답이 무엇인지 결정할 수 있다. 이러한 트리를 결정 트리Decision Tree라고 한다.

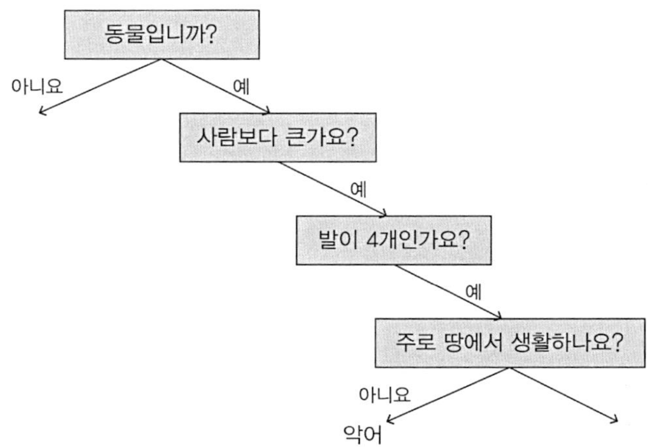

〈 위의 예제를 위한 결정 트리 예시 〉

위의 예제를 바탕으로 다음과 같은 질문을 생각해보자. 위와 같이 상대가 '악어'를 생각하고 있었을 때, 위의 질문들 중에 어떤 질문을 먼저 하는 것이 가장 효과적일까? 즉, 어떤 질문을 먼저하면 질문 갯수를 줄일 수 있을까? 1번 질문 "동물 입니까?" 대신 3번 질문 "발이 4개인가요?"를 하면 더 효과적이지 아닐까? 물론 동물인지 아닌지 알 수 없는 상황에서는 이 질문이 나오기 힘들기는 하지만, 이 의문점을 제시하는 이유는 스무 고개에서 질문을 하는 순서에 따라서 정답에 가까이 가는 길이 짧아 질 수 도 있다는 것이다.

다음과 같은 문제를 생각해보자. 색깔과 모양 별로 4개의 서로 다른 도형들의 집합(빨간 네모, 빨간 동그라미, 파란 동그라미, 파란 삼각형)을 분류해야 한다. 색깔과 모양을 보고 결정decision할 것인데. 다음의 좌/우 2개의 결정 트리를 비교해보고 서로 다른 점을 찾아보자.

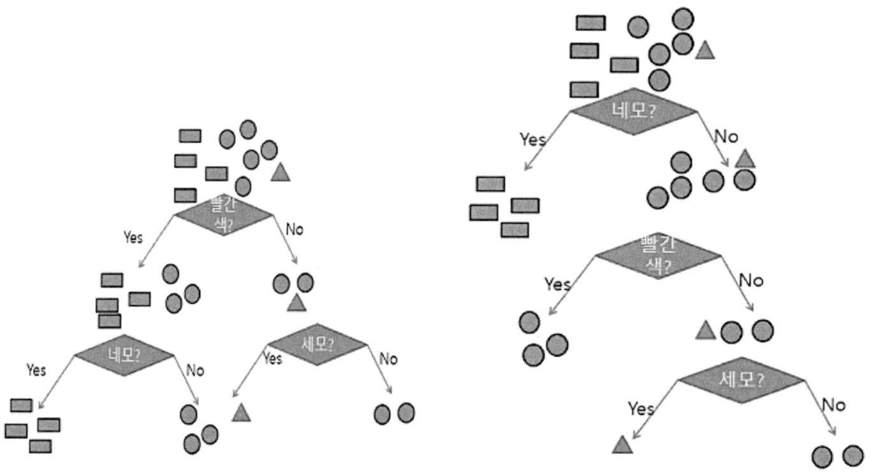

위의 2개의 결정 트리에 대해서 4개의 클래스로 결정하기 위한 비교(체크) 횟수를 생각해보자. 아래 설명과 같이 결정 트리의 모양(질문 순서)에 따라서 비교 횟수가 달라진다.

- 좌측의 결정 트리는 모든 클래스가 동일하게 2번씩 비교해서 총 비교 횟수가 8번

– 우측의 결정 트리는 단말 노드 순서대로 1+2+3+3 번 비교해서 총 비교 횟수가 9번

위의 예제를 생각하면서 결정 트리에 대한 다음의 설명을 살펴보자.

결정 트리는 자료 구조Data Structures 분야에서 배우게 되는 트리tree 구조를 분류기classifier에 활용하는 경우이다. 트리이면서 단어 뜻 그대로 어떠한 결정decision을 내리는 용도로 사용하는 것이기 때문에, 트리의 내부 노드inner nodes에서는 속성에 대한 검사를 수행하고, 각 에지edges는 검사의 결과에 따른 노드의 분기를 나타내며, 단말 노드leaf nodes는 클래스 레이블을 나타낸다. 즉, 단말 노드에서는 한 종류의 클래스만 남게된다.

다음 그림은 전형적인 결정 트리로써 테니스를 치기에 적당한 날씨인지를 결정decision하는 트리이다. 다음과 같이 결정 트리가 구성되어 있다면 해당하는 트리를 루트 노드부터 차례로 탐방하면 테니스를 치기에 적당한 상황인지 아닌지를 결정할 수 있다.

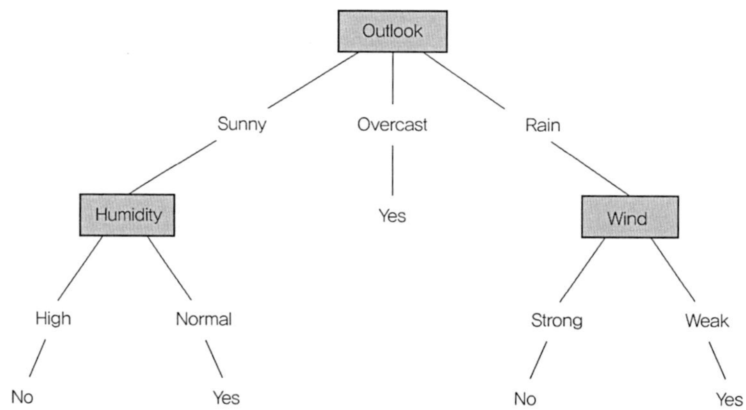

〈 Decision tree의 예(from Machine Learning, Tom M. Mitchell, MaxGrawHill) 〉

예를 들어, 지금 가지고 있는 데이터가 (Outlook==Sunny, Humidity==Normal, Temperature==Mild) 라면, 이 데이터를 바탕으로 결정 트리를 따라가면 'Yes'라는 정답에 도달하게 된다. 즉, 테니스를 치기에 적당한 날씨라는 의미이다.▼

▼이 샘플에서는 Temperature 정보를 사용하지 않았다.

위의 예제와 같이 결정 트리는 다음과 같은 경우에 적절하다.

- 샘플들이 속성들의 값들로 이루어지는 경우로써 각 속성들이 서로 다른 의미를 가지면서 숫자로 표현하기 어려운 경우
- 최종 결과값이 이산discrete 값을 가지는 경우: 주로 Yes 또는 No와 같은 이진binary 결과를 갖는 경우
- 결정 트리는 고차원의 데이터를 다룰 수 있으며, 트리 형태로 얻어진 지식을 표현하는 방식으로써 직관적이며 이해하기 쉽다.
- 결정 트리의 학습과 분류 단계는 간단하고 빠르며 정확도가 높다는 장점이 있다.

대략적인 결정 트리의 형태와 사용법은 간단하니까 이해되었으리라 생각한다. 위의 트리는 실제로는 다음 데이터로부터 자동으로 생성된 것이다. 결정 트리가 있으면 트리의 루트 노드로부터 차례로 탐색하면서 결정 과정을 수행할 수 있다. 그러니까, 실제로 중요한 부분은 데이터로부터 결정 트리를 자동으로 생성하는 방법이다.▼

▼그런데 이 원본 데이터와 결정 트리의 차이점은 무엇일까? 원본 데이터를 그대로 사용하지 않고 결정 트리를 만드는 이유는 무엇일까?

Day	Outlook	Temp.	Humidity	Wind	Play Tennis
D1	Sunny	Hot	High	Weak	No
D2	Sunny	Hot	High	Strong	No
D3	Overcast	Hot	High	Weak	Yes
D4	Rain	Mild	High	Weak	Yes
D5	Rain	Cool	Normal	Weak	Yes
D6	Rain	Cool	Normal	Strong	No
D7	Overcast	Cool	Normal	Strong	Yes
D8	Sunny	Mild	High	Weak	No
D9	Sunny	Cold	Normal	Weak	Yes
D10	Rain	Mild	Normal	Weak	Yes
D11	Sunny	Mild	Normal	Strong	Yes
D12	Overcast	Mild	High	Strong	Yes
D13	Overcast	Hot	Normal	Weak	Yes
D14	Rain	Mild	High	Strong	No

〈 Decision tree를 위한 학습 샘플 예(from Machine Learning, Tom M. Mitchell, MaxGrawHill) 〉

Decision Tree 자동 생성

결정 트리가 완성되어 있고 클래스 레이블을 모르는 새로운 샘플 $x=(x_1, x_2, \ldots x_n)$가 주어지면, x의 속성값들이 결정 트리에 의해 루트 노드로부터 단말 노드로 차례로 추적되어 검사된다. 즉, 결정 트리가 만들어져 있다면 이를 사용하는 것은 단순한 트리 탐색 문제인 셈이다.

따라서, 결정 트리에서 가장 중요한 부분은 수집된 데이터로부터 자동으로 결정 트리를 만드는 방법이다. 앞에서 예를 들어 설명한 것처럼, 결정 트리를 샘플들로부터 만들어야 하는 상황이라면 질문 순서가 중요하다. 그래야만 결정 트리의 전체적인 깊이가 얕아지기 때문이다.▼

▼결정 트리를 자동으로 생성한다는 말은 어떤 의미에서는 '학습'을 의미하는것이다. 그렇다면 결정 트리를 생성함에 있어서 고려해야하는 첫번째 사항이 무엇일까?

1980년대 초반에, 기계 학습 분야의 연구자인 J. Ross Quilan은 ID3(Interactive▼ Dichotomiser 3)로 알려져 있는 결정 트리 학습 알고리즘을 개발하였다. ID3는 학습 데이터와 연관된 클래스 레이블로부터 하향식의 반복적인 분할 정복divide and conquer 방법으로 구축된다.▼

▼dichotomize[daikátə màiz] 둘로 나누다라는 의미.

▼ID3 이후에 개발된 많은 알고리즘(C4.5, CART, CHAID 등)들도 기본적으로 ID3 알고리즘의 아이디어에 기초하고 있다. 이들을 이해하기 위해서 ID3를 먼저 정확하게 이해할 필요가 있다.

결정 트리를 만든다는 것이 무슨 말일까? 데이터로부터 결정 트리를 만든다는 말은 **"속성들의 비교 순서"**를 결정한다는 말이다. 즉, 어떤 속성을 먼저 비교할 지 속성들 간의 비교 순서를 결정하는 문제가 된다. 위의 테니스 예제에서 다음과 같은 4가지 속성 중에 어떤 속성을 우선적으로 비교할 지를 결정해야 한다. 속성들의 비교 순서가 왜 중요할까? 속성들의 비교 순서에 따라서 최종적인 결정 트리의 깊이가 달라질 수 있기 때문이다. 결정 트리의 깊이는 검색 속도와 관련 있다. 깊이가 얕을수록 검색이 빨라진다.

Outlook	Temperature	Humidity	Wind

ID3 알고리즘: ID3(Iterative Di-chotomizer 3) Algorithm

ID3는 탑-다운Top-Down 형식으로 결정 트리를 생성한다. 즉, 이 알고리즘은 루트 노드에서 시작하여 각 단말 노드에서 서브 트리sub tree의 생성이 계속해서 반복된다. 이러한 반복은 단말 노드에 속하는 샘플들이 동일한 범주의 클래스에 속할 때까지 계속된다.

1. 전체 학습 데이터를 포함하는 루트 노드를 생성한다.
2. 현재의 트리에서 모든 단말 노드leaf nodes에 대해서 아래를 반복한다.
   a. if (해당 노드의 샘플들이 모두 같은 클래스이면) 해당 노드는 단말 노드가 되고, 해당 클래스로 레이블을 부여한다.▼
   b. else if (해당 노드에서 더 이상 사용할 수 있는 속성이 없으면) 해당 노드 수행 종료▼
   c. else ▼정보 이득information gain이 높은 속성을 선택해서 노드를 분할한다 (이때 정보 이득은 정보 엔트로피의 변화를 이용해서 계산한다).

〈 ID3 알고리즘 〉

▼즉, 해당 노드는 더 이상 노드 분할을 하지 않는다.

▼더 이상 분류할 수 없는 상황이다.

▼'정보 이득'에 대한 설명은 바로 뒤에 자세한 설명이 이어진다.

정보 엔트로피(Information Entropy)

ID3는 특정 노드의 하위의 자식 노드들로의 분류 기준으로 사용할 속성 선택을 위해서 정보 이득Information Gain이라는 개념을 사용한다. 즉, 각 노드에서 가장 높은 '정보 이득'을 갖는 속성을 해당 노드에서의 분리 속성으로 선택한다.

정보 이득 계산을 위해서 정보 엔트로피라는 개념을 사용하기 때문에 이 이야기를 해보자.

D개의 데이터 집합이 m개의 서로 다른 부분 집합으로 구성되었다고 할 때, 이때의 ▼정보 엔트로피information entropy는 다음과 같이 나타낸다.

$$\text{Entropy (D)} = -\sum_{i=1}^{m} p_i log_2(p_i)$$

▼정보 이론(information theory) 분야에서 사용하는 용어로써 정보 엔트로피(information entropy)란 정보들을 표현하기 위해서 필요한 비트의 수를 의미한다.
참고: http://ko.wikipedia.org/wiki/정보_엔트로피

위 식에서 집합 D를 전체 데이터라고 했을 때 p_i는 i번째 클래스($class_i$)에 속한 데이터의 비율(확률probability)을 의미한다. 즉 다음과 같이 표현할 수 있다.

$$P_i = \frac{\#\ of\ Class_i}{\#\ of\ D}$$

위 식에서 밑base이 2인 로그 함수($\log_2$)가 사용되는데, 그 이유는 해당하는 정보를 2진수로 표현할 때의 비트bit 수가 되기 때문이다. 컴퓨터에서는 2진수를 사용하여 정보를 표현하기 때문에 사용되는 2진수 비트bit수를 구하기 위해서다. 식에서 –(음수) 부호가 붙는 이유는 무엇일까? 다음은 $y = \log_2(x)$의 그래프이다. p_i는 확률값이어서 0~1사이의 값이기 때문에 $p_i\log_2(p_i)$는 0 또는 음수라서 이를 양수로 바꾸어주기 위해서다.

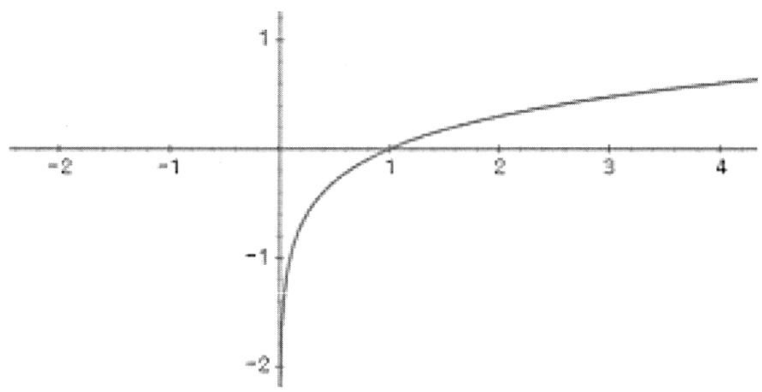

〈 log 그래프 〉

아래에서 정보 엔트로피 개념을 쉽게 설명해보자.

위와 같이 흰공 1개, 검은공 1개가 있는 상황의 정보 엔트로피를 계산해보자.

$$\text{Entropy}(\{\text{흰공1개,검은공 1개}\}) = -\frac{1}{2}\log_2\left(\frac{1}{2}\right) - \frac{1}{2}\log_2\left(\frac{1}{2}\right) = -\frac{1}{2}\log_2 2^{-1} - \frac{1}{2}\log_2 2^{-1} = \frac{1}{2} + \frac{1}{2} = 1$$

즉, 위의 상황은 정보 엔트로피가 1이다. 2진수 1비트가 있으면 된다는 의미이다.

위와 같이 검은공 2개가 있는 상황의 정보 엔트로피를 계산해보자.

$$\text{Entropy}(\{\text{검은공 2개}\}) = -1 * \log_2(1) = 0$$

정보 엔트로피가 0이라는 말은 이 상황을 표현하기 위해서 0개의 비트가 필요하다는 의미이고, 0비트가 필요하다는 말은 따로 표현하지 않아도 '무조건 검은 공'이라는 사실을 알 수 있다는 의미이다. 위와 같은 상황을 바탕으로 볼 때, 정보 엔트로피 information entropy는 '정보의 불 확실성'을 의미한다. 정보 엔트로피가 크다는 말은 그만큼 정보가 불확실하고 표현해야하는 정보가 많아서 많은 비트를 이용해야한다.

여기서 정보 엔트로피에 대한 개념을 다른 예제를 통해서 설명해보자.

10명의 회원이 있는데 5명이 우수 회원, 5명이 일반 회원이라고 하자. 그러면, 데이터가 1/2로 완전히 혼합되어 있으므로 엔트로피 값은 1이 된다.

$$\text{Entropy}(\{\text{우수회원 5명, 일반회원 5명}\}) = -\frac{5}{10}\log_2\left(\frac{5}{10}\right) - \frac{5}{10}\log_2\left(\frac{5}{10}\right) = -\frac{1}{2}\log_2 2^{-1} - \frac{1}{2}\log_2 2^{-1} = \frac{1}{2} + \frac{1}{2} = 1$$

10명의 회원이 있는데 10명이 우수회원, 0명이 일반회원인 경우 엔트로피 계산식에 적용하면 다음과 같다.

$$\text{Entropy}(\{\text{우수회원 10명, 일반회원 0명}\}) = -\frac{10}{10}\log_2\left(\frac{10}{10}\right) - \frac{0}{10}\log_2\left(\frac{0}{10}\right) = 0$$

정보 엔트로피를 수작업으로 계산하기 귀찮다. 다음과 같은 프로그램으로 계산을 하자. 대부분의 프로그래밍 언어에서는 로그log 연산의 밑base이 *e*(자연 로그)나 10을 지원한다. 따라서 밑이 2인 로그 값을 계산하려면 다음과 같은 방식을 사용하면 된다.▼

▼아래의 프로그램은 조금만 수정하면 ideone.com과 같은 웹 컴파일러에서 바로 실행할 수 있다.

$$\log_b x = \frac{log_k x}{log_k b}, (\text{if } k>0, k \neq 1)$$

```
float no1 = 5;
float no2 = 5;
float first, second, entropy;

first = no1/(no1+no2);
second = no2/(no1+no2);

if (first==0 || second==0)   // because log2(0) is -infinity
    entropy = 0;
```

▼여기서는 log( ) 함수를 밑이 e 또는 10인 함수로 가정하였다.

```
else
    entropy = - (first * (log(first)/ log(2)) + second * (log(second)/ ▼log(2)));

print( entropy );
```

정보 이득(Informaion Gain)

정보 엔트로피에 대한 설명은 마쳤다. 이제 정보 엔트로피를 이용해서 속성값을 선택하는 방법에 대한 이야기를 하려고 한다. 정보 이득에 대한 설명을 할 때이다.

정보 이득information gain은 원래의 정보 엔트로피와 세부 클래스로 분할된 후의 정보 엔트로피의 차이로 정의된다. 즉, 특정 속성값으로 하위 노드로 분할하는 경우, 분할 전과 분할 후의 엔트로피의 변화량을 정보 이득information gain이라고 한다.

$$\text{정보 이득(Information Gain)} = \text{Entropy(D)} - \sum_{v \in child\ nodes} \frac{\#\ of\ S_v}{\#\ of\ D} Entropy(S_v)$$

다음 예를 통해서 알아보자. 색깔과 모양이 다른 Y(Yes) 또는 N(No)가 적힌 도형들을 Y 그룹과 N그룹으로 분할하려고 한다. 다음 그림은 초기 상태에서 모양 정보로 분할했을 때와, 색상 정보로 분할했을 때의 비교이다.

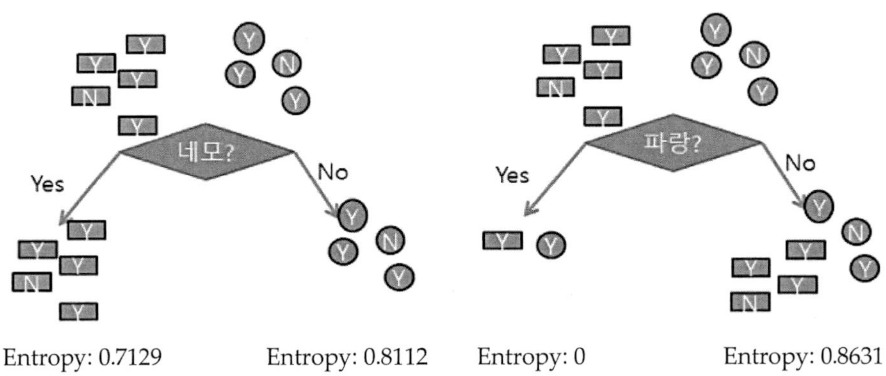

분류된 후의 정보 엔트로피

$$\frac{5}{9} \times 0.7219 + \frac{4}{9} \times 0.8112 = 0.7616$$

분류된 후의 정보 엔트로피

$$\frac{2}{9} \times 0 + \frac{7}{9} \times 0.8631 = 0.6713$$

초기 상태의 엔트로피는 Entropy(7, 2)=0.7642이다. 위의 결과로 보듯이 색깔 정보를 이용해서 분할하면 정보 엔트로피가 더 많이 줄어들 수 있다. 분류의 목적은 각 단말 노드가 하나의 레이블로만 구성되게 하는 것이 목표이다. 그러한 상태는 정보 엔트로피가 0zero이 되게 하는 것이기 때문에, 정보 엔트로피의 감소량이 많은 특징을 사용하는 것이 좋다는 것이다.

위의 테니스의 예를 통해서 정보 이득을 구해보자. 위의 예에서 초기의 데이터는 9개의 Yes와 5개의 No를 가지고 있었다. ID3 알고리즘을 이용해서 다음과 같은 결정 트리를 구성할 수 있다.

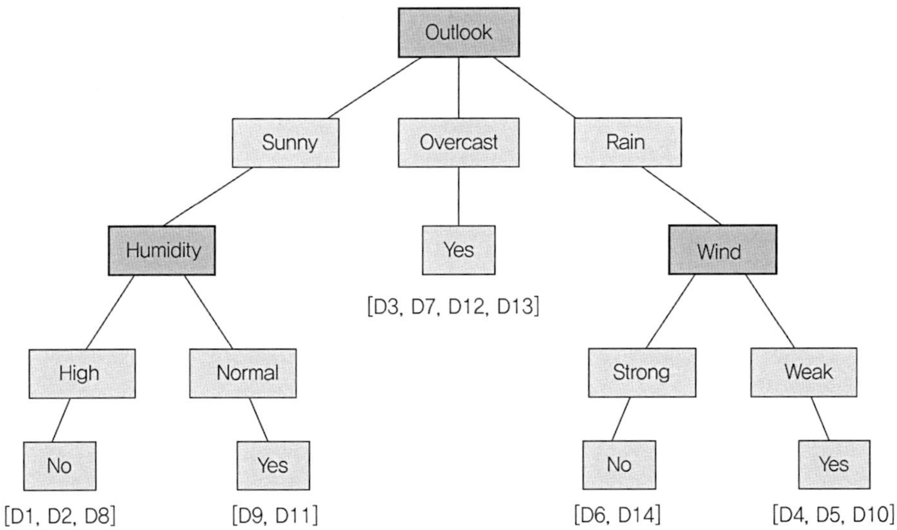

실제 업무에서는 수집된 데이터에 오류값이나 결손값(특정 필드의 값이 생략된 경우)을 가지고 있다. 이러한 경우 데이터에 포함된 모든 레코드들이 완벽하게 하나의 클래스로 분류될 때까지 결정 트리를 만들어가면 단말 노드에서 덜 분류되는 상황이 발생할 수 있고, 이로 인해 새로운 레코드에 대한 예측력이 감소하는 결과가 발생할 수 있다.▼

▼결정 트리를 구현하는 일반적인 방법은 Weka라는 Open Source 데이터마이닝 소프트웨어가 있다. 다음 사이트에 접속해서 다운받고 실험해보자. http://www.cs.waikato.ac.nz/ml/weka/

9

CHAPTER

인공 신경망

컴퓨터를 이용해서 다양한 문제를 해결할 수 있다. 그렇지만 지금까지 이 교재에서 소개한 기법은 모두 컴퓨터에게 "이렇게 이렇게 문제를 해결하라"라는 방식으로 명령을 내리는 방식이었다. 그러니까 컴퓨터는 단순히 주어진 절차를 수행하는 역할을 하는 방식이다.

그러나 세상에 풀어야 하는 문제는 너무나 다양하고 복잡하다. 그러한 문제의 해결책을 일일이 하나 하나 컴퓨터에게 지시하는 것은 아주 어렵다. 그래서 생각해낸 방법이 컴퓨터가 스스로 학습machine learning하게 하는 것이다.

예를 들어, 얼굴 인식 프로그램을 작성하는 일을 상상해보자. 아주 많은 사람들의 얼굴 차이를 일일이 컴퓨터에게 설명해야 한다면 자동 얼굴 인식은 거의 불가능에 가까운 일이 되 버린다.

위와 같은 경우에 기계 학습machine learning이 필요하다. 즉, 컴퓨터에게 문제에 대한 정의만 설명하고 세부적인 사항은 자체적인 학습을 통해서 해결하도록 하는 방식을 말한다. 기계 학습이라고 해서 너무 어렵게 생각하지 말자. 넓게 보면 앞에서 다루었던 클러스터링, 결정 트리 등이 모두 학습의 일종이라고도 할 수 있다.

지금부터 이야기할 인공 신경망artificial neural networks은 기계 학습 분야에서 가장 중요한 부분 중의 하나이다. 이 장에서는 기계 학습의 기본을 이야기한 후에, 신경망의 가장 기본적인 내용부터 살펴보자.

기계 학습(machine learning) 기초

인공 지능 연구가 진행되면서 컴퓨터에게 어떠한 형태나 방법으로든 인간과 같은 성능의 지능을 부여하는 것이 어렵다고 느끼면서, 컴퓨터의 성능을 개선할 수 있는 대안으로 '기계 학습machine learning'을 연구하게 되었다.

인간이 어떻게 학습을 하는지 완벽하게 이해하지 못하는 상황에서 기계 학습을 논한다는 것이 조금 이상하기는 하다. 왜냐하면 실제로 우리 인간이 자신 스스로가 어떻게 '생각'하고, '기억'하고, '학습'하는지 정확히 모르는 상황이기 때문이다. 이러한 상황은 이 책의 초반에서 이야기한 '강한 인공 지능'과 '약한 인공 지능'의 비교와 동일한 상황이다. 즉, 인간의 학습 방법과는 다르다 하더라도 컴퓨터 나름의 학습법을 연구하는 분야가 바로 기계 학습 분야인 것이다.

지능적인 인간은 학습을 한다. 인간은 학습을 통해서 성장한다. 따라서 '지능'의 핵심은 '학습'이라고 해도 과언이 아니다. 그러면 학습learning이란 무엇일까? 앞에서 다룬 결정 트리decision tree도 학습 기능을 가지고 있다. 즉, 주어진 입력 데이터로부터 미지의(보지 않았던) 데이터에 대한 결정decision을 내릴 수 있으니까 말이다.

기계 학습은 그리 어려운 분야가 아니다. 자신감을 가지고 개괄적인 기계 학습에 대한 설명으로 시작해보자. 인공 지능의 핵심이라고도 할 수 있는 학습 기법은 몇 가지 세부 종류로 나눌 수 있다.

- 지도 학습supervised learning
- 비 지도 학습unsupervised learning
- 강화 학습reinforcement learning

지도학습(Supervised Learning)

지도 학습이란 "정답이 알려진 학습 데이터"로부터 어떤 일관된 규칙을 찾아가는 것을 말한다. 즉, 문제와 그에 해당하는 답을 같이 제공하고 이를 바탕으로 학습하는 방식이다. 지도 학습은 세부적으로는 분류classification와 회귀regression가 있다.

1. 분류classification

   입력된 샘플이 속한 군집category, class을 식별(인식)하는 것. 입력 대상에 대한 특징값들과 함께 분류 레이블을 입력받아서 분류 정보로 사용하여 학습한다. 분류에 대한 예는 앞에서 K-NN 분류기를 생각하면 이해하기 쉬울 것이다.

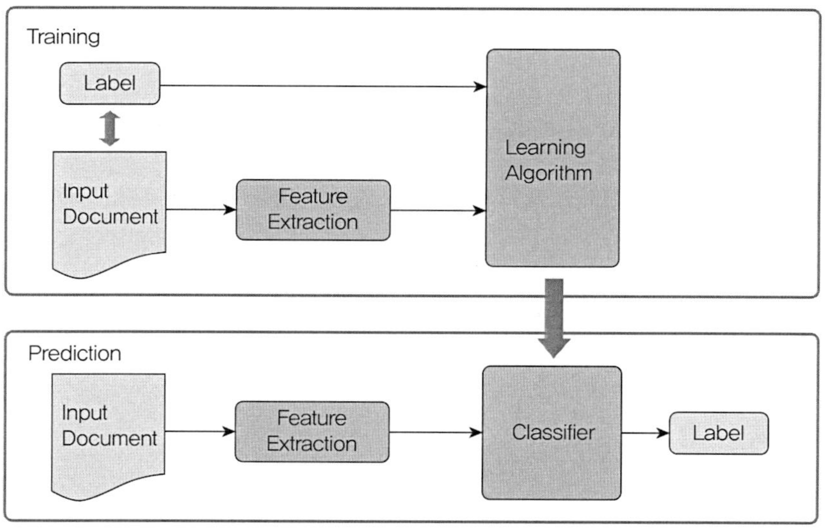

〈 supervised learning: classification 〉

2. 회귀 분석regression

   입력 데이터를 받아서 이를 표현할 수 있는 모델/함수를 찾는 것을 의미한다. 다음과 같은 2차원 데이터의 경우에, 이 데이터를 표현할 수 있는 모델(이 예제에서는 직선의 방정식)을 구할 수 있다면, 향후에 관측되지 않았던 새로운 데이터에 대한 예측치estimation를 구할 수 있을 것이다.

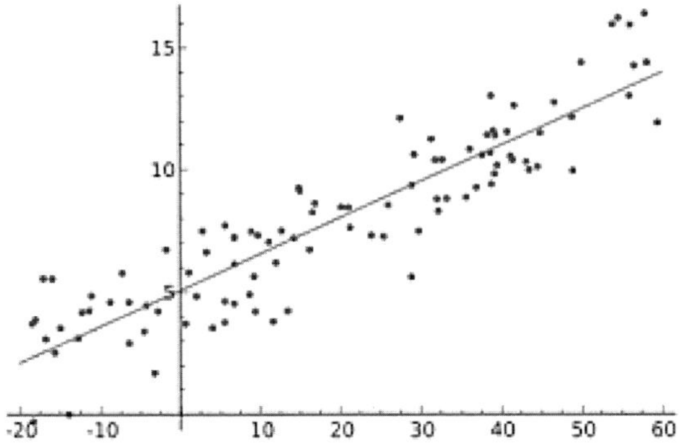

〈 선형 회귀 분석 예제 〉

비지도학습(unsupervised learning)

지도 학습과 달리 데이터만(레이블 없이)을 입력 받아서 데이터에 내재되어 있는 정보를 찾는 것을 의미한다. 입력 데이터에 내재된 구조나 그 사이의 관계를 파악하고, 이 관계를 이용해서 패턴들을 분류할 때 주로 사용된다. 클러스터링clustering이 대표적인 비지도 학습의 예이다.▼

▼앞에서 언급한 k-means 클러스터링을 생각해보자. k-means 클러스터링 알고리즘도 많은 샘플들을 대표하는 샘플을 만들어낸다는 의미에서 비지도 학습 알고리즘이라고 할 수 있다.

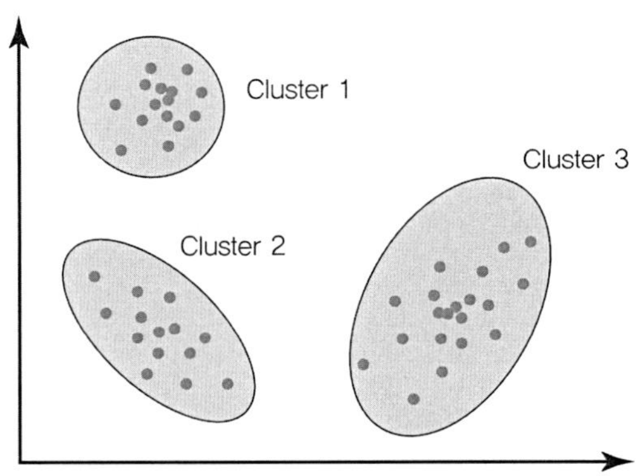

〈 unsupervised learning 예: clustering 〉

강화 학습(reinforcement learning)

학습 알고리즘이 수행한 행동action에 대해서 보상reward을 받고 이를 통해서 학습하는 방식이다. 보상은 행동에 즉각적으로 주어질 수 도 있고, 차후에 주어질 수 도 있다. 자세한 설명은 10장에서 이루어진다.

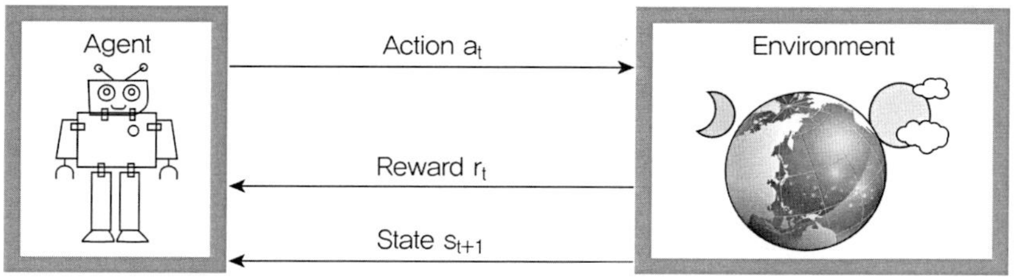

〈 reinforcement learning 〉

인공 신경망 기초

많은 학습 기법이 있지만, 이 장에서 배울 인공신경망Artificial Neural Network : ANN은 인간의 뇌 구조에 착안하여 만든 학습 기법이다. 수백억 개의 신경 세포인 뉴런neuron들이 있고, 각 뉴런들은 수 만개의 시냅스synapse들로 서로 조밀하게 연결된 인간의 뇌 구조를 흉내 낸 구조이다.▼

▼인공 신경망은 비록 인간의 뇌의 기능을 단순히 흉내 낸 수준이지만 많은 분야에서 의외로 만족할 만한 성능을 보이고 있다.

이러한 인공 신경망에 대한 연구는 시간을 거슬러 전자식 컴퓨터가 만들어지기 전인 1940년대부터 시작되었다.▼ 1960년대는 신경망의 연구가 가장 활발하던 시기였다. 모든 문제를 풀 수 있는 대안처럼 여겨졌던 신경망에 대한 연구는 1969년 퍼셉트론Perceptron 신경망의 한계에 대한 Minsky와 Papert의 연구 결과로 한동안 침체기로 빠져들게 되었다. 그러나 1986년 Rumelhart의 다층 신경망의 BPBack Propagation(오류 역전파) 알고리즘이라는 학습 알고리즘의 제시로 인하여 퍼셉트론의 문제점을 해결하고, 인공 신경망을 지원하는 하드웨어의 성능이 발전되고, 순차 처리보다는 병렬 정보 처리에 대한 연구의 진척으로 인하여 점점 많은 연구가 진행되게 되었다.

▼신경망에 대한 연구는 인공지능의 초창기부터 시작되었다.

뉴런들의 연결로 이루어져 있다는 의미에서 모두 인공 신경망이라고 하지만, 많은 다양한 구조의 인공 신경망 종류들이 있다. 자주 사용하는 인공 신경망 모델을 들면 다음과 같다. 이 교재에서는 다음의 신경망 중 퍼셉트론Perceptron과 다층 퍼셉트론Multilayer Perceptron에 대해서 소개하도록 하겠다. 특히 최근에는 전통적인 인공 신경망을 이용한 딥 러닝Deep Learning이라는 연구 주제로 인하여 신경망 연구의 새로운 붐이 일고 있다.▼

▼본 교재에서는 2가지 종류의 신경망 만을 소개한다. 이는 모두 지도 학습 신경망이다. 이외에도 비지도 학습 신경망들도 다수 존재한다.

- Hopfield
- Self-Organizing Map
- Perceptron
- Multilayer Perceptron
- Boltman machine

퍼셉트론(Perceptron): 가장 간단한 신경망

인공 신경망의 모양과 학습 형태에 따라 다양한 종류의 신경망이 사용된다. 현재 수십 가지의 신경망 모델이 제안되고 사용되고 있는데, 본 교재에서는 이 중에서 가장 기본적인 신경망인 퍼셉트론perceptron과 다층 퍼셉트론multi-layer perceptron을 배워보자.

퍼셉트론의 개념

패턴 인식 챕터에서 보았던 다음 그림을 다시 한번 생각해보자. 다음과 같은 빨간 점으로 표시된 데이터와 파란 점으로 표시된 데이터를 구분하는 문제이다. 이를 위해서는 클래스끼리 구분하는 '구분선'을 찾아야 한다. 지금부터 소개할 퍼셉트론은 학습을 통해서 이 구분선을 찾아가는 방법이다.

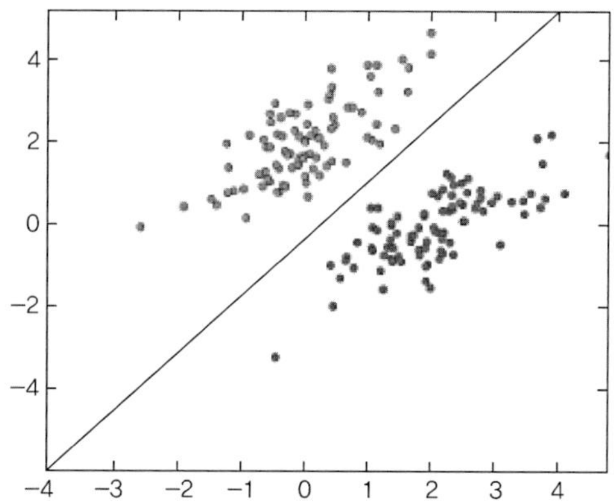

퍼셉트론이란 1957년 Rosenblatt가 제안한 모델로써, 생물의 신경 전달 조직인 시냅스를 수학적으로 모델링한 신경망의 초기 형태이며, 이 개념은 현재의 패턴 인식, 신경 전달 과정의 구조적 이론 등에 많은 영향을 주었다.▼

▼퍼셉트론(Perceptron)은 단어에서 느낄 수 있듯이 Perceive(지각하다. 인식하다. 인지하다)라는 어감을 준다.

인간의 뇌를 구성하는 신경 세포의 최소 단위는 뉴런neuron이다. 뉴런과 뉴런의 연결은 시냅스synapse로 연결되어 있다. 다음 그림은 이러한 인간의 뇌의 동작 방식을 모델링하여 만든 신경망의 최소 단위인 뉴런의 동작 방식을 설명하는 그림이다. 다음 그림과 같이, 뉴런은 입력값에 가중치weight를 곱한 값을 '활성화 함수activation function'를 통과시킴으로써 최종 결과값을 생성한다. 즉, 하나의 뉴런(노드node)은 입력값의 가중 평균치를 구하고 이를 활성화 함수를 통해서 출력하는 구조로 이루어져있다.▼ 이런 방식으로 한쪽에서 들어온 입력이 차례로 출력 노드 방향으로 연산이 이루어지는 구조의 신경망을 feed-forward network이라고 한다. 지금 다룰 예정인 퍼셉트론은 이러한 feed-forward network이다.

▼실제로 인간의 뇌 세포인 뉴런 각각의 속도는 그리 빠른 편은 아니라고 한다. 수백억개의 뉴런들이 각각 수만개의 다른 뉴런들과 연결된 방대한 분산 처리 시스템처럼 동작하는 시스템이다.

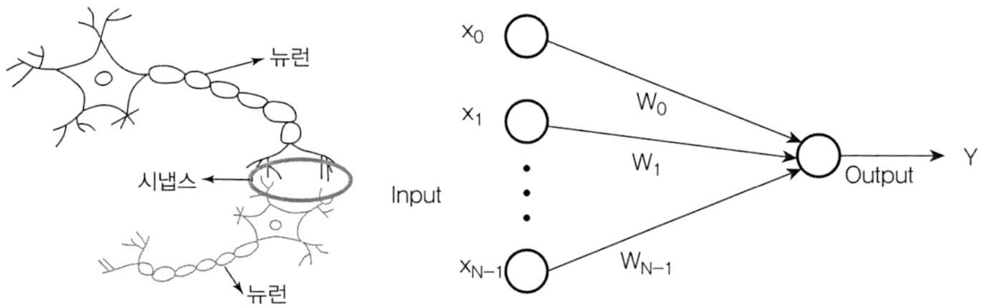

〈 뉴런 〉 〈 인공 뉴런의 입출력 〉

위의 그림에서 노드의 출력값 Y는 다음 식으로 표현할 수 있다.

$$Y = f(NET-T), \quad NET = \sum_{i=0}^{i \le N-1} (X_i \times W_i)$$

이때 많이 사용하는 활성화 함수 f를 위해서 다음과 같은 계단 함수step function를 사용할 수 있다. 활성화 함수는 보통 -1~+1 또는 0~+1까지의 값을 출력하도록 구현된다. 다음 그림에서 T는 임계치threshold라고 하는데 가중합weighted sum된 결과와 비교하여 출력값을 결정하는 역할을 한다. 즉, 해당 노드로의 입력값들의 가중합이 임계치를 넘으면 1을 출력하고, 그렇지 않으면 0 또는 -1을 출력하는 기능을 담당하는 부분이 계단 함수를 이용한 활성화 함수이다.

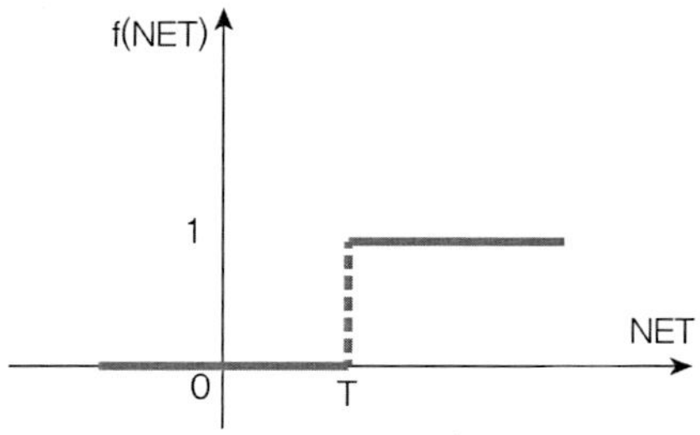

(a) 단극성

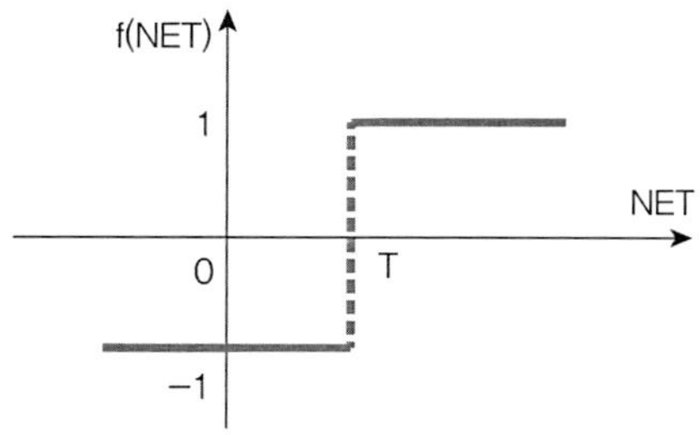

(b) 양극성

〈 임계치를 반영한 활성화 함수 〉▼

▼단극성, 양극성은 +1/0 또는 +1/−1을 출력하는지의 구분

퍼셉트론의 동작 방식 예시

이제까지의 설명은 퍼셉트론의 기능적인 면에 대한 것이었다. 이제부터는 퍼셉트론의 동작 방식을 간단한 예시를 통해서 설명해보자. 퍼셉트론에서 단극성 계단 함수를 활성화 함수로 사용할 경우, 임계치를 고려한 활성화 함수(f)는 다음과 같다.

$$f(x) = \begin{cases} 1 & if\ w \cdot x - T > 0 \\ 0 & otherwise \end{cases}$$ ▼

▼이 식에서 w와 x는 벡터이다. 즉 $w = \{w_0, w_1, \cdots w_n\}$와 같이 여러 웨이트 값을 벡터로 표현한 것이고 따라서 $w \cdot x$은 벡터의 내적(inner product)을 의미한다.
$a = [a_1, a_2, \cdots, a_n]$
$b = [b_1, b_2, \cdots, b_n]$
라고 할 때,
$a \cdot b = a_1 b_1 + a_2 b_2 + \cdots + a_n b_n$
이다.

다음과 같이 입력값이 2개인 가장 간단한 퍼셉트론을 이용하여 뉴런의 동작 방식을 이해해보자.

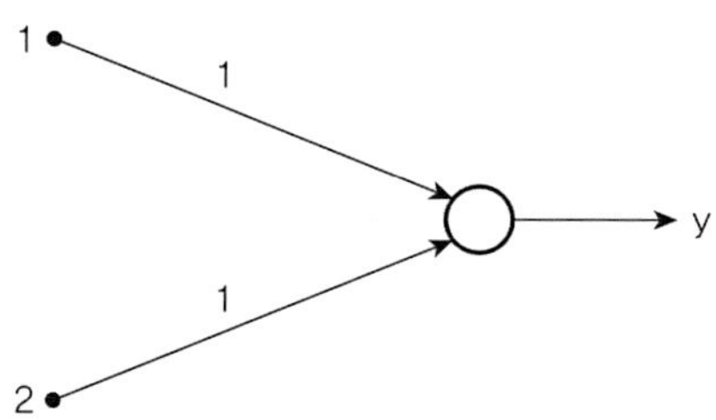

〈 뉴런의 예 〉

위의 그림과 같이 입력 벡터 $x = [1\ 2]$, 웨이트 $w = [1\ 1]$, 임계치(T)가 2이라고 할 때,

NET = $= x \cdot w = [1\ 2]\begin{bmatrix}1\\1\end{bmatrix} = 3$이 된다. 즉, 신경망 뉴런(노드)의 기본적인 연산은 입력값의 가중합weighted sum이다. 이를 활성화 함수를 통과시키면, 뉴런의 출력은 다음과 같다.

$$f(x) = \begin{cases} 1 & if\ w \cdot x - 2 > 0 \\ 0 & otherwise \end{cases}$$

$$f(x) = f(\text{ NET }) = f(3) = 1\ (\because 3 > 2\ )$$▼

▼인공 신경망이라고 그럴듯하게 말한 내용이 너무 간단하다고 생각드는가? 실제로는 뉴런의 개수도 많아지고 굉장한 병렬성을 가진 신경망이 사용되지만, 본 예제에서는 설명을 위해서 가장 간단한 신경망으로 노드 1개, 입력값 2개의 예를 보인것이다.

퍼셉트론의 간단한 응용

다음과 같은 퍼셉트론 모델을 한번 살펴보자. 논리 회로logic circuits에서 사용하는 ▼AND 게이트 연산과 동일한 동작을 수행하는 퍼셉트론을 만들어보려고한다.

▼AND 게이트는 두 개의 입력값 모두 1일때만 1이 출력되는 게이트이다.

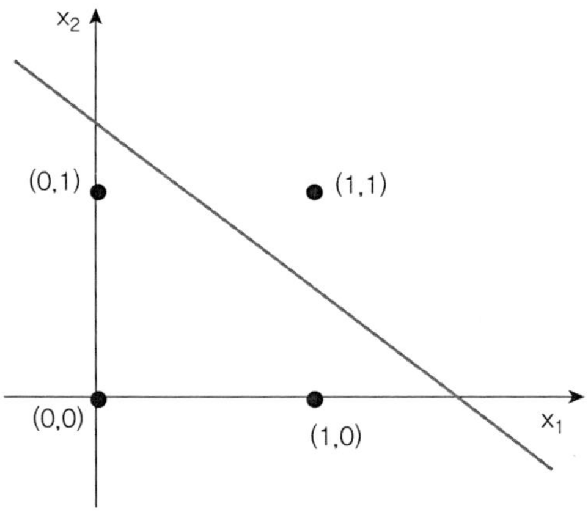

아래와 같이 웨이트 값 $w = \{w_1, w_2\} = \{1, 1\}$, 임계치 T=1.5라고 해보자. 입력으로 [1 1]이 들어올 때 만 1 값을 출력하도록 하면 된다. 아래의 퍼셉트론은 AND 게이트와 동일하게 작동한다.

$$[1\ 1]\ [0\ 0]^T = 0 < 1.5$$ ▼

$$[1\ 1]\ [0\ 1]^T = 1 < 1.5$$

$$[1\ 1]\ [1\ 0]^T = 1 < 1.5$$

$$[1\ 1]\ [1\ 1]^T = 2 > 1.5$$

Input 1	Input 2	Output
1	1	1
1	0	0
0	1	0
0	0	0

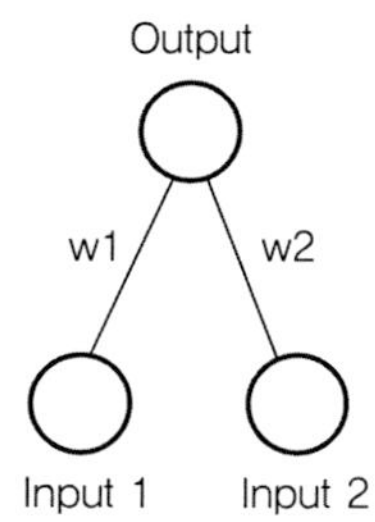

〈 AND 연산 〉

이 예제는 아직 인공신경망 분야의 중요한 문제를 다루지 않고 있다. 바로 학습learning이다. 실제로는 "어떻게 이 웨이트 값을 학습으로 얻을 수 있을까?"라는 문제가 가장 중요한 이슈이다. 이 부분은 바로 뒤에서 살펴보자.

▼ 윗첨자로 사용한 T는 Transpose의 표시이다. 여기서는 행 벡터(row vector)를 열 벡터(column vector)로 변환한다는 의미로 사용하였다.

퍼셉트론의 원리 및 의미

이 시점에서 뉴런이 어떤 기능을 수행하는 것인지 한번 살펴보자. 신경망의 동작의 기본 원리를 설명하려고 하는 부분이다. 즉, 위에서 설명한 가중치 합weighted sum 이후의 활성화 함수를 수행하는 동작이 분류classification에서 어떤 의미를 가지는 것인지를 살펴보려고 한다.

다음 식을 다시 한번 살펴보자.

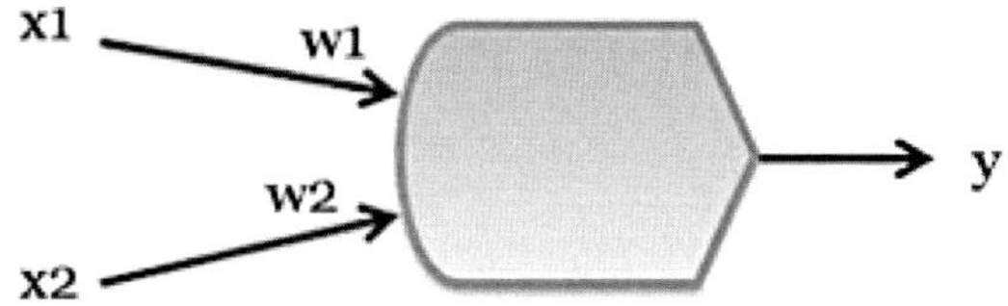

$$y = f(x) = \begin{cases} 1 & if\ w \cdot x - T > 0 \\ 0 & otherwise \end{cases}$$

위의 식에서 식 $w \cdot x - T > 0$은 입력 벡터가 2차원이라고 할 때, 2차원 공간상의 직선의 방정식(실제로는 부등식)이다. 식의 모양이 조금 어색하겠지만 이를 풀어 쓰면 다음과 같이 쓸 수 있다.

$$x_1 w_1 + x_2 w_2 - T > 0$$

이 식은 심볼을 조금만 바꾸면($x_1=x$, $x_2=y$, $w_1=a$, $w_2=b$, $-T=c$라고 바꾸면) 다음과 같이 중·고등학교 시절에 배웠던 익숙한 평면에서의 직선의 방정식이 된다.

$$ax + by + c > 0$$

이 식을 다음과 같이 정리해보자.

$$y > -\frac{a}{b}x - \frac{c}{b}$$

위의 식 $ax + by + c > 0$에서 우리가 수학에서 배웠던 기울기는 $-\frac{a}{b}$ 가 되고, Y 절

편은 $-\frac{c}{b}$가 된다. 그러면 우리가 신경망에서 사용하던 심볼로 바꾸어서 표기하면 기울기와 Y절편이 각각 $-\frac{w_1}{w_2}$ 와 $\frac{T}{w_2}$가 되는 셈이다. 즉, 퍼셉트론에서 사용하던 심볼로 표현하면 2차원 공간 상에서 다음과 같은 식을 구할 수 있다.▼

▼신경망의 학습 결과인 웨이트 값과 임계치가 직선의 방정식의 파라미터가 된다!

$$x_1 W_1 + x_2 W_2 > T$$

$$x_2 > -\frac{w_1}{w_2} x_1 + \frac{T}{w_2}$$

즉, 위와 같은 직선의 방정식이 클래스 사이를 구분하는 결정면decision boundary이 되는 셈이다. 아래에서 결정 함수decision function의 윗부분은 위의 부등식이 참true가 되는 것이다.

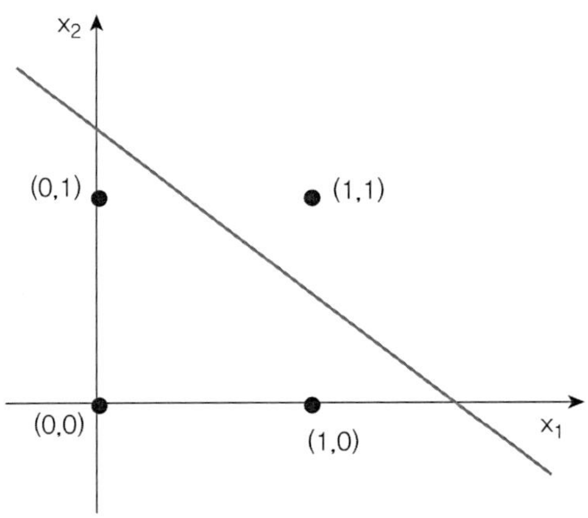

즉, 뉴런의 활성화 함수가 계단 함수라고 할 때, 퍼셉트론은 입력된 값들을 선형 분리linearly separable하는 함수라고 생각할 수 있다. 여기서 선형 분리 함수라는 것은 위의 그림과 같이 분리면이 선형 함수로 표시된다는 의미이다. 이런 면에서 이 함수가 그리는 선을 결정면decision boundary이라고 한다.▼

▼이런 관점에서는 퍼셉트론은 단순한 선형 분리 함수인 셈이다. 그렇다면 단순히 선형 함수를 이용한 분리 방법인 셈인데, 퍼셉트론이 신경망으로써 가지는 장점은 무엇일까? 바로 이 선형 함수를 학습할 수 있는 알고리즘이 있다는 것이다.

이제 XOR 문제를 한번 생각해보자. XOR 문제는 다음과 같이 2개의 입력 중에 '하나만 1'인 경우에만 1을 출력하는 논리 게이트이다.

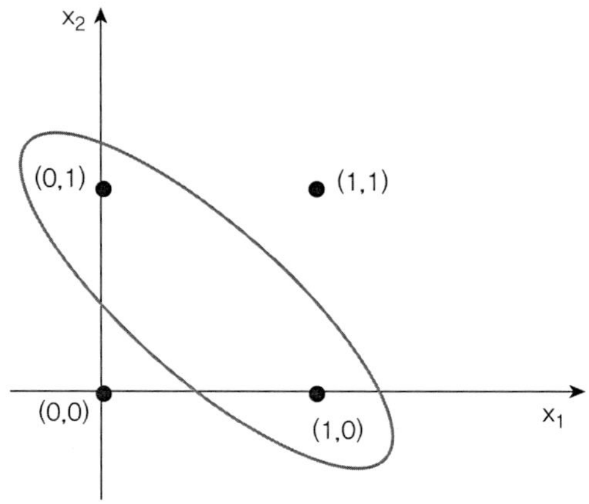

다음과 같은 예에서 웨이트 벡터를 [1, 1]이라고 하면, 정확한 결과를 얻지 못한다는 것을 알 수 있다. 실제로 퍼셉트론 하나 만으로는 XOR 함수와 동일하게 기능하지 못한다. 일반적으로 다음 그림과 같이 XOR을 수행하는 선형 분류기는 존재하지 않기 때문이다. 이 문제는 다음 절 "다층 퍼셉트론"에서 자세히 살펴보자.

Input 1	Input 2	Output
1	1	0
1	0	1
0	1	1
0	0	0

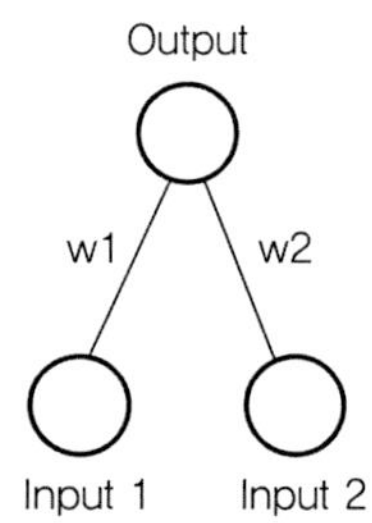

$$[1, 1]\,[0, 0]^T = 0 < 1.5$$

$$[1, 1]\,[0, 1]^T = 1 < 1.5$$

$$[1, 1]\,[1, 0]^T = 1 < 1.5$$

$$[1, 1]\,[1, 1]^T = 2 > 1.5$$

실제로 이러한 선형 분리 함수는 입력값이 2개(입력값의 차원dimension이 2차원)인 경우는 다음 왼쪽 그림처럼 직선이 되고, 입력값이 3개인 경우는 오른쪽 그림과 같이 평면이 된다. 이를 일반화해서 생각하면 n차원의 입력값을 분리하는 함수는 *n*-1 차원이라고 짐작할 수 있을 것이다.

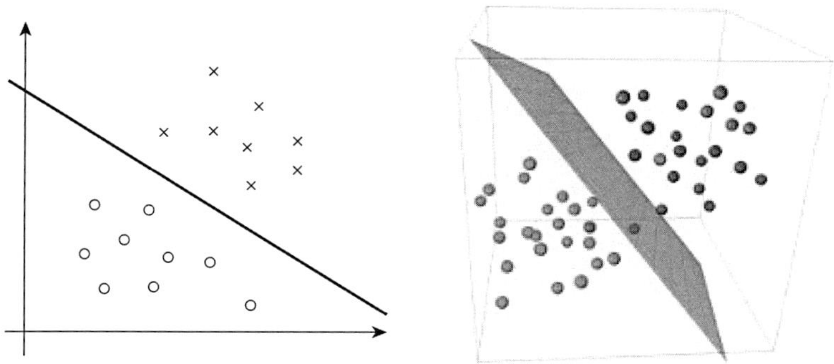

이제 활성화 함수에서 사용하는 임계치threshold에 대해서 알아보자. 다음 계단 함수를 이용한 활성화 함수의 경우에 계단 함수를 *T*만큼 움직이는 효과가 임계치의 역할이다

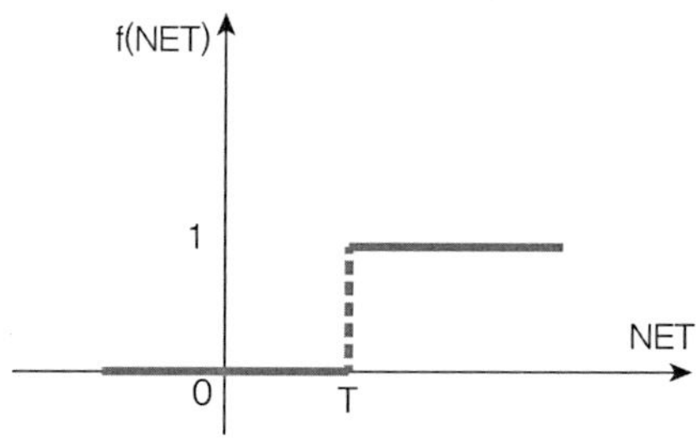

이런 상황에서는 우리는 웨이트 벡터와 임계치를 구분해서 생각해야 하는 불편함이 있다. 이를 해소하기 위해서 별도로 언제나 입력값을 1을 가지는 더미dummy 노드를

추가해서 이 노드의 웨이트 값을 임계치로 생각할 수 있다. 이렇게 되면 활성화 함수를 좌우로 움직여서 분류기 함수가 원점을 지나지 않아도 되도록 하는 효과가 있다. 이를 바이어서 항bias term이라고 하고, 이렇게 되면 기존의 웨이트 벡터에 더해서 바이어스 항에 대한 웨이트도 학습을 통해서 구할 수 있다는 장점이 있다. 이를 고려해서 다음과 같이 바꿀 수 있다.

$$f(x) = \begin{cases} 1 & \text{if } w \cdot x > 0, \quad x_0 = 1, w_0 = \text{bias항을 위한 웨이트} \\ 0 & \text{otherwise} \end{cases}$$

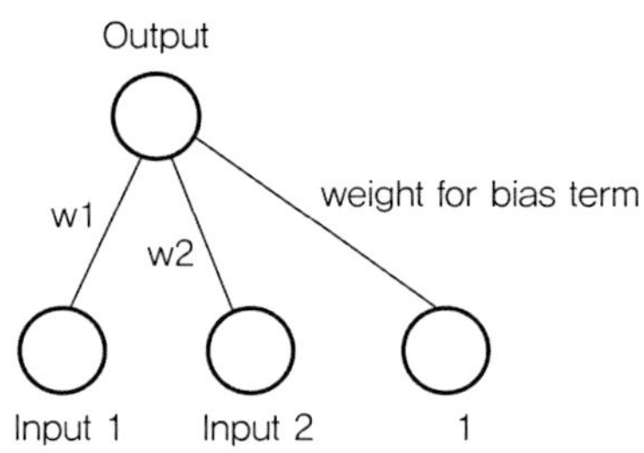

이제 선형 분리 함수의 결정면decision boundary에 대해서 알아보자. 다음 그림을 한번 보자. 결정면decision surface, decision boundary를 w라고 하고, x_1 벡터와 x_2 벡터가 모두 결정면 위에 있는 벡터라면 다음 그림과 같이 그릴 수 있다.

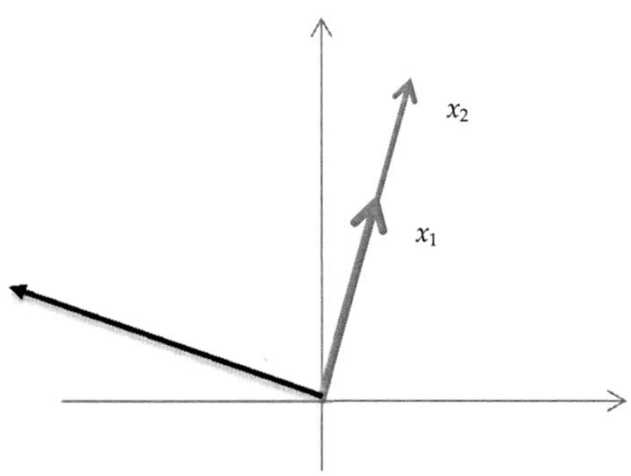

그러면 이 두 벡터는 결정면 위에 존재하는 벡터이기 때문에 다음 식을 만족하게 된다.

$$wx_1 = wx_2 = 0$$

$$w(x_1 - x_2) = 0$$

위 식과 같이 두 벡터의 내적이 0이라는 말은 두 벡터가 서로 직교orthogonal(수직)한다는 말이다. 이 말은 우리가 구한 웨이트 벡터는 결정면과 직교하는 벡터라는 말이다. 즉, 시각적으로 결정면을 그리기 위해서는 웨이트 벡터에 직교하는 벡터를 그려야 한다는 의미이다.▼

▼조금 후에 학습을 통해서 퍼셉트론의 웨이트 벡터를 구할 것이다. 이때 실제의 결정면(decision boundary)은 이 웨이트 벡터와 직교하는 벡터가 된다.

이제 다음과 같은 경우를 보자. ●와 ■ 클래스를 구분하는 경우라고 생각하자. 점선으로 표시된 영역이 가능한 결정면의 후보 영역이다. 그러면 가능한 웨이트 벡터는 왼쪽 상단의 검은 2 직선 사이가 된다.▼

▼옆의 그림에서 어떠한 decision bounday가 좋은 것일까? 어떤 결정면이 좋은 결정면일까? 이에 대한 고민의 결과가 바로 SVM(support vector machine)이라는 학습 기법이다.

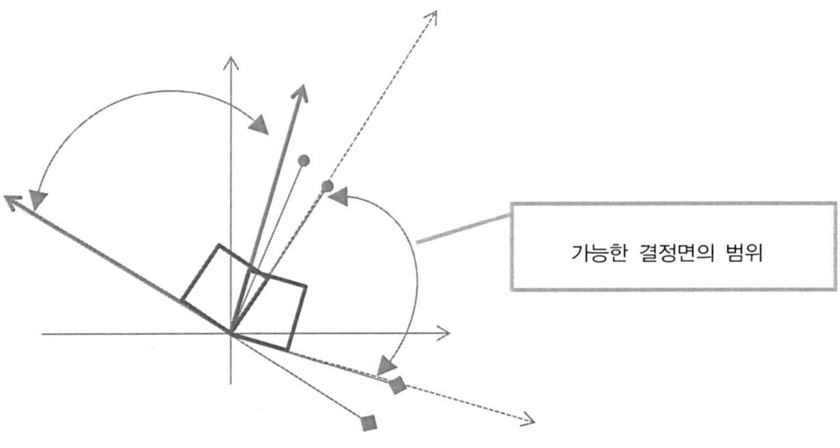

퍼셉트론 학습 방법

"퍼셉트론의 웨이트를 어떻게 설정할 수 있을까?" "어떻게 웨이트 벡터를 설정할 수 있을까?" 가능한 값을 일일이 하나 하나 손으로 미세하게 조정하면서 하는 방법이 있겠지만 이는 너무 힘든 방법이다. 인공 신경망을 이용하는 가장 큰 이유는 학습 기능 때문이었다는 점을 상기하자. 퍼셉트론 신경망을 학습시킨다는 것이 무슨 말일까? 신경망의 각 노드 사이의 웨이트 값을 학습한다는 것을 의미한다. 그럼, 신경망의 웨이트를 학습시키는 방법을 생각해보자.▼

▼일반적이지는 않지만 보다 넓은 의미에서의 신경망 학습은 신경망의 연결 구조/모양을 학습할 수 도 있다. 즉 향후에 소개될 MLP(다층 퍼셉트론) 같은 경우에는 몇 층을 사용할지, 각 층에는 몇 개의 노드를 배치할 것인지 등도 학습을 통해 결정할 수도 있다는 의미이다.

퍼셉트론 학습법Perceptron Learning은 1957년 Rosenblatt가 제안한 방법으로써, 초기 웨이트는 임의의 값을 가지고, 학습 신호로써 주어진 목표치와 퍼셉트론의 실제 출력의 차이 즉, 오차를 반복적인 웨이트 수정에 반영함으로써 이루어진다. 즉, 퍼셉트론의 웨이트 학습은 각 입력에 대한 신경망의 출력값의 오류를 최소화하는 것을 목표로 한다.

퍼셉트론의 학습 과정을 설명하기 위해서 몇 가지 심볼을 정리하자. 설명의 편이를 위해서 양극성 계단 함수를 사용하자.▼

▼이후에는 다른 활성화 함수에 대한 학습 방법에 대한 논의도 할 것이다.

- 신경망의 출력값: $y = w \cdot x$
- 목표 출력값: d
- 오차: $r = d - y$
- 학습률(learning rate): α
- 학습 반복 횟수: t
- 샘플의 개수: s

▼오차의 반영 비율을 의미하며, 보통 1보다 아주 작은 양의 실수를 사용한다. 즉, 오차의 몇 %를 웨이트 변화에 반영할지를 결정하는 값이다.

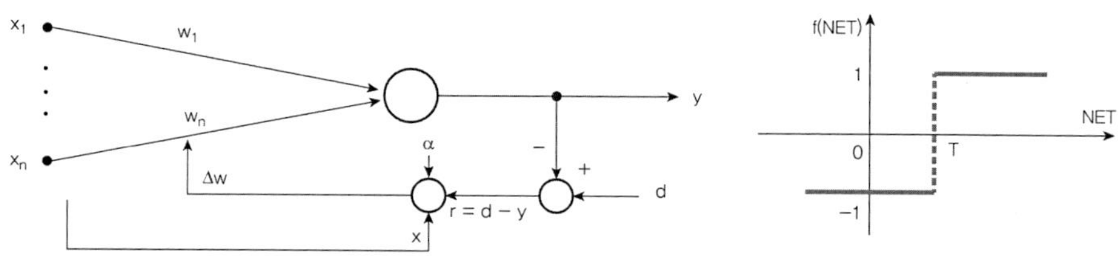

〈 퍼셉트론 학습법 〉

그러면 각각의 샘플에 대한 웨이트의 수정은 다음과 같이 이루어진다. 이 작업은 각각의 웨이트 값을 각각 독립적으로 수정한다. 아래와 같은 학습 기법을 델타 규칙delta rule이라고 한다.

$$w(t+1) = w(t) + \alpha \cdot (d - y(t)) \cdot x$$

위의 식은 어떤 정리로부터 증명되어서 나온 식이 아니라서 직관적으로 이해가 가능하다. 기본적으로는 *d-y(t)*, 즉 오차를 줄이는 방향으로 웨이트를 수정하는 것이다. 학습률 값의 의미는 이미 설명하였다. 그런데 왜 오차 *d-y(t)*에 입력값 *x*를 곱해줄까?

- 입력값 *x*가 양수라면 오차 만큼 *x*의 영향력을 증대시켜야 하고
- 음수라면 그 만큼 영향력을 감소해야 하기 때문이다.

학습의 종료 조건은 어떻게 하면 될까?

- 모든 샘플에 대한 오류의 합을 더해서 이 값이 미리 정한 값보다 작거나,

$$\frac{1}{s}\sum_{j=1}^{s}\left(d_j - y_j(t)\right) < \varepsilon$$

- 미리 정해진 학습 반복 횟수에 도달하거나,

$$t < maximum\ iterations$$

- 웨이트들의 변화량이 일정값보다 작으면 종료하게 할 수 도 있다.

$$\frac{1}{s}\sum_{j=1}^{s}(w(t+1) - w(t)) < \varepsilon$$

이제까지 설명한 퍼셉트론의 학습 알고리즘을 아래에 의사 코드pseudo-code로 적어보자.

Step 1 : 웨이트 벡터를 랜덤하게 초기화 한다. 보통 –1에서 1사이의 값으로 설정한다.

Step 2 : 학습률 α를 설정한다.▼

Step 3 : 각각의 학습 데이터에 대해 다음 단계를 반복한다.

- 노드의 연산 결과(*y*)를 구한다: 각 노드마다 가중치 합을 구하고 활성화 함수를 계산한다.
- *y*가 목표 출력값(*d*)과 다르면 웨이트를 다음 식을 이용해서 수정한다.

$$w(t+1) = w(t) + \alpha(d - y(t))x$$

- 종료 조건이 만족되면 학습을 종료한다.

〈 퍼셉트론 학습 알고리즘 〉▼

▼보통 0.01과 같은 아주 작은 값을 사용한다. 이 값이 크면 웨이트값의 수렴이 빨라지는 반면 값이 수렴하지 않고 진동하는 경우도 발생한다.

▼퍼셉트론은 기본적으로 2진 분할기(binary classifier)이다. 퍼셉트론을 이용해서 binary classification이 아닌 k multi-class classificaiton을 하는 방법은 여러 방법이 있을 수 있지만, 가장 간단한 방법은 k개의 One-vs-All perceptron을 k개 만들면 된다. 자세한 것은 각자 조사해보자.

위에서 사용한 활성화 함수는 기본적으로 0 또는 1의 값만 출력하기 때문에, 출력값이 입력값에 대해서 너무 급격한 차이를 보인다는 단점이 있다. 이러한 이유로 활성화 함수를 다음과 같은 시그모이드sigmoid 함수로 대체해서 사용하기도 한다. 사실은 시그모이드 사용이 더 일반적이다. 다음 시그모이드 함수는 [0..1] 사이의 실수 값을 출력한다. 기울기 파라미터인 a의 값이 커질수록 계단 함수step function 모양에 가까워진다.

$$f = \frac{1}{1 + e^{-ax}}$$

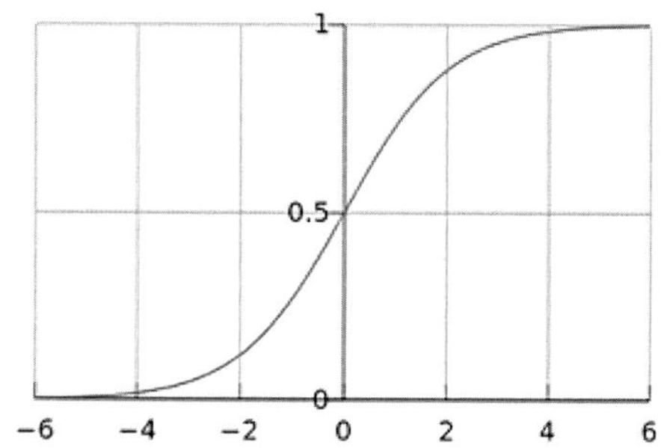

〈 시그모이드함수 〉

시그모이드 함수를 활성화 함수로 사용하면 출력 함수가 곡선 모양이어서 웨이트의 수정 정도를 출력값에 따라 적절하게 바꿔야 한다. 이를 위해서 기존의 웨이트의 수정량(즉, 웨이트의 변화량)에 출력의 기울기를 곱해준다. 시그모이드 함수의 기울기는 미분을 해야한다. 시그모이드 함수의 도함수(미분 함수)는 다행히 다음과 같이 간단하기 때문에 신경망의 활성화 함수 $f(x)$로부터 쉽게 기울기를 구할 수 있다.

$$f = \frac{1}{1 + e^{-ax}}$$

$$f'(x) = a \times f(x) \times (1 - f(x))$$

이를 적용하여 식을 다음과 같이 수정할 수 있다. 다음과 같이 기존의 웨이트 수정량에 출력의 기울기가 곱해졌다.

$$w(t + 1) = w(t) + \alpha \cdot (d - y(t)) \cdot x \cdot a \cdot f(t) \cdot (1 - f(t))$$

퍼셉트론 학습법 예제

앞의 설명을 통해서 퍼셉트론의 학습 원리를 이해했으리라 생각한다. 다음 문제를 이용하여 퍼셉트론의 실제 학습 과정을 따라가 보자. 앞에서 보인 AND 게이트 경우이다.

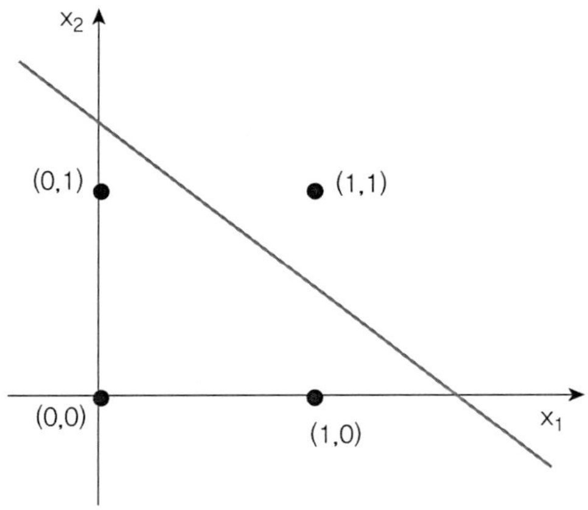

앞에서 설명한대로 임계치를 위한 더미 노드를 사용한다고 하자(즉, 입력 노드가 3개가 된다). 활성화 함수로 양극성 계단 함수 (임계치 $T = 0$) 를 사용하고 학습률 α=0.1, 웨이트는 임의의 값(본 예제에서는 [0.1, -0.1, 0.2])으로 초기화되어 있다고 가정하자. AND 게이트와 동일한 동작을 위해서는 아래와 같은 입출력 기능을 수행해야 한다.[▼]

▼ 다음 과정은 수작업으로 지난한 과정을 반복한다. 학습 알고리즘을 이해하지 못했으면 직접 따라가면서 익히도록 하자.

$$x_1 = [0\ 0\ 1],\ d = +1$$

$$x_2 = [0\ 1\ 1],\ d = +1$$

$$x_3 = [1\ 0\ 1],\ d = +1$$

$$x_4 = [1\ 1\ 1],\ d = -1$$

이제 학습 알고리즘을 한 단계씩 수행해보자.

1. 입력 x_1 = [0 0 1]에 대한 뉴런의 출력값은 다음과 같다. 임계치 T=0이므로,

정답이다. 따라서 웨이트 수정이 없다.

$$\text{NET}=[0\ 0\ 1]\begin{bmatrix}0.1\\-0.1\\0.2\end{bmatrix}=0.2,\quad y=+1,\qquad r=d-y=1-1=0$$

2. 입력 x_2 = [0 1 1]에 대한 뉴런의 출력값은 다음과 같다. 웨이트 수정이 없다.

$$\text{NET}=[0\ 1\ 1]\begin{bmatrix}0.1\\-0.1\\0.2\end{bmatrix}=0.1,\quad y=+1,\qquad r=d-y=1-1=0$$

3. 입력 x_3 = [1 0 1]에 대한 뉴런의 출력값은 다음과 같다. 웨이트 수정이 없다.

$$\text{NET}=[1\ 0\ 1]\begin{bmatrix}0.1\\-0.1\\0.2\end{bmatrix}=0.3,\quad y=+1,\qquad r=d-y=1-1=0$$

4. 입력 x_4 = [1 1 1]에 대한 뉴런의 출력값과 웨이트 변화는 다음과 같다.

$$\text{NET}=[1\ 1\ 1]\begin{bmatrix}0.1\\-0.1\\0.2\end{bmatrix}=0.2,\quad y=+1,\qquad r=d-y=1-1=-2$$

$$w(t+1)=w(t)+0.1\cdot -2\cdot[1\ 1\ 1],\ w(t+1)=[0.1\ -0.1\ \ 0.2]+[-0.2\ -0.2\ -0.2]=[-0.1\ -0.3\ \ 0]$$

5. 이제 한번의 반복 과정이 마쳤다. 다시 처음부터 시작한다. 지금까지의 과정을 보통 한번 반복iteration이라고 한다. 이러한 반복 과정을 오답이 없을 때까지 수행하면 된다.

   입력 x_1 = [0 0 1]에 대한 뉴런의 출력값과 웨이트 수정은 다음과 같다.

$$\text{NET}=[0\ 0\ 1]\begin{bmatrix}-0.1\\-0.3\\0\end{bmatrix}=0,\quad y=-1,\qquad r=d-y=1-(-1)=2$$

$$\text{w(t + 1)} = \text{w(t)} + 0.1\cdot 2\cdot[0\ 0\ 1],\quad \text{w(t + 1)}=[-0.1\ -0.3\ \ 0]+[0\ \ 0\ \ 0.2]=[-0.1\ -0.3\ 0.2]$$

6. 입력 x_2 = [0 1 1]에 대한 뉴런의 출력값과 웨이트 수정은 다음과 같다.

$$\text{NET}=[1\ 1\ 1]\begin{bmatrix}-0.1\\-0.3\\0.2\end{bmatrix}=-0.1,\quad y=-1,\qquad r=d-y=1-(-1)=2$$

$w(t+1)=w(t)+0.1\cdot 2\cdot[0\ \ 1\ 1],\quad w(t+1)=[-0.1\ -0.3\ \ 0.2]+[0\ \ 0.2\ \ 0.2]=[-0.1\ -0.1\ \ 0.4]$

7. 입력 $x_3=[1\ 0\ 1]$에 대한 뉴런의 출력값은 다음과 같다. 웨이트 수정이 없다.

$$\text{NET}=[1\ 0\ 1]\begin{bmatrix}-0.1\\-0.1\\0.4\end{bmatrix}=0.3,\quad y=+1,\qquad r=d-y=1-1=0$$

8. 입력 $x_4=[1\ 1\ 1]$에 대한 뉴런의 출력값과 웨이트 수정은 다음과 같다

$$\text{NET}=[1\ 1\ 1]\begin{bmatrix}0.1\\-0.1\\0.4\end{bmatrix}=0.2,\quad y=+1,\qquad r=d-y=1-1=2$$

$w(t+1)=w(t)+0.1\cdot -2\cdot[1\ \ 1\ \ 1],\ w(t+1)=[-0.1\ -0.1\ \ 0.4]+[-0.2\ -0.2\ -0.2]=[-0.3\ -0.3\ \ 0.2]$

9. 이제 다시 한번의 반복 과정이 마쳤다. 다시 처음부터 시작한다.

   입력 $x_1=[0\ 0\ 1]$에 대한 뉴런의 출력값은 다음과 같다. 웨이트 수정이 없다.

$$\text{NET}=[0\ 0\ 1]\begin{bmatrix}-0.3\\-0.3\\0.2\end{bmatrix}=0.2,\quad y=+1,\qquad r=d-y=1-1=0$$

10. 입력 $x_2=[0\ 1\ 1]$에 대한 뉴런의 출력값과 웨이트 수정은 다음과 같다.

$$\text{NET}=[0\ 1\ 1]\begin{bmatrix}-0.3\\-0.3\\0.2\end{bmatrix}=-0.1,\quad y=-1,\qquad r=d-y=1-(-1)=2$$

$w(t+1)=w(t)+0.1\cdot 2\cdot[0\ \ 1\ 1],\ w(t+1)=[-0.3\ -0.3\ \ 0.2]+[0\ \ 0.2\ \ 0.2]=[-0.3\ -0.1\ \ 0.4]$

11. 입력 $x_3=[1\ 0\ 1]$에 대한 뉴런의 출력값은 다음과 같다. 웨이트 수정이 없다.

$$\text{NET}=[1\ 0\ 1]\begin{bmatrix}-0.3\\-0.1\\0.4\end{bmatrix}=0.1,\quad y=+1,\qquad r=d-y=1-1=0$$

12. 입력 x_4 = [1 1 1]에 대한 뉴런의 출력값은 다음과 같다. 웨이트 수정이 없다.

$$\text{NET}= [1\ 1\ 1]\begin{bmatrix} -0.3 \\ -0.1 \\ 0.4 \end{bmatrix} = 0, \quad y = -1, \qquad r = d - y = -1 - (-1) = 0$$

13. 이제 다시 한번의 반복 과정이 마쳤다. 다시 처음부터 시작한다.

입력 x_1 = [0 0 1]에 대한 뉴런의 출력값은 다음과 같다. 웨이트 수정은 없다.

$$\text{NET}= [0\ 0\ 1]\begin{bmatrix} -0.3 \\ -0.1 \\ 0.4 \end{bmatrix} = 0.4, \quad y = +1, \qquad r = d - y = 1 - 1 = 0$$

14. 입력 x_2 = [0 1 1]에 대한 뉴런의 출력값은 다음과 같다. 웨이트 수정은 없다.

$$\text{NET}= [0\ 1\ 1]\begin{bmatrix} -0.3 \\ -0.1 \\ 0.4 \end{bmatrix} = 0.3, \quad y = +1, \qquad r = d - y = 1 - 1 = 0$$

15. 입력 x_3 = [1 0 1]에 대한 뉴런의 출력값은 다음과 같다. 웨이트 수정이 없다.

$$\text{NET}= [1\ 0\ 1]\begin{bmatrix} -0.3 \\ -0.1 \\ 0.4 \end{bmatrix} = 0.1, \quad y = +1, \qquad r = d - y = 1 - 1 = 0$$

16. 입력 x_4 = [1 1 1]에 대한 뉴런의 출력값은 다음과 같다. 웨이트 수정이 없다.

$$\text{NET}= [1\ 1\ 1]\begin{bmatrix} -0.3 \\ -0.1 \\ 0.4 \end{bmatrix} = 0, \quad y = -1, \qquad r = d - y = 1 - (-1) = 0$$

17. 마지막 단계에서 모두 정답을 출력했기 때문에 학습을 마친다.

다층 퍼셉트론(Multi-Layer Perceptron: MLP)

다층 퍼셉트론의 개념

초기에 사용되었던 퍼셉트론이 "인간의 뇌를 모델링"했다는 점에서 많은 관심을 받았었다. 그러나, 기대와는 달리 XOR 문제 등 간단한 문제도 해결하지 못하는 문제점이 1969년에 Minsky와 Papert의 저서 "퍼셉트론즈"를 통해 제기됨으로써 신경망의 연구는 암흑기를 맞게 된다. 퍼셉트론은 기본적으로 문제 공간의 선형 분리만 가능하기 때문에, XOR 문제와 같은 비선형non-linear 분리를 위해서는 지금부터 소개될 다층 퍼셉트론Multi-Layer Perceptron을 사용할 수 있다.

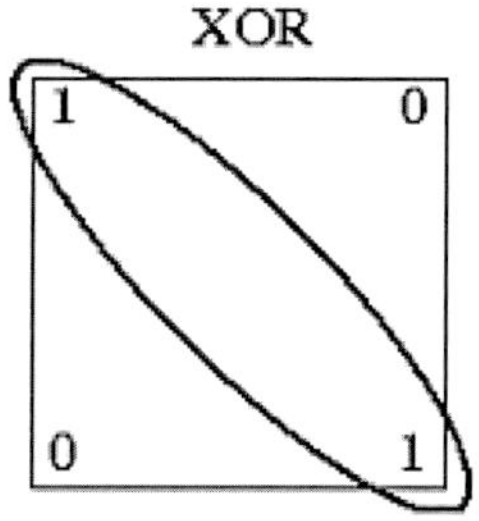

현재 쓰이고 있는 가장 일반적인 형태의 신경망인 MLP 신경망Multi-layer Perceptron Neural Network(다층 퍼셉트론 신경망)은 퍼셉트론을 여러 층으로 쌓은 형태로써, 초창기 신경망인 퍼셉트론이 XOR 문제를 해결하지 못하는 상태를 극복할 수 있다.

아래에서는 MLP에 대해서 공부하기 전에, MLP가 어떻게 XOR 문제를 풀지 못하는 퍼셉트론의 단점을 해결할 수 있는지 알아보기 위해서 다음과 같은 상황을 살펴보자. 다음 예에서는 단극형 계단 함수, 임계치 T는 0.5를 사용한다. 신경망의 각 웨이트는 그림과 같이 설정되어 있다고 하자.

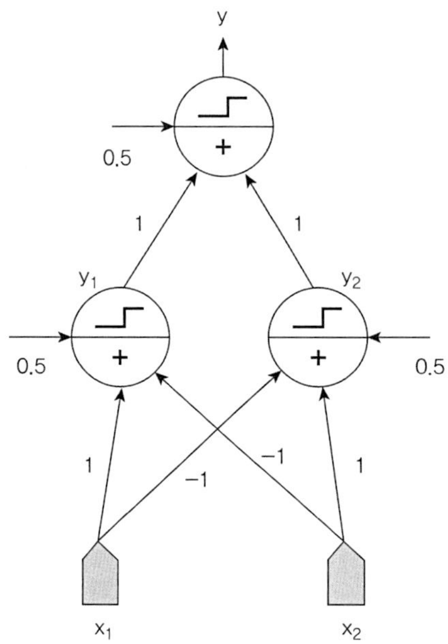

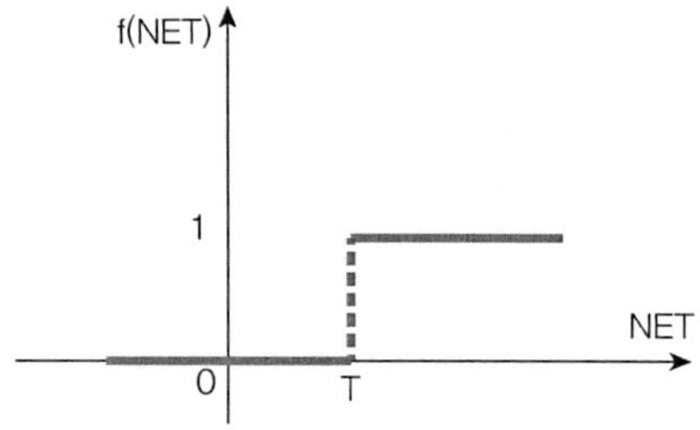

이 신경망을 이용해서 XOR 문제를 풀기 위해서 다음 4가지 입력에 대한 출력 결과를 하나씩 계산해보자. 표와 같이 최종적인 출력값 y가 목표값과 일치함을 확인할 수 있다.

입력		출력			y 목표값
x_1	x_1	y_1	y_2	y	
0	0	0	0	0	0
0	1	0	1	1	1
1	0	1	0	1	1
1	1	0	0	0	0

위와 같은 예를 통해서 퍼셉트론을 다층으로 연결함으로써 퍼셉트론의 문제점을 해결할 수 있음을 예측할 수 있다. 즉, 다음 그림과 같이 하나의 선형 함수로 구분할 수 없는 경우에 여러 개의 퍼셉트론을 결합함으로써 여러 개의 선형 분류 함수를 사용하는 효과를 얻을 수 있는 것이다.

〈 퍼셉트론 〉

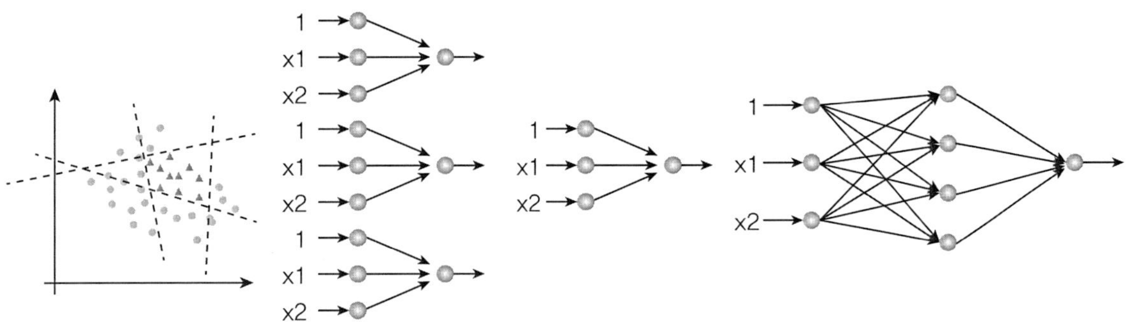

〈 다층 퍼셉트론 〉

다층 퍼셉트론은 입력층, 은닉층(중간층), 출력층으로 나누어진다. 입력층에 들어간 입력값은 각 연결 강도weight와 곱해지고 은닉층의 각 노드node에서 더해진다. 은닉층의 각 노드의 출력값들은 출력층의 각 노드에서 동일하게 연산된다. 학습 시에는 출력층에서의 결과값과 목표값을 비교하여 오차가 작은 방향으로 노드간의 연결 강도를 조절하며 학습이 이루어 진다. 즉, 하나의 뉴런(노드)에서의 기본적인 연산은 퍼셉트론과 동일한데, 이들을 여러 층으로 쌓아서 사용하는 것이 다층 퍼셉트론(MLP)이다. MLP에서는 활성화 함수로 보통 시그모이드sigmoid 함수를 주로 사용한다. 퍼셉트론 부분에서 설명한것과 같이 시그모이드 함수는 노드들의 출력값이 [0..1] 사이의 값을 비선형적으로 출력한다.

MLP 학습 방법: 역전파(Back-Propagation: BP) 알고리즘

MLP 신경망의 구조(은닉층의 개수, 각 층의 노드 수 등)가 결정되고, 모든 웨이트 값이 결정되면, 입력층에서 출력층 방향으로 모든 노드의 연산을 차례로 수행하면, 출력층에서 값을 얻을 수 있다. 이러한 과정은 퍼셉트론과 사용법이 동일하다. 입력층부터 차례로 출력층까지 노드들에서 연산이 이루어지는 연산을 전방향forward 연산이라고 한다.

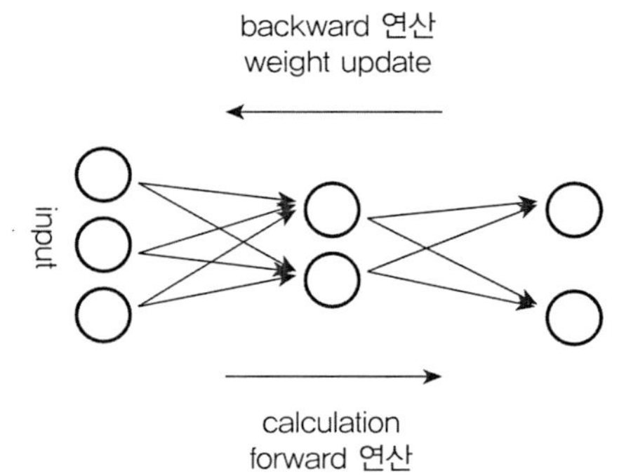

▼back-propagation 알고리즘 이외에도 다층 신경망의 학습법이 많이 있다.

이제 우리는 다층 퍼셉트론의 학습 알고리즘에 대해서 이야기할 때이다. ▼역전파 알고리즘Back-propagation: BP은 다층 퍼셉트론(MLP)에서 사용되는 학습 알고리즘 중의 하나이며 지도 학습supervised learning이다. 즉, 학습을 하기 위해서는 입력 데이터와 원하는 출력값이 있어야 한다. MLP의 학습시에는 전방향 연산과 반대로 출력층부터 입력층으로 역순으로 이루어지는 연산을 수행하는데 이를 역방향backward 연산이라고 한다. 즉, 역방향 연산은 학습 시에 이루어진다.

역전파 알고리즘의 학습 단계를 간단히 정리하면 다음과 같다. 간단하게 말하면 신경망의 출력 노드에서의 오류값이 최소화되도록 반복적으로 웨이트를 수정하는 방식이다.

1. 입력과 웨이트weight들과의 곱의 합을 몇 번 반복하면 최종 결과값인 출력(z)이 나온다.
2. 이때 출력(z)은 학습 데이터에서 주어진 원하는 출력(t)과 다를 수 있다. 오차 $e = t - z$이다.
3. 오차에 비례하여 은닉층과 출력층 사이의 웨이트를 갱신한다.
4. 역전파되는 오차에 비례해서 입력층과 은닉층 사이의 웨이트를 갱신한다.▼
5. 종료 조건에 도달할때까지 1단계에서 4단계를 반복한다.

▼가중치를 갱신하는 방향이 신경망의 처리 방향과는 반대 방향이다. 이런 이유로 역! 전파 알고리즘이라고 한다. 다시 말해, 신경망의 처리는 입력층 → 은닉층 → 출력층의 방향으로 진행되며, 가중치 갱신의 학습 방향은 출력층 → 은닉층 → 입력층 방향으로 진행된다.

BP 알고리즘을 조금 더 자세히 설명하기 위해서 다음 그림을 통해서 몇가지 용어와 심볼을 정의하자. 다음 그림에서 각 층의 노드의 심볼, 웨이트의 심볼 등을 유심히 보자.▼

▼차차 나올 역전파 알고리즘의 설명을 위해서 심볼들을 기억하자.

x: 입력층 입력 벡터
y: 은닉층 출력 벡터
z: 출력층 출력 벡터

i: 입력층 노드 번호
j: 은닉층 노드 번호
k: 출력층 노드 번호

d: 입력 노드 개수
h: 은닉 노드 개수
c: 출력 노드 개수

w_{ji}: 입력층과 은닉층 사이의 웨이트
w_{kj}: 은닉층과 출력층 사이의 웨이트

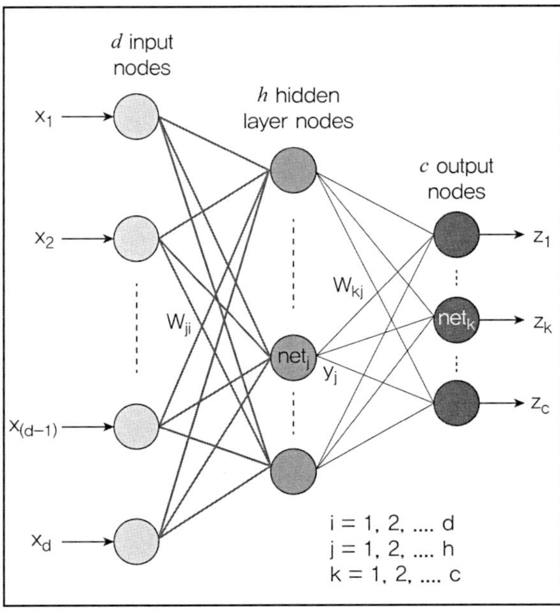

$$y_j = f(net_j) = f\left(\sum_{i=1}^{d} w_{ji}x_i\right)$$

$$z_k = f(net_k) = f\left(\sum_{j=1}^{h} w_{kj}y_j\right)$$

〈 MLP의 동작 방식 〉

앞의 그림과 심볼들을 바탕으로 이제 역전파 알고리즘을 이용한 학습 방법을 조금 더 자세하게 살펴보자.

1. 신경망의 학습 상태를 나타내는 웨이트 w_{ji}, w_{kj}를 각각 아주 작은 값의 임의 수로 초기화한다.▼

▼ 퍼셉트론과 동일하다.

2. 입력 패턴의 값을 입력층 노드에 입력한 값 x^i, 입력층과 은닉층 사이의 웨이트 w_{ji}를 이용하여 은닉층 노드 j의 출력 net_j를 구한다. 다음으로 net_j와 시그모이드 함수 f를 이용하여 은닉층 노드 j의 출력 y_j를 구한다.

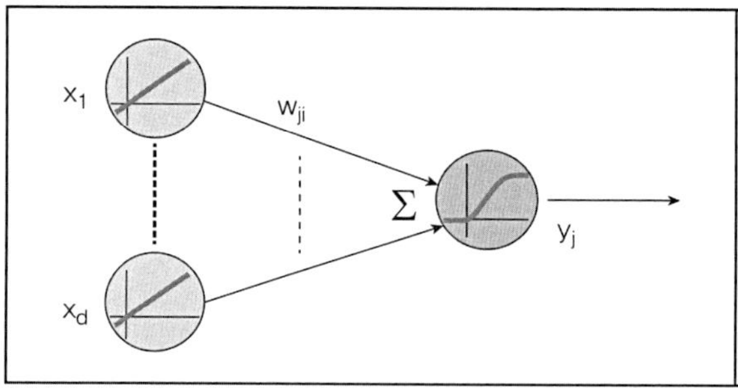

$$y_j = f(net_j) = f\left(\sum_{i=1}^{d} w_{ji}x_i\right)$$

〈 input에서 hidden 노드 〉

3. 은닉층 노드의 출력 y_j, 은닉층과 출력층 사이의 연결 강도 w_{kj}를 이용하여 출력층 노드 k의 출력 net_k를 구한다. 다음으로 net_k와 시그모이드 함수 f를 이용하여 출력층 유니트 k의 출력 z_k를 구한다.▼

▼ 말은 장황하지만 은닉층이나 출력층이나 모든 노드에서의 동작은 동일하다.

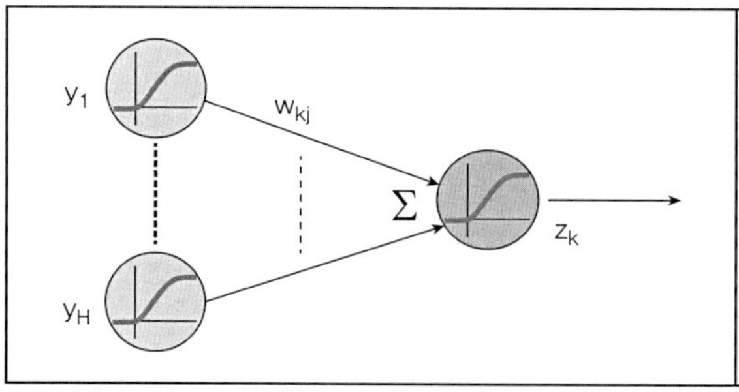

$$z_k = f(net_k) = f\left(\sum_{j=1}^{h} w_{kj}y_j\right)$$

〈 hidden에서 output 노드 〉

4. 입력 패턴의 목표 출력 t_k와 실제 출력 z_k와의 오차로부터 출력층의 노드 k에 연결된 웨이트 오차 δ_k 를 구하고, 이를 이용해 웨이트를 수정한다. BP back-propagation에서의 웨이트 수정은 ▼기울기 하강 최소법gradient descent minimization이다.

▼아래 그림처럼 각 지점에서의 기울기 경사면을 따라 내려오면 2차 함수의 가장 낮은 곳을 찾을 수 있는 원리를 이용한다.

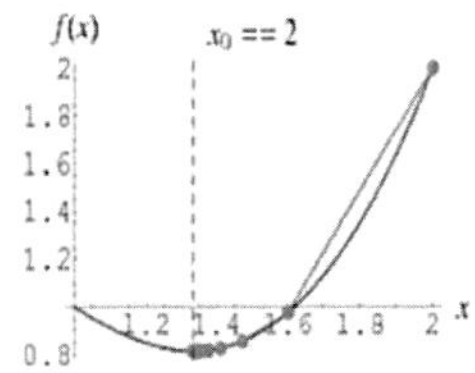

여기서 기울기 하강 최소법(Gradient Descent Minimization)을 알아보자.

x에 대한 2차식, 예를 들어 $f(x) = x^2 + 2$와 같은 경우를 보자. 아래와 같은 그래프다.

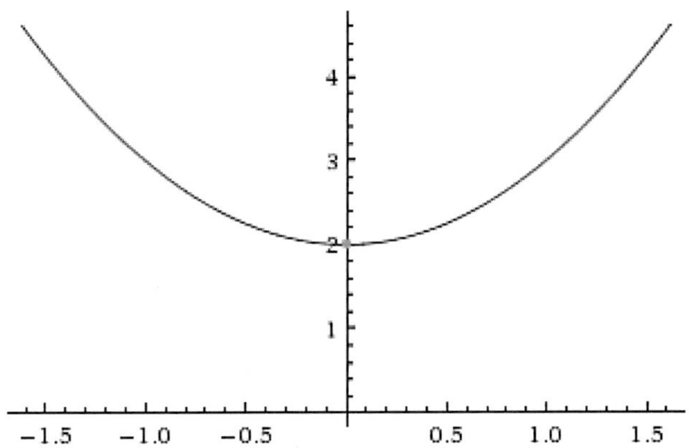

(x from −1.5 to 1.5)

이 함수의 최소값을 구하려면 위의 식을 미분하면 된다. 미분한 식이 0이 되는 값, 그 지점이 최소값(아래로 볼록한 2차 함수인 경우에)이 되기 때문이다. $f'(x) = 2x = 0$인 값이, 즉 $x = 0$일 때 최소값 2를 가진다.

그러나 최적화해야 하는 식의 미분식을 바로 구할 수 없거나, 구할 수 있다고 하더라도 이를 풀기 힘든 경우는 반복적iterative 방법을 사용해야한다. 그러한 방법 중의 하나가 바로 '기울기 하강법gradient descent'이다. MLP의 학습 알고리즘에도 이것을 사용할 수 있기 때문에 여기서 한번 살펴보고 넘어가자.

기울기 하강법은 다음과 같다.

- $y = f(x)$의 최저값을 찾기 위해서, 임의의 출발점(x)에서 시작한다(변경률 또는 학습률 α를 결정한다. 예: 0.2).
- ▼종료 조건을 만족할 때까지 아래를 반복한다.
- 기울기의 방향과 크기 $f'(x)$를 계산한다.
- $x = x - \alpha\ f'(x)$로 x를 업데이트 한다.

▼f'(x)가 0이 될 때까지

$f(x) = x^2 + 2$ 함수를 예로 들어보자. $f'(x) = 2x$이다.

1. x_1가 5에서 시작할 때
2. $x_2 = x_1 - \alpha\ f'(x_1) = 5 - 0.2*2*5 = 3$
3. $x_3 = x_2 - \alpha\ f'(x_2) = 3 - 0.2*2*3 = 1.8$
4. $x_4 = x_3 - \alpha\ f'(x_3) = 1.8 - 0.2*2*1.8 = 1.08$
5. …

위와 같은 계산을 계속하면 각 지점에서의 기울기 경사면을 따라 내려오면서 2차 함수의 가장 낮은 곳을 찾을 수 있다.

다시 BP 알고리즘의 핵심 부분 설명으로 돌아오자. 아래에서 $J(w)$는 신경망의 웨이트(w)에 대한 함수 J라는 의미이다. 즉, J 함수의 값을 최소화할 수 있는 웨이트 값을 구하는 문제이다. MLP에서의 웨이트의 수정은 함수 J의 기울기 하강 최소법gradient descent minimization이라고 볼 수 있다.▼

▼J라는 단어는 일(work)이나 에너지의 단위인 Joule(줄)을 의미하는 것으로 최적화 함수에서 많이 사용하는 심볼이다. 최적화 대상을 보통 에너지 함수라고 부르는 전례에 따른 표현이다. 1줄은 1뉴턴의 힘으로 물체를 1미터 이동할 때 필요한 에너지이다.

▼여기서 사용하는 모든 심볼은 MLP 설명에서 사용한 심볼과 동일한 의미이다.

$$J(w) = \frac{1}{2}\sum_{k=1}^{c}(t_k - z_k)^2 = \frac{1}{2}\|t - z\|^2$$

먼저, 은닉층에서 출력층으로 연결되는 w_{kj} 웨이트들의 변화량을 구해보자. 각 웨이트들의 변화량을 구하기 위해서는 다음 식과 같이 위의 식을 w_{kj}로 미분하여야한다. 즉, 이렇게 구해진 웨이트 변화량 Δw를 현재의 웨이트에 더해주는 방식으로 웨이트의 값을 수정하는 방식이다.

$$w(t+1) = w(t) + \Delta w(t), \quad \Delta w = -\alpha \frac{\partial J(w)}{\partial w}$$

그러나 식 $J(w)$는 등호의 오른쪽 식에 w_{kj}에 의한 항이 없기 때문에, 위의 식을 w_{kj}로 미분하기 위해서는 체인 룰chain rule에 의해서 위의 식을 다음과 같이 수정해야 미분을 통해서 기울기 하강 최소법gradient descent minimization을 수행할 수 있다.▼

▼합성 함수에 대한 미분과 관련된 내용이다.

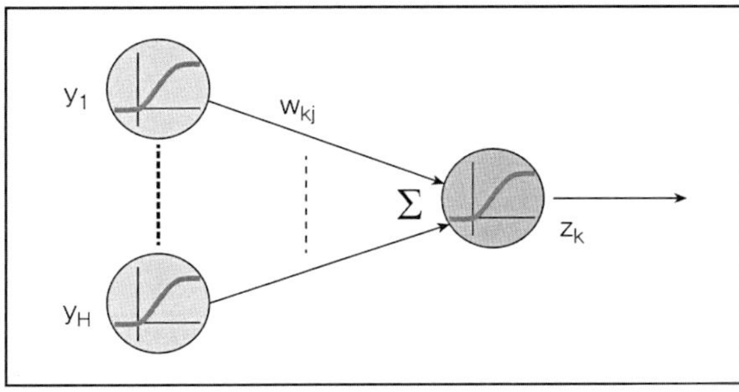

$$z_k = f(net_k) = f\left(\sum_{j=1}^{h} w_{kj} y_j\right)$$

〈 hidden에서 output 노드 〉

$$J(w) = \sum_{k=1}^{c} (t_k - z_k)^2$$

은닉층의 y_j 노드와 출력층의 z_k 노드 사이의 웨이트 w_{kj}는 z_k 노드에서의 오차값에 의해서만 수정될 수 있다.

즉, 현재 관심 있는 오차는 다음과 같다.

$$J(w) = \frac{1}{2}(t_k - z_k)^2 = \frac{1}{2}(t_k - f(net_k))^2 = \frac{1}{2}\left(t_k - f\left(\sum_{j=1}^{h} w_{kj} y_j\right)\right)^2$$

위의 $J(w)$는 ▼합성 함수이다. 따라서 체인 룰chain rule에 의해서 미분할 수 있다.

▼합성 함수(composite function)는 두 함수를 이어서 하나의 함수로 만든 것을 말한다.

$$w_{kj}(t+1) = w_{kj}(t) + \Delta w(t),\ \ \Delta w = -\alpha \frac{\partial J(w)}{\partial w}$$ ▼

$$\frac{\partial J(w)}{\partial w_{kj}} = \frac{\partial J(w)}{\partial z_k}\frac{\partial z_k}{\partial net_k}\frac{\partial net_k}{\partial w_{kj}} = -(t_k - z_k)f'(net_k)y_j$$

$$\Delta w = \alpha(t_k - z_k)f'(net_k)y_j$$

$$f(net_k) = \frac{1}{1+e^{-anet_k}}$$

$$f'(net_k) = af(net_k)(1-f(net_k))$$

▼J(w)의 편미분 식에서 시그마 심볼(Σ)이 빠진다. 은닉 노드와 출력 노드 사이의 웨이트는 하나의 출력 노드의 오차값에 의해서만 영향을 받기 때문이다.
입력층과 히든층 사이의 웨이트는 이야기가 달라진다. 이 부분은 입력층과 히든층 사이의 웨이트 수정 부분에서 다시 한 번 강조할 것이다.

5. 이제 남은 것은 입력층과 은닉층 사이의 웨이트 수정이다.▼

▼이 부분은 식 유도 과정이 조금 복잡하다. 집중해서 보도록 하자.

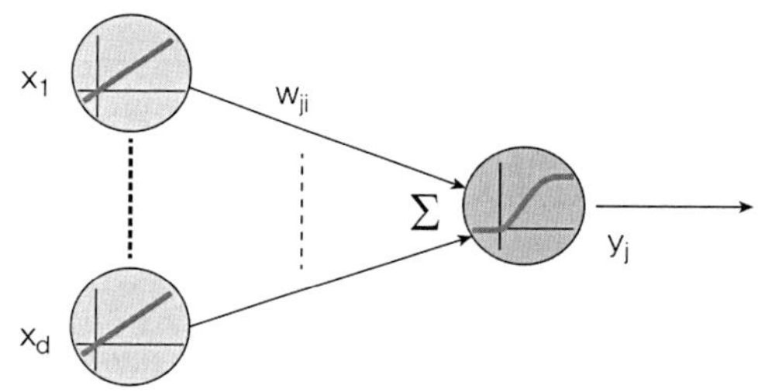

$$y_j = f(net_j) = f\left(\sum_{j=1}^{d} w_{ji}x_i\right)$$

아래에서 식의 유도 과정을 살펴보자. 우리가 구해야 하는 식은 당연히 아래의 식이다.

$$w_{kj}(t+1) = w_{kj}(t) + \Delta w(t),\ \ \Delta w = -\alpha \frac{\partial J(w)}{\partial w}$$

여기서 구해야하는 핵심 부분은 아래이다.

$$\frac{\partial J(w)}{\partial w_{ji}}$$

이 식을 체인룰에 의해서 미분을 시작해보자.

$$\frac{\partial J(w)}{\partial w_{ji}} = \frac{\partial J(w)}{\partial y_j}\frac{\partial y_j}{\partial net_j}\frac{\partial net_j}{\partial w_{ji}}$$

$$\frac{\partial J(w)}{\partial y_j} = \frac{\partial}{\partial y_j}\left[\frac{1}{2}\sum_{k=1}^{c}(t_k - z_k)^2\right] = -\sum_{k=1}^{c}(t_k - z_k)\frac{\partial z_k}{\partial y_j} = -\sum_{k=1}^{c}(t_k - z_k)f'(net_k)w_{kj}$$

따라서 아래와 같이 정리할 수 있다.

$$\frac{\partial J(w)}{\partial w_{ji}} = -\sum_{k=1}^{c}(t_k - z_k)\, f'(net_k) w_{kj} \times f'(net_j) \times x_i$$▼

▼입력층과 은닉층 사이의 웨이트 수정을 위해서는 편미분식에 시그마(Σ) 기호가 여전히 남아 있어야 한다.

6. 모든 학습패턴에 대하여 전부 학습하고, 최종 오차가 일정한 값 이하가 되거나, 정해진 반복 횟수를 넘어설 때까지 [2~5] 단계를 반복한다.

간단한 패턴 인식

신경망의 활용 범위는 무궁 무진하지만 그 중에서도 패턴 인식 분야에서 어떻게 활용되는지 알아보자. 그 중에서도 본 교재에서 주된 대상으로 적용하는 숫자 인식 예를 알아 보자.

다음 그림처럼 3 × 4 픽셀pixel로 구성된 숫자를 인식하는 경우를 생각해보자. 학습 이미지로부터 특징값을 추출하고 이를 입력 노드 값으로 설정하고, 이미 학습이 완료되었다면 입력층으로부터 출력층까지 전방향forward 연산을 수행하면 7이라는 노드가 가장 큰 값으로 표현될 것이다.▼

▼숫자 7을 인식하기 위해서 다음과 같이 if 문을 사용할 수도 있다.
if(x == 111101001001) then return 7;
그러나 노이즈가 있거나 글자가 조금 모양이 변경된 경우들을 모두 흡수할려면 이는 쉬운 문제가 아니다. 그래서 학습(learning)이 필요하다.

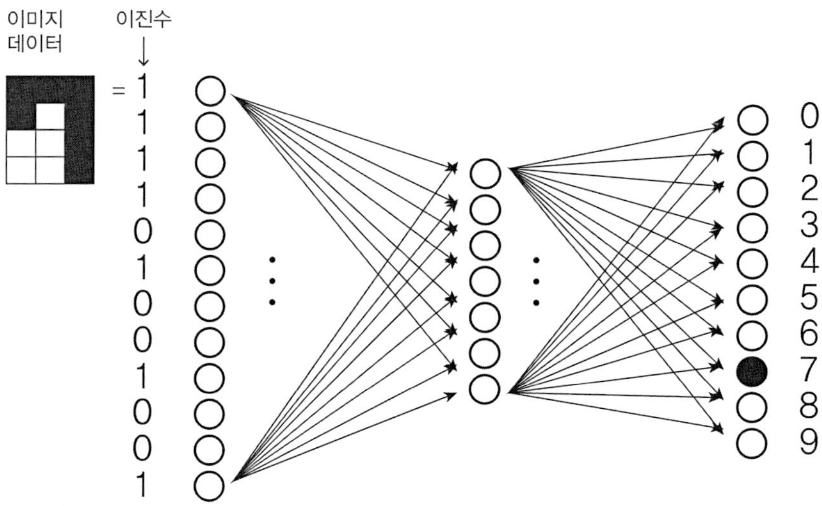

〈 예제를 통한 신경망 이해 〉

패턴 인식에 사용할 수 있는 특징값에 대한 이해를 돕기 위해서, 선, 사각형, 원, 삼각형 등의 간단한 도형들을 구분하기 위해서 어떻게 신경망을 사용할 수 있을지 생각해보자. 이 문제를 통해서 MLP를 어떻게 패턴 인식에 실제로 사용할 수 있을지 알아볼 것이다. 인식을 위한 특징값으로 여러 가지를 사용할 수 있겠지만, 적용하기 가장 간편하게 각 도형을 아래와 같이 히스토그램화 시킨 후 신경망의 입력으로 사용하자.

(a) Line

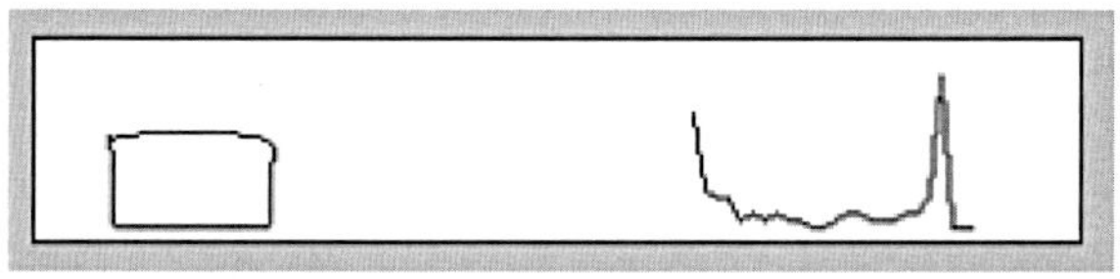

(b) Rectangle

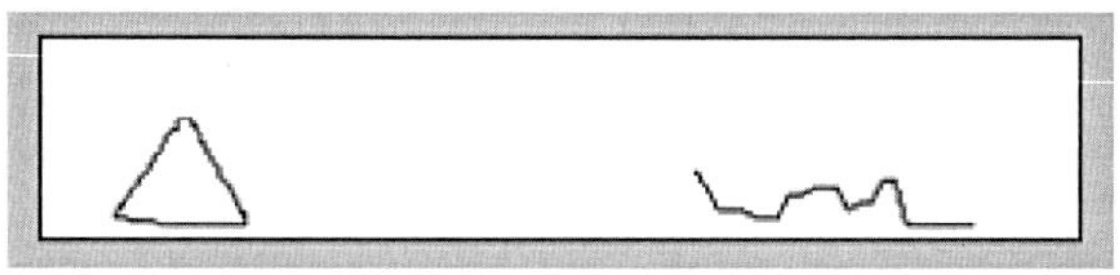

(c) Triangle

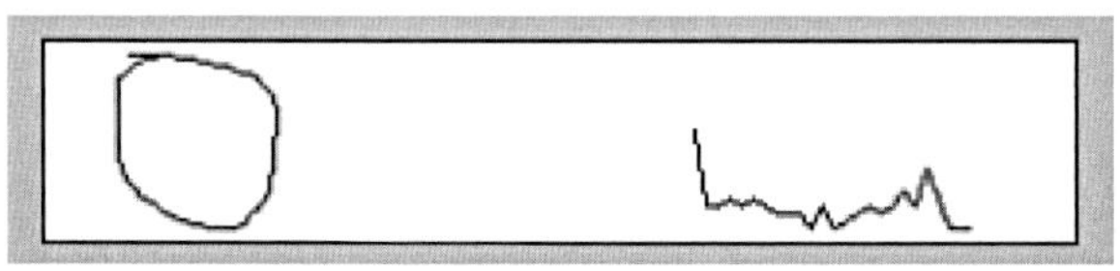

(d) Circle

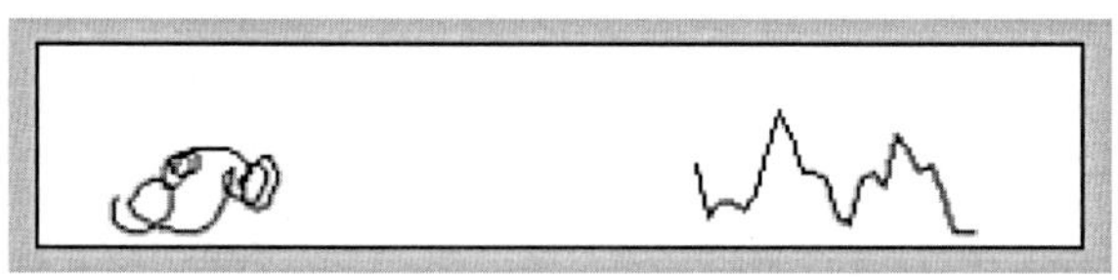

(e) Unknown

〈 도형의 히스토그램 예 〉

이를 위해서 세부적으로는 아래와 같은 여러가지 일을 해야할 것이다.

1. 사용자가 그린 도형을 원점을 기준으로 이동한다.
2. 도형의 크기를 일정하게 만들기 위해 정해진 크기(예, 50×50)로 변환한다.
3. x축을 기준으로 해당 지점에 존재하는 점의 개수를 세서 히스토그램으로 만든다.
4. 도형을 신경망의 입력으로 만들기 위해 히스토그램의 가장 큰 수로 나누어서 0과 1 사이의 값이 되도록 만든다.

신경망에 대한 고찰

학습을 통해서 신경망을 구성할 수 있지만 여전히 고려해야 하는 사항들이 많이 있다.

- 신경망을 몇 층으로 사용할지, 즉, 은닉층을 몇 개나 사용할지
- 얼마나 많은 노드를 사용할지
- 어떤 학습 알고리즘을 사용할지(BP 알고리즘 이외에 여러 학습 알고리즘들이 있다)
- 학습률을 어떻게 정할지(이 값이 너무 작으면 학습 시간이 길어지고 지역 최소값에 빠지기 쉽고, 반대로 너무 크면 수렴하지 않고 진동할 수도 있다)
- 학습 데이터는 얼마만한 양을 사용해야 할지
- 언제 학습을 마쳐야 할지 등

관심있다면 아래의 내용을 각자 살펴보자.

- 구글의 인공 신경망: http://www.bloter.net/archives/116498
- 구글의 검색 엔진: http://jasu.tistory.com/187
- Neural Networks(A comprehensive foundation) , Simon Haykin
- Pattern Classification (2nd Edition) / Richard O. Duda, Peter E. Hart, David G. Stork

- Artificial Intelligence: Structures and Strategies for Complex Problem Solving (5th Edition), George F. Luger

최근의 신경망의 연구에 대한 이야기를 소개하자.

최근 2010년도 즈음에 딥 러닝Deep Learning에 대한 연구 붐이 일고 있다. 딥 러닝에 사용되는 기법이 여러 가지가 있지만 주된 기법은 인공 신경망을 이용한 방법이다. 여기서의 딥Deep이라는 단어가 의미하는 것은 신경망의 층layer이 2 또는 3 정도가 아니라 아주 많다는 의미를 띄고 있다. 이러한 신경망을 학습하려면 웨이트(파라미터)의 개수가 아주 많아져서 학습 시간이 아주 오래 걸리고, 그에 따른 학습 데이터의 분량이 아주 많이 필요한 어려움이 있다. 그러나 지금은 이 두 가지의 문제점이 해결되었기 때문에 딥 러닝 학습 기법의 사용이 가능하게 된 상황이다.

10

CHAPTER

강화 학습(reinforcement learning)

"칭찬은 고래도 춤추게 한다(Whale Done! – The Power of Positive Relationships)"라는 책이 인기를 끌었던 때가 있었다. 그 책을 직접 읽어보지는 않았지만 책의 제목을 바탕으로 유추하면 '칭찬의 힘'을 의미하는 것 같다. 즉, 칭찬을 받으면 어렵거나 불가능해 보이는 일이 실행될 수 있음을 이야기하는 책일 것 같다.

조금 더 구체적인 예로 아이들에게 영어 알파벳을 공부 시키는 방법을 크게 2가지로 나눌 수 있을 것 같다.

- **방법 1**: "이 책의 여기부터 여기까지 공부하자. 그런데 이 모양은 A이고, 이 모양은 B이고..."라고 가르쳐주고 아이가 공부를 마친 후, 실제 얼마나 알고 있는지 테스트를 해서 확인하는 방법. 즉, 모든 알파벳을 일일이 하나씩 가르쳐주는 방법.
- **방법 2**: "알파벳이 적힌 책을 주고, 이 책의 여기서 여기까지 공부하도록 해요"라고 말한후, 아이가 공부를 마친 후 아이가 영어 알파벳을 잘 읽으면 칭찬을 하고 그렇지 않으면 벌을 주는 방법.

위의 2가지 방법을 비교하면 서로 어떤 점이 다를까?

- 방법 1은 각 알파벳의 이름을 부모가 하나 하나 알려주는 방법이다. 이러한 방법은 앞 장에서 인공 신경망 중의 하나인 퍼셉트론과 다층 퍼셉트론의 학

습 방법과 유사하다. 즉 지도 학습supervised learning이라고 볼 수 있다.

- 방법 2는 각 알파벳의 이름을 부모가 직접 알려주지 않는다. 다만 향후에 아이가 영어 글자를 읽는 모습을 보고 잘 읽으면 칭찬을 해줄 뿐이다. 즉, 이러한 경우는 자유로운 아이의 행동에 대한 보상rewards을 주고, 아이는 이 보상에 반응하는 방식으로 학습이 이루어진다. 이러한 방식이 바로 강화 학습reinforcement learning이다.

일상 생활에서 이런 상황을 한번 떠올려보자. 어린 자녀가 한 학기동안 열심히 노력해서 학기말에 성적을 잘 받아와서 부모님이 칭찬을 했다고 하면, 아이는 학기 초부터의 본인의 행동 중에서 어떤 행위를 했기 때문에 내가 칭찬을 받았는지 생각해보고, 다음 학기에는 그러한 행동들을 더 많이 하도록 동기 부여를 받을 것이다. 일반적으로 사람은 본인이 수행한 결과에 대한 보상에 따라 본인의 행동을 강화하도록 행동하기 때문이다.

재미있는 사실은 최근의 의학 분야의 연구 결과로 동물들의 뇌 활동에서 이러한 강화 학습의 정황을 실제로 살펴볼 수 있다는 점이다. 지금부터는 강화 학습을 살펴보도록 하자.

강화 학습 기초

이전에 공부한 MLPMulti-Layer Perceptron와 같은 신경망은 한번one time의 결정decision이 필요한 경우에 많이 사용된다. 즉, 하나의 입력에 대한 결과값을 구하는 용도를 의미한다. 즉, 얼굴 사진 한 장을 입력하면 그 사람의 이름이 출력되는 경우와 같은 예에 주로 사용된다. 물론 그렇지 않고 연속적인 입력(예를 들면, 연속적인 음성의 인식과 같은 경우)에도 사용되는 신경망이 있기는 하다.

연속적인 결정decision making의 경우에 적합한 학습 방법이 바로 강화 학습reinforcement learning이다. 이러한 일련의 연속적인 결정decision이 사용되는 대표적인 경우가 바로 '길 찾기' 문제이다. '길 찾기'에서는 목표 지점에 도착하기 위해서 어디서 좌회전을 하고 어디서 직진을 할지 등의 일련의 결정이 필요하기 때문이다.

강화 학습은 행동 심리학에서 영감을 얻은 기계 학습의 한 분야로써, 전형적인 ▼마코프 프로세스markov process를 기반으로 하는 방법이다. 강화 학습은 자신의 행동에 대한 보상(칭찬 또는 벌)을 받아 조금씩 좋은 방향으로 행동을 강화시키는 방법이다. 현재 상태에서 가능한 여러 후보 중 하나를 선택하고 이 행동에 대한 보상을 받아 학습하는데, 이를 여러 번 반복함으로써 시행 착오를 거쳐 자신의 행동을 조금씩 개선해나가는 학습 방법이다. 즉, '강화 학습'이란 이름 그대로 자신의 행동에 대하여 보상값을 받아 조금씩 좋은 방향으로 행동을 '강화'시키는 학습 방법이다.

▼마코프 프로세스(Markov process): 조금 어려운 개념일 수 도 있겠다. 처음 제안한 러시아 과학자의 이름을 딴 것인데, 간단하게 말하면 어떤 결정을 현재의 상태만에서의 정보로 결정하는 시스템을 말한다. 과거의 많은 상태들의 정보를 고려하지 않고 현재 상황만으로 결정하는 시스템을 말한다.

앞에서 배운 기계 학습의 대표적 방법인 MLP는 입력과 정답을 명시적인 쌍으로 학습 데이터로 제공하는 방식으로써 지도 학습supervised learning인데 반해, 강화 학습은 입력에 대한 정답을 알려 주는 것이 아니라 입력에 대한 보상rewards을 주는 방식으로 이루어진다. 즉, 정답을 가르쳐주는 방식이 아닌 특정 행동에 대한 '보상'을 주는 방식이다.

강화 학습에 대한 설명을 하기 전에 강화 학습이 필요한 경우가 어떤 경우일까 생각해보자. 문제 공간의 거의 모든 경우의 학습 데이터를 만들기가 쉽다면 지도 학습 기법을 활용하면 될 것이다. 그럼 어떤 경우에 학습 데이터를 모으기가 힘들까?

오목 게임의 인공 지능을 강화 학습 기법을 통해 만든다고 생각해보자. 7×7 크기의 작은 오목 경기판이라고 하더라도 가능한 판의 모양이 아주 많다(대략 계산하더라도 한 곳에 흰돌, 검은돌, 빈칸 이렇게 3가지가 가능하니까. $3^{7\times7} = 3^{49}$가지다. 어마 어마한 숫자다). 이것을 수작업으로 모든 경우의 수에 대한 형세 판단 점수를 만들어서 지도 학습을 통해 학습한다는 것은 효율적인 작업은 아니다.▼

▼물론 오목 같은 단순한 게임은 형세 판단기를 정교하게 만들면 어렵지 않게 인공 지능을 구현할 수 있다. 강화 학습의 예에서는 학습을 통해서 자동으로 형세 판단기를 만드는 셈이라고 볼 수 있다.

그렇지만, 다음과 같이 오목을 두어가는 과정을 살펴보자. 가장 오른쪽의 상황(d)은 백이 5개의 돌을 일렬로 놓아서 이긴 상황이다. 그렇다면 (c) 상황도 백이 어느 정도 유리하다고 볼 수 있을 것이다. 그러면 (d) 상황을 100점이라고 한다면, (c) 상황을 90점이라고 점수를 매긴다면 어떨까? 이러한 생각이 바로 강화 학습이다. 즉, 최종 게임이 종료된 상태에서 받은 보상(reward, 형세 판단값)을 그 이전 상태에 대한 보상으로 전파시킴으로써, 모든 게임 상황에 대한 형세 판단 결과를 학습하는 것이다.

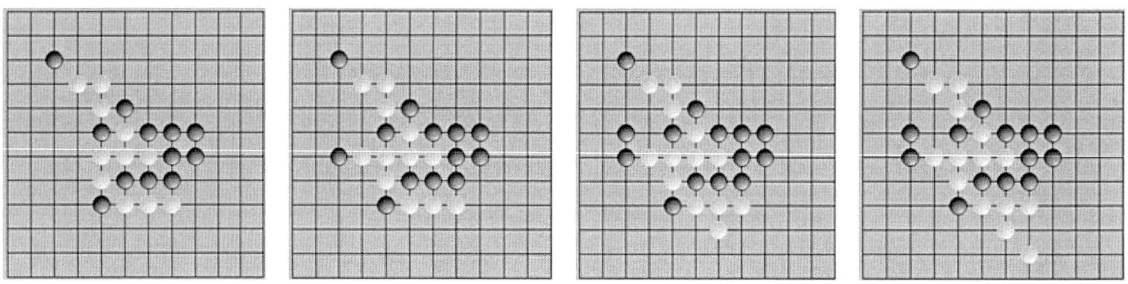

(a) (b) (c) (d)

강화 학습은 사람의 일상 생활에서의 경험에 의한 학습 방법과 유사하다. 일상 생활의 다음과 경우와 비교해볼 수 있을까? 아이들에게 '이런 일 저런 일을 해라'라고 시키는 대신에, 아이가 어떤 착한 일을 하였을 때 '잘했어'라고 칭찬하고, 잘못된 실수를 하였을 때 '잘못을 지적'하는 방식과 유사하다고 볼 수 있다. 여기서 아이를 agent, 아이의 행동을 actions, 부모의 칭찬을 rewards라고 바꿔보자.

Agent에게 어떤 행동을 학습시키려고하는데, agent가 어떤 action을 하면서 자신의 상태를 변화시켜간다고 할 때(즉, 아이들이 출석을 잘하고, 중간 고사, 기말고사를 잘 치르고 등), 해당하는 action에 대한 보상을 주는 방식으로 학습이 이루어진다. 이렇게 되면 궁극적으로 agent는 보상을 극대화할 수 있는 방향으로 action을 수정한다는 것이다.[▼]

[▼]간단히 말해, 이와 같이 구성된 환경에서 강화 학습의 목표는 보상을 가장 많이 받을 수 있는 액션을 행할 수 있도록 학습시키고자 할 때 필요한 알고리즘이다.

다음 그림을 통해서 구체적으로 강화 학습을 이해해보자.

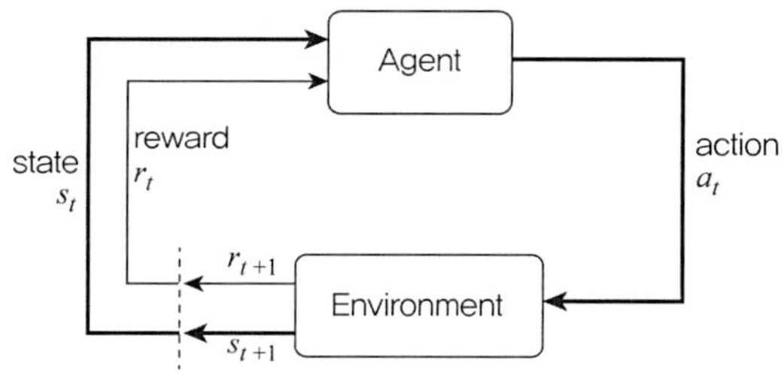

- 상태들states: $s_t \in S$
- 상태에서의 가능한 액션actions: $a_t \in A(s_t)$
- 상태들간의 전이 규칙transition rules: $\pi_t(s, a)$
- 상태 전이에 따른 보상rewards: $r_{t+1} \in R$

위의 그림에 몇 가지 생소한 단어들이 보인다. 특정 시간 t에 에이전트는 현재 상태 $s_t \in S$에서 가능한 행동 $A(s_t)$들 중에서 하나의 행동 $a \in A(s_t)$을 선택하고, 환경environment에서 이 행동에 대한 보상 r_{t+1}을 받는다. 이때 긍정적인 보상값은 해당 행동을 다시 선택할 가능성을 높이고, 부정적인 보상값은 해당 행동을 선택할 가능성을 낮춘다.

강화 학습 기법에는 Q-learning, Dynamic programming, Monte-Carlo Method, Temporal Difference Learning 등 다양한 방법이 있다. 본 교재에서는 상대적으로 이해하기 쉬운 Q-Learning에 대해서 자세히 살펴보자.

Q-learning 소개

다양한 강화 학습reinforcement learning 방법들 중 지금부터는 Q-learning 알고리즘을 살펴보자. Q-learning에서의 학습 목표는 에이전트가 특정 상태에서 특정 액션을 취했을 때 받을 수 있는 보상값을 결정하는 것이다. 에이전트에게 주어지는 보상값은 여러 번의 액션을 거친 후 마지막에 한번만 주어지고, 이를 일련의 액션들에게 소급해서 계산하는 방식이다.

특정 상태에서 특정 액션을 수행했을 때의 보상값을 결정하는 것을 Q 함수Q function이라고 한다. 즉, Q-Learning에서의 학습이란 Q 함수를 생성하는 과정을 의미한다. Q-learning에서의 Q 함수 $Q(s, a)$는 다음과 같이 상태 s에서 액션 a를 행할 때의 기대 보상expected reward값을 나타낸다.▼

▼Q-learning의 가장 중요한 이슈는 이를 어떻게 자동화된 방법으로 구하느냐 하는 것이다.

$$Q : S \times A \rightarrow R$$

학습이 이루어지기 전의 $Q(s, a)$ 초기값은 모든 상태와 액션들에 대하여 0으로 초기화되고, 일련의 탐색 과정에서 ▼목표 상태에 도달하면 보상이 주어지게 되고, 그것들이 점차적으로 역전파되면서 학습되는 방식이다. 이러한 방식으로 학습이 완료되면, 향후에 에이전트는 주어진 상태 s에서 $Q(s, a)$가 최대인 액션을 선택하면 되는 것이다.

▼지연된 보상(delayed rewards): 많은 경우에 보상이 지연되어서 주어지게 된다. 즉 최종 단계에서 보상이 주어지고 이 값이 조금씩 역으로 전파된다는 것이다. 이 말의 의미는 차차 설명될 것이다.

이를 이해하기 위해서 다음 그림으로 비유해보자. 횟집에서 볼 수 있는 수족관이다. 이 수족관에 물을 다 채우려면 가장 높은 곳에 물을 부으면 조금씩 넘쳐서 아래 부분으로 전달된다. 즉, 최종 단계에서 주어지는 보상을 일련의 이전 행위들에게 소급해서 나누어주는 셈이다.

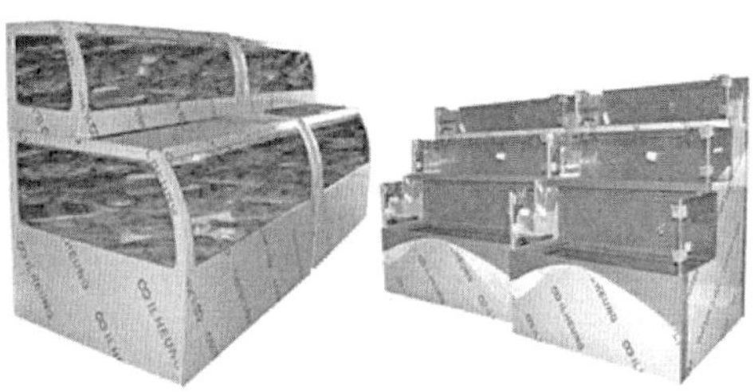

Q-function 학습

Q-learning의 학습은 곧 Q-function을 채워나가는 과정이라고 하였다. Q-learning의 학습 규칙은 간단하다. 다음의 식을 여러 번에 걸쳐서 계속적으로 수정해 나가면 된다.

Q(state, action) = 즉각 얻을 수 있는 reward + 향후에 얻을 수 있는 최대 reward의 일정량
= R(state, action) + Gamma × Max[Q(next state, all actions)]▼

이를 조금 더 구체적으로 표현하면 다음과 같다.

$$Q(s_t, a_t) = R(s_t, a_t) + \gamma \max_{a'} Q(s_{t+1}, a')$$

위의 식을 보면 두 개의 함수가 있는 것을 알 수 있다. Q 함수는 우리가 학습으로 완성해야 하는 함수이고, R 함수는 초기 상태에서 즉각적으로 구할 수 있는 보상을 담고 있는 함수이다. 심볼 t는 반복적인 학습 과정에서의 시간, γ는 지연된 보상delayed reward의 반영 비율을 의미하는 값이다.▼

Q-function의 학습 알고리즘은 다음과 같다.

- γ와 Q를 초기화 한다(γ값은 보통 0에서 1사이의 값, Q 값은 0으로 초기화).
- 아래를 반복한다.
  - 초기 상태(s)를 랜덤하게 선택하고
  - 목표 상태가 될 때까지 아래를 반복한다.
    - action 실행: 가능한 액션 중 하나(a)를 선택하고, $s' = Q(s, a)$로 이동▼
    - reward 계산: s'에서 취할 수 있는 최대 Q값을 구하고, Q 함수를 수정

      Q(state, action) = R(state, action) + g × Max[$Q(s'$, all actions)]
    - $s = s'$로 한다. 즉 s'에서 다시 시작한다.▼

▼이를 직관적으로 이해해보자. 즉, 어떤 상태에서 특정 액션을 취했을 때 얻을 수 있는 reward Q(s,a)는 즉각 얻을 수 있는 reward(instant reward) R(s,a)와 향후의 액션에서 얻을 수 있는 최대 reward (delayed reward)의 일정량을 더해서 사용하는 방식이다.

▼γ : gamma

▼어떻게 액션을 선택할까? 일단은 랜덤하게 선택하자 (exploration). 랜덤하게 선택할지, 현재의 Q 함수의 값을 사용할지(exploitation)를 결정하는 것도 중요한 탐색 이슈 중의 하나이다.

▼새로운 알고리즘을 이해하는 방식에 있어서 세부적인 절차를 이해하는 것도 중요하지만, 해당 알고리즘의 기본 원리가 무엇인지 이해하는 것이 중요하다. 천천히 시간을 두고 알고리즘을 이해해보려고 노력해보자.

Q-learning Example

세부적인 내용을 설명하기 이전에 다음 예를 통해서 Q-Learning을 배워보자. 다음 문제에서의 목표는 2번에서 출발해서 5번으로 가는 가장 경로를 찾는 문제이다.▼

▼이 예제는 아래의 사이트에서 참고하였다. http://mnemstudio.org/path-finding-q-learning-tutorial.htm

Start 위치에서 Finish 위치를 찾아가는 경로를 학습하는 문제인데, 앞에서 "탐색" 단원에서 배운 A* 알고리즘을 사용하면 이 문제를 해결할 수 있을지 생각해보자. 이 문제를 A* 알고리즘으로 해결하려면 특정 노드에서 지나온 경로의 거리와, 목표 지점까지의 거리를 계산할 수 있어야 풀 수 있다. 그러나 지금의 문제에서는 그러한 정보가 전혀 주어지지 않는다. 단지 방과 방 사이의 거쳐간 문의 개수 정보만 취할 수 있을 뿐이다. 그리고 다만 Finish 상태에 도착하면 reward가 주어질 뿐이다.

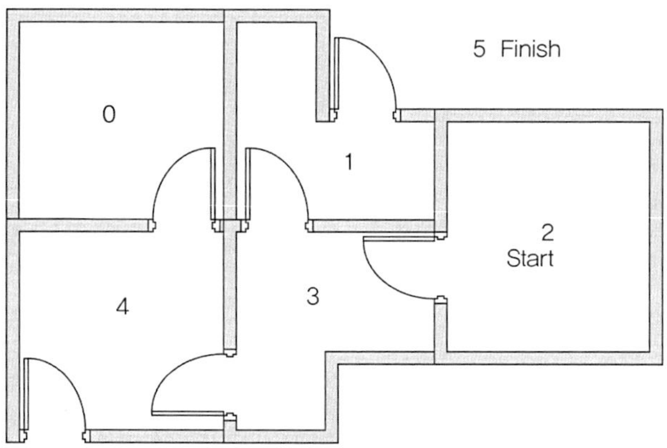

〈 문제 환경 〉

이 문제의 설명의 편이를 위해서 다음과 같이 그래프 형식으로 표현해보자. 다음 왼쪽 그래프에서 노드 번호는 방 번호를 의미하고, 에지 위의 숫자는 해당 경로에서의 reward 정보이다. 이 그래프를 다음 오른쪽 2차원 배열로 표현한 것을 R 함수라고 한다. 그래프의 행과 열의 번호는 노드 번호이다.

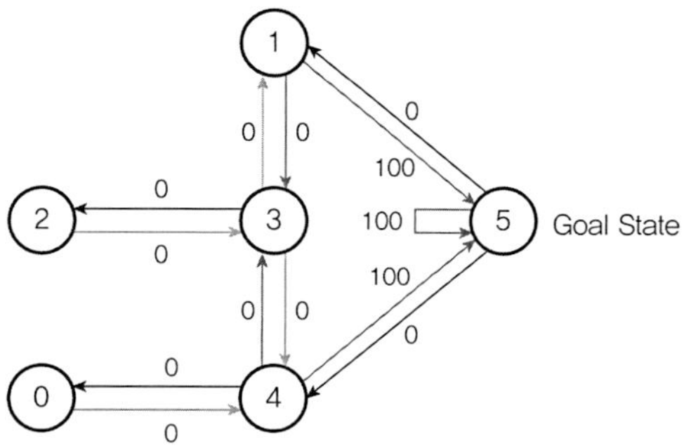

〈 초기 상태 〉

	0	1	2	3	4	5
0	−1	−1	−1	−1	0	−1
1	−1	−1	−1	0	−1	100
2	−1	−1	−1	0	−1	−1
3	−1	0	0	−1	0	−1
4	0	−1	−1	0	−1	100
5	−1	0	−1	−1	0	100

〈 초기 상태의 rewards: R 함수 〉▼

▼ "자료 구조" 과목에서 그래프 자료 구조를 2차원 배열로 표현하는 방법이다.
이 표의 각 값들은 현재 상태에서 해당 액션을 취할 때 받는 reward이다. −1은 가는 길이 없음을 나타내는 것. 지금 내가 알고 있는 정보는 1, 4, 5번 방에서 바로 5번 방에 갈 수 있어서 해당 액션의 보상 값을 100으로 초기화하였다.

이제 Q learning 학습 방법을 자세히 알아보자. Gamma = 0.8, Q 함수는 다음과 같이 0으로 초기화, R 함수는 문제로부터 생성, 초기 상태(s)는 1이라고 하자.

	0	1	2	3	4	5
0	0	0	0	0	0	0
1	0	0	0	0	0	0
2	0	0	0	0	0	0
3	0	0	0	0	0	0
4	0	0	0	0	0	0
5	0	0	0	0	0	0

〈 Q 함수 초기 상태 〉

	0	1	2	3	4	5
0	−1	−1	−1	−1	0	−1
1	−1	−1	−1	0	−1	100
2	−1	−1	−1	0	−1	−1
3	−1	0	0	−1	0	−1
4	0	−1	−1	0	−1	100
5	−1	0	−1	−1	0	100

〈 R 함수 〉

1번 노드에서 갈 수 있는 노드가 3번과 5번이 있는데 랜덤하게 5를 선택했다고 하자. 즉, R[1][5]를 선택했다고 하자. 5번 노드에서는 다시 1, 4, 5번 노드로 진행할 수 있다. 따라서 Q(1,5)는 다음과 같이 수정할 수 있다.

$$Q(\text{state, action}) = R(\text{state, action}) + \text{Gamma} \times \text{Max}[Q(\text{next state, all actions})]$$

$$Q(1, 5) = R(1, 5) + 0.8 \times \text{Max}[Q(5, 1), Q(5, 4), Q(5, 5)] = 100 + 0.8 \times 0 = 100$$

최종 목표 노드인 5번 노드에 도착했으니 진행을 멈춘다. 그래서 다음과 같이 *Q*-

function이 수정된다.

	0	1	2	3	4	5
0	0	0	0	0	0	0
1	0	0	0	0	0	100
2	0	0	0	0	0	0
3	0	0	0	0	0	0
4	0	0	0	0	0	0
5	0	0	0	0	0	0

〈 수정된 Q 함수 〉

다음 단계에서 다시 랜덤하게 노드 3을 초기 상태로 선택했다고 하자. 3에서는 1, 2, 4로 갈 수 있는데, 랜덤하게 1을 선택했다고 하자. 또한 1번 노드에서는 3, 5노드로 갈 수 있다.

Q(state, action) = R(state, action) + Gamma × Max[Q(next state, all actions)]

$$Q(3, 1) = R(3, 1) + 0.8 \times \text{Max}[Q(1, 3), Q(1, 5)] = 0 + 0.8 \times \text{Max}(0, 100) = 80$$

따라서 아래처럼 된다.

	0	1	2	3	4	5
0	0	0	0	0	0	0
1	0	0	0	0	0	100
2	0	0	0	0	0	0
3	0	80	0	0	0	0
4	0	0	0	0	0	0
5	0	0	0	0	0	0

〈 수정된 Q 함수 〉

즉, 3 → 1 → 5가 현재까지의 베스트 솔루션이다. 이제 1번 노드로 왔다. 1번 노드에서 한번 더 깊이 가보자. 왜냐하면 아직 목표 상태(5번 상태)에 도달하지 못했기 때문이다. 이제 1번 노드에서 새로 출발한다. 3, 5번 중 5번을 선택했다고 하자. 5번에서는 1, 4, 5를 갈 수 있다.

$$Q(\text{state, action}) = R(\text{state, action}) + \text{Gamma} \times \text{Max}[Q(\text{next state, all actions})]$$

$$Q(1, 5) = R(1, 5) + 0.8 \times \text{Max}[Q(5, 1), Q(5, 4), Q(5, 5)] = 100 + 0.8 \times 0 = 100$$

5번 노드가 최종 노드여서 여기서 이 단계는 마친다. 이 상황에서의 Q 함수는 다음과 같다.

	0	1	2	3	4	5
0	0	0	0	0	0	0
1	0	0	0	0	0	100
2	0	0	0	0	0	0
3	0	80	0	0	0	0
4	0	0	0	0	0	0
5	0	0	0	0	0	0

〈 수정된 Q 함수 〉

이러한 단계를 계속 반복해서 최종적으로 아래와 같은 Q 함수를 얻었다고 가정하자.

	0	1	2	3	4	5
0	0	0	0	0	400	0
1	0	0	0	320	0	500
2	0	0	0	320	0	0
3	0	400	256	0	400	0
4	320	0	0	320	0	500
5	0	400	0	0	400	500

〈 수정된 Q 함수 〉

이를 다음과 같이 정규화하였다. 가장 큰 값 500에 대한 비율 값을 구해보았다. 즉, 각 값에 100/500을 곱하였다.

	0	1	2	3	4	5
0	0	0	0	0	80	0
1	0	0	0	64	0	100
2	0	0	0	64	0	0
3	0	80	51	0	80	0
4	64	0	0	64	0	100
5	0	80	0	0	80	100

〈 최종 Q 함수 〉

학습을 통해서 *Q*-function을 만들었다면 이제 *Q*-function은 다음과 같이 사용할 수 있다.

– s = 시작 상태

– 아래를 최종 목적 상태에 도달할 때까지 반복한다.

- action 실행: 가능한 액션 중 가장 큰 Q 함수를 가지는 액션 a를 선택하고, $s' = Q(s, a)$로 이동한다.
- $s = s'$로 한다.

Board game에서의 Q-learning 학습 예제

장기나 바둑과 같은 보드 게임에 Q-learning 알고리즘을 사용할 경우에 아래와 같은 고려 사항이 있다.

1. 보드 게임은 게임 종료 후 게임 승패에 따라서 reward를 구할 수 있다. 초기의 Q function은 모두 0으로 설정하는 것이 보통이다. 따라서 게임 종료 후에 얻을 수 있는 reward를 차례 차례 소급해서 반영해야 하기 때문에 알고리즘의 반복 횟수가 많아질 수 있다.

2. 학습 시 탐색 전략: 학습시에 어떤 액션을 선택할 것인가 하는 문제이다. 강화학습의 대표적인 고려 사항으로써 Exploration과 Exploitation 사이의 균형을 맞추는 방법이 필요하다.▼

▼이 교재에서는 자세한 설명은 생략한다

3. 학습 종료 결정: 언제 학습을 종료할 것인지 하는 문제이다.

4. 다음은 틱택토 게임의 한 상태이다. 다음과 같은 문제를 실제 프로그래밍 단계에서 어떻게 인코딩encoding할 수 있을까?

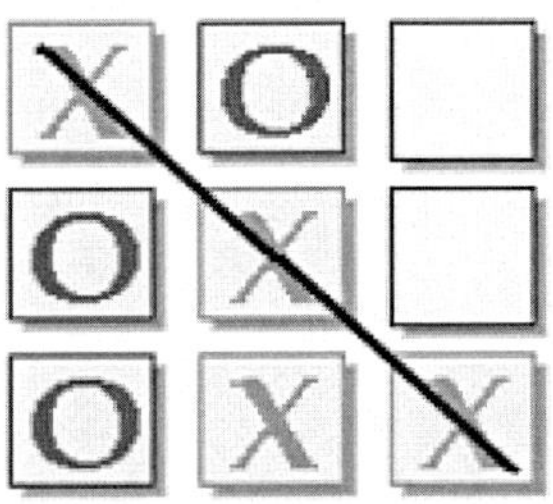

예 $s = [1, 2, 0, 2, 1, 0, 2, 1, 0]^T$

각각의 상태를 어떻게 저장, 관리할 수 있을까? 바둑과 같은 게임은 거의 무한개의 상태가 있다. 이를 어떻게 관리할 수 있을까? 위의 길찾기 예제에서는 2차원 행렬을 사용하였지만, 보통은 Q-learning의 자료 구조로는 (action, state) 쌍을 이용한 해쉬 테이블을 많이 사용한다.

5. 학습의 효율성을 위해서 상대편의 보드 상황에 대한 정보도 같이 저장하는 것이 좋다. 상대가 있는 게임은 듀얼Dual 문제이니까.

6. 강화 학습reinforcement learning의 단점은 무엇일까? 모든 상태를 그대로 저장해야 한다. 즉 상태의 일반화generalization를 하지 않는다. 이에 대한 대안으로 신경망을 사용해서 Q function을 학습하기도 한다.

고려 사항 및 관련 자료

강화 학습은 다음과 같은 특징들이 있다.

- 환경과 상호 작용: 환경과 상호 작용하며 학습Learning from interaction with environment한다. 시간 t에서 상태와 보상값이 주어진 환경에서 상호 작용을 통한 평가로 학습이 이뤄진다.
- 지연된 보상delayed reward: 강화 학습에서는 보상이 바로 주어지지 않을 수 있다. 쉽게 말해, 액션에 대한 보상이 바로 주어지지 않고, 어떤 목적 상태에 도달했을 경우에만 보상이 주어질 수 있다. 그 때까지는 보상없이 어떤 일련의 행동들을 수행한다. 따라서 액션 하나 하나에 대한 즉각적인 보상이 되는 형태는 아니다. ▼
- 탐색 전략exploration strategy: 학습이 되지 않은 초기 상태에서 목표 상태에까지 도달하기 위해서는 여러 상태들을 거쳐야 한다. 학습하기 이전에는 목표 상태에 이루는 방법을 모르기 때문에, 상태 전이를 위한 탐색 방법 그 자체가 중요하다. 탐색은 강화 학습에 소요되는 시간을 결정짓는다. 간단하게는 랜덤 액션을 취할 수 있지만 물론 성능 면에서는 최악일 것이다. 강화 학습은 주로 아주 큰 문제 공간에서 분석적인 해결 방법analytic solution이 없을 때 주로 사용되는 방법이다. 따라서 랜덤한 액션의 선택은 좋은 결과를 내지 못하는 경우가 많다. 그래서 탐색 전략이 필요하다.

▼이런 경우가 어떤 경우가 있을까? 바둑, 장기 등과 같은 보드 게임 경우가 대표적인 경우이다. 이러한 보드 게임은 게임의 승패가 결정되는 순간에 reward를 판단할 수 있기 때문이다.

다음 논문과 사이트에 아주 자세한 내용이 소개되어 있다.

- "Reinforcement Learning: An Introduction", Richard S. Sutton and Andrew G. Barto, The MIT Press Cambridge, Massachusetts London, England
- http://en.wikipedia.org/wiki/Reinforcement_learning
- http://www.acm.uiuc.edu/sigart/docs/QLearning.pdf
- http://cs.sungshin.ac.kr/~jwlee/ml/ML13.ppt

- http://www.applied-mathematics.net/qlearning/qlearning.html
- 강화 학습 기반의 자율적인 행동 학습 (프로그램 수준 설명): http://www.gameai.net/Article/Article.htm
- http://mnemstudio.org/path-finding-q-learning-tutorial.htm

11

CHAPTER

유전자 알고리즘(Genetic Algorithm)

패턴 인식 분야에서는 상당히 많은 최적화 문제가 존재한다. 앞에서 다루었던 신경망이나 베이지언 분류기 등도 학습 과정에서 최적화 문제를 다루는 셈이다. 신경망은 출력값의 에러를 최소화(최적화)하는 것이고, 베이지언 분류기는 분류 오류 확률을 최소화하는 문제인 셈이다.▼

▼각각의 최적화 알고리즘은 그 알고리즘의 고유한 특성에 따라 적용될 수 있는 다양한 최적화 문제들을 가지고 있는데, 대부분의 최적화 방법은 기본적으로 미분을 기반으로 한 방법이 널리 사용되고 있다. 하지만 이 방법은 지역 최적 점에 빠져 전역 최적 점을 찾지 못하는 경우가 상당히 많다.

앞에서 다루었던 인공 신경망이 "인간의 뇌 세포를 모델링"한 개념을 바탕으로 연구된 것처럼, "생명체의 진화 과정을 모델링"한 최적화 기법이 유전자 알고리즘이다. 생명체의 진화를 기반으로 한 방법론은 유전자 알고리즘genetic algorithm, 유전자 프로그래밍genetic programming 등이 있는데, 이들은 모두 선택selection, 교차cross-over, 변이mutation, 재생산re-production 등의 진화 연산을 이용한다는 공통점이 있다. 이러한 알고리즘을 통칭해서 진화 알고리즘evolutionary algorithm이라고 부른다.

지금부터는 진화 알고리즘의 일종인 유전자 알고리즘을 공부해보자.

유전자 알고리즘 기초

여기서 소개할 유전자 알고리즘은 1970년대에 John Holland에 의해서 제안되었다. 유전자 알고리즘은 해결하려는 문제를 염색체chromosome로 표현하고, 이를 선택, 교차, 변이, 재생산 등의 진화 연산을 통해서 최적의 해를 찾아간다. 즉, 유전자 알고리즘은 기본적으로 자식 염색체 집합 생성, 적합도 연산, 염색체 선택, 교차, 변이 연산 등의 자연에서 생물의 유전과 진화의 메커니즘을 기본으로 알고리즘이 구성되었다.

유전자 알고리즘과 관련하여 아래에서 다양한 탐색(최적화) 기법을 정리해보자. 아래에 다양한 기법들이 소개되어 있다.

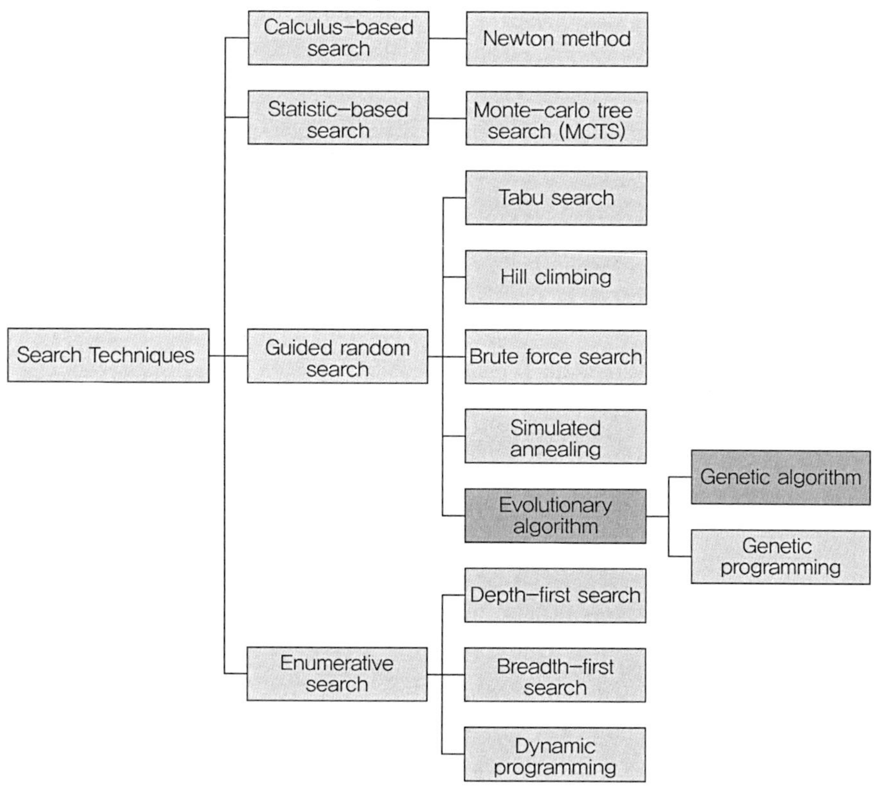

〈 다양한 탐색 기법들 〉

위의 표에서 이미 이 교재에서 배운 내용이 상당수가 있을 것이다. 그리고, 지금 여기서 유전자 알고리즘을 공부해보려고 한다.

대부분의 최적화 알고리즘이 그러하듯이 유전자 알고리즘은 목표 함수를 설정하고 그 목표 함수에 서서히 접근해 가는 방법이라는 점에서는 다른 최적화 문제 해결 방법과 크게 다르지 않다. 이를 위해서 유전자 알고리즘은 **"해의 집합"**을 생성하여 그 해의 집합 중에 우수한 해들을 변형시켜 최적해에 접근시키는 방법을 사용하고 있다. 해들의 변형에 진화 연산이 사용된다. 유전자 알고리즘이 다른 최적화 기법과 다른 점이 바로 '해의 집합'들 간의 연산으로 이루어진다는 점이다. 또한 유전자 알고리즘의 교차, 변이 등의 연산으로 인하여 지역 최적점local optimum을 탈출할 수 있다는 점도 다른 점 중의 하나이다.

다음 그림은 유전자 알고리즘의 동작 방식을 표현한 그림이다. 다수의 후보해들이 최적점을 찾아가는 모습을 보인다. 유전자 알고리즘은 수학적 토대가 약하고, 연산 시간이 길어질 수 있다는 단점이 있는 반면, 개념이 단순하고 다양한 분야에 적용 가능한 점, 노이즈에 강한 점, 병렬 연산이 가능한 점 등 많은 장점이 있다.

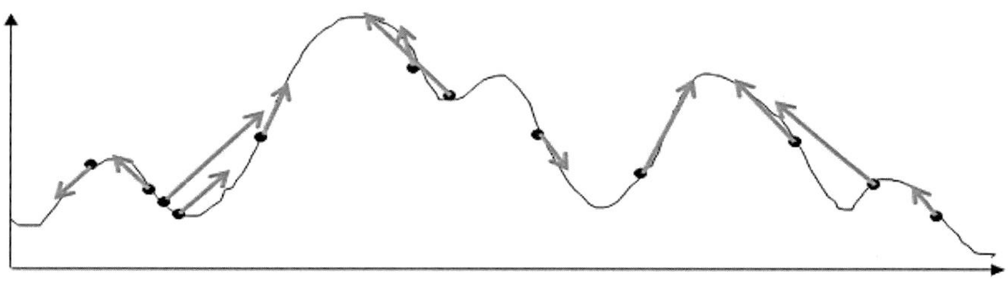

유전자 알고리즘과 같은 기법을 메타 휴리스틱▼meta-heuristics이라고 한다. 이는 특정한 문제에 국한되지 않고 다양한 문제에 적용 가능한 문제 해결 방법을 의미하는 것으로써, 유전자 알고리즘, 시뮬레이티드 어닐링simulated annealing, 타부 탐색tabu search 등 여러 가지가 이러한 메타 휴리스틱이라고 할 수 있다. 따라서 아래에 기술된 알고리즘은 개괄적인 유전자 알고리즘을 설명한 것이고, 실제 구현에서는 세부사항에서 많은 변화가 있을 수 있다. 아래에서 유전자 알고리즘의 의사 코드를 보자.

▼즉, 어떠한 알고리즘의 뼈대라고 생각할 수 있다.

자세한 이야기는 다음 절에서 소개된다.

▼이 의미는 아직 잘 이해되지 않을 것이다. 잠시만 참고 넘어가자.

▼적합도 함수: 어떤 염색체가 최적해에 얼마나 가까운 해인지를 결정하는 함수

▼세대(generation): 반복되는 한 과정

▼선택된 염색체가 모두 진화를 하는 것이 아니고, 확률적으로 진화 연산을 수행한다는 의미이다.

▼진화의 종료 조건을 어떻게 정할 수 있을까? 보통은 다음과 조건들을 사용한다.
- 정해진 반복 세대 수를 넘어설 때
- 더 이상 더 좋은 해가 생기지 않을 때 등

▼문제를 염색체로 표현한다(염색체의 개수 N, 교차율cross-over rate P_c, 변이율mutation probability p_m)

염색체의 ▼적합도 함수fitness function를 정한다.

N개의 초기 염색체 $(x_1, x_2, \cdots, x_n)$를 생성한다. 이를 population이라고 한다.

▼repeat

{

적합도 함수를 이용하여 초기 염색체 각각의 적합도fitness를 계산

적합도에 따라 ▼확률적으로 부모 염색체parent chromosome를 선택

부모 염색체의 교차Cross over와 돌연 변이mutation 연산을 통해서 자식 염색체 생성

자식 염색체를 포함해서 적합도 순으로 N개를 새로운 polupation으로 설정

} until (▼멈춤 조건)

〈 유전자 알고리즘 〉

유전자 알고리즘 사용시 고려 사항

이제 유전자 알고리즘을 실제 문제에 사용하기 위해 필요한 세부 사항들을 살펴보자. 유전자 알고리즘을 사용하기 위해서는 다음 사항을 필수적으로 고려해야 한다.

- 문제 공간에서의 해solution의 유전자(염색체) 표현genetic representation
- 유전자 연산 종류genetic operators
- 유전자의 좋음을 평가할 수 있는 평가함수fitness function

염색체 표현(chromosome representation)

풀고자 하는 문제를 어떻게 염색체chromosome로 표현encoding할까를 결정해야 한다. 많은 다양한 방법이 있지만 대부분은 다음과 같이 2진 비트 열을 많이 사용한다. 염색체의 표현 형식을 정했으면 보통은 랜덤하게 초기 population을 구성한다.▼

▼2진 비트열 이외에도 문자를 사용하거나 실수값을 사용하기도 한다.

```
Chromosome 1     1101100100110110
Chromosome 2     1101111000011110
```

〈 chromosome 예 〉

유전자 연산(genetic operators)

유전 연산은 크게 다음과 같이 구성된다.

- 교차 연산cross-over
- 돌연 변이 연산mutation
- 선택selection

교차(Cross-over)

선택된 두 개의 염색체는 서로 일정한 방법으로 교차되게 된다. 생물학적인 교배로 인한 자식child 생성과 같은 개념으로, 자식 염색체는 두 개의 선택된 부모 염색체의 형질을 이어 받아야 한다. 즉, 교차가 진행되는 시점에서 자식 유전자의 특정 부분은 두 개의 부모 유전자와 동일해야 한다는 것이다. 교차의 방법에는 *N*점 교차, 균등 교차, 산술 교차 등의 방법들이 있다. 다음 예는 *N*점 교채의 예를 1점 교차와 2점 교차로 예를 들었다.

❖ N점 교차N-point crossover

염색체 p의 길이가 r일 때, 1에서 r까지의 구간 사이에 *N*개의 교차 지점을 기준으로 교차하는 방법을 말한다. 다음은 1점 교차와 2점 교차의 예시이다.▼

▼N개의 교차 지점 개수는 사용자가 임의로 지정하거나 난수로 생성할 수 있으며, 이 N의 수치가 크면 유전자의 교란이 심해진다.

	1점 교차	2점 교차
부모 1	0 0 0 1 1 0 0 0 1 I 0 0 0 1 1 1 1 0 1	0 0 1 0 I 1 1 1 0 0 1 1 0 1 I 0 0 1 1
부모 2	1 0 0 1 1 0 1 0 0 I 1 0 1 0 1 0 1 0 0	1 1 0 0 I 0 0 1 1 0 1 0 1 0 I 1 0 1 0
자식	0 0 0 1 1 0 0 0 1 I 1 0 1 0 1 0 1 0 0	0 0 1 0 I 0 0 1 1 0 1 0 1 0 I 0 0 1 1

적합도 함수에 의해서 선택된 부모 염색체들은 교차cross-over 확률값에 따라 교차 연산cross-over을 수행할 지 판단하게 된다. 교차 연산 확률 값(P_c)은 보통 [0 .. 1] 사이의 값을 사용하는데, 랜덤하게 발생시킨 값이 P_c보다 작은 경우에 교차 연산을 수행한다.▼

▼cross-over 값이 1이라는 말은 선택된 모든 chrosome은 cross-over를 수행한다는 말이고, 0이라는 말은 cross-over를 수행하지 않음을 의미한다.

변이(Mutation)

변이 연산은 보통 교차 연산이 끝난 자식 염색체를 대상으로 실행되며, 변이 연산의 목적은 부모 염색체가 가지지 못한 형질을 부여하여 더 넓은 탐색 범위를 확보하는 것이다. 일반적으로 변이는 염색체 p의 유전자 별로 난수를 발생시키고 그것이 사용자 정의로 설정해 놓은 변이 확률 (p_m) 보다 작으면 변이시키는 연산을 수행한다.

다음은 변이 연산의 예를 보여준다. 변이 또한 랜덤하게 발생시킨 확률값을 이용해

서 변이 여부를 결정하게 된다. 다음 예에서는 변이 확률을 0.01로 사용하였다.▼

변이 전	0	1	0	1	0	1	1	0	0	1	0
난수	0.30	0.14	0.25	0.54	0.01	0.05	0.14	0.94	0.33	0.62	0.01
변이 후	0	1	0	1	1	1	1	0	0	1	1

▼이진 유전자에서는 변이가 0에서 1, 또는 1에서 0으로 변이가 이루어지며, 문자 유전자에서는 난수로서 생성된 문자가 특정 위치에 삽입된다. 실수형 유전자는 특정 유전자에 범위 내의 난수를 더하는 것으로써 변이 연산을 수행한다.

선택(Selection)

선택 연산은 새로운 염색체를 만들기 위해 염색체 집합 P에 특정 기준을 적용하여 염색체를 선택하는 것을 말한다. 선택의 방법에는 룰렛 휠Roulette-wheel 방법과 토너먼트Tournament 방법 등이 있다. 이 두 가지 방법 모두 기본적으로 지켜야 할 원칙이 있는데, 염색체 집합 P의 원소 p 중에서 품질이 우수한 원소는 그 만큼 선택될 확률이 높아야 한다는 것이다.▼ 또한 열등한 염색체도 낮은 확률이지만 선택될 기회가 주어져야 한다. 다음은 많이 사용되는 룰렛 휠 방식의 설명이다.

▼생물학적으로 우성 유전자가 열성 유전자보다 다음 세대에 발현이 될 가능성이 높다는 이론을 선택 부분에서 적용시킨 것이다.

룰렛 휠Roulette-wheel

정규화를 거친 집합 P의 전체 염색체 p의 적합도의 합은 1이 된다. 품질이 좋은(적합도 함수값이 큰) 염색체의 경우 높은 적합도를 부여 받으므로 0에서 1사이의 전체 적합도 구간에서 많은 부분을 차지하게 된다. 반대로 품질이 낮은 염색체의 경우, 0에서 1사이의 전체 적합도 구간에서 적은 부분을 차지한다.

0에서 1사이의 난수를 구하여, 그 실수가 위치한 구간의 염색체를 선택한다. 품질이 높은, 다시 말해 0에서 1사이의 구간 내부에서 많은 부분을 차지하는 염색체는 그만큼 선택 될 확률이 높아진다.

다음 그림은 룰렛 휠 방법의 예시를 보여준다. 4개의 염색체가 있고, 각각의 적합도가 다음과 같다고 해보자.

$F_1 = 0.25$ $F_2 = 0.15$ $F_3 = 0.40$ $F_4 = 0.20$ (F_i = 적합도, $\sum F_i = 1$)

0에서 1사이의 난수가 선택된다고 했을 때, 그 난수는 F_3 사이 구간의 값이 될 확률이 가장 크다. 그 다음은 F_1, F_4, F_2의 순서일 것이다. 즉, 적합도가 크면 클수록 그 염색체는 선택될 확률은 높아지는 것이다.

선택 연산에서 적합도 함수를 사용한다. 적합도 함수Fitness function는 염색체들이 목표 데이터에 어느 정도 적합한지를 수치로 표현하는 연산을 말한다. 이 함수는 문제에 따라 적절하게 구현한다.

실전 예 1: 간단한 예: 함수 최적화

x의 값이 [0 .. 31] 사이의 정수 값이라고 할 때 함수 $f(x) = x^2$가 최대값을 가지는 x를 찾는 문제를 다루어보자. 정답은 물론 31이다. 이 문제는 너무나 간단한 문제여서 유전자 알고리즘을 사용할 필요가 전다. 이 문제는 단순한 예이고, 유전자 알고리즘을 적용하려는 대부분의 문제는 우리가 풀고자 하는 문제의 해 공간을 가늠하기 힘든 경우들이 대부분이다. 그렇지만 유전자 알고리즘을 이해하기 위해서 이와 같은 단순한 문제로 시작해보자.▼

▼참고: http://www.ro.feri.uni-mb.si/predmeti/int_reg/Predavanja/Eng/3.Genetic algorithm/index.html

유전자 연산으로 교차와 변이 연산 등이 많이 사용되지만, 다음 예에서는 설명의 편이를 위해서 교차 연산cross-over만을 사용한다고 가정해보자. 다음은 교차 연산의 예이다.

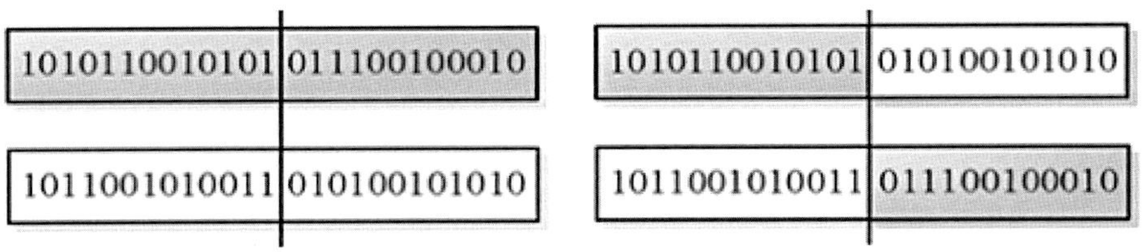

〈 2개의 부모 염색체 〉 〈 2개의 자식 염색체 〉

다음과 같이 4개의 염색체 집합population으로 시작하는 것을 가정해보자. 이 문제에서 찾고자 하는 해는 x이다. 이 x를 2진 비트 열 모양의 염색체로 표현하였다. 표현할 수 있는 값의 범위가 [0 .. 31]이니까 5비트의 2진수로 표현할수 있다. 즉, 찾고자 하는 해를 염색체의 모양으로 인코딩하는 것이다.

염색체 번호	초기 염색체	x	적합도 함수 $f(x) = x^2$
1	01101	13	169
2	11000	24	576
3	01000	8	64
4	10011	19	361

〈 초기 population 〉

다음 세대로의 진화를 위해서 교차 연산cross-over을 수행한다. 이를 통해서 부모 염색체 4개와 자식 염색체 4개 총 8개의 염색체에서 적합도를 바탕으로 룰렛 휠 방식으로 4개의 염색체를 고르면 된다. 이렇듯 전체 population이 해에 가까운 값으로 모이게 된다.▼

▼단순히 적합도 함수 값 상위 4개를 고른다면 음영으로 표시된 4개가 골라지게 된다(자식 염색체에서 2개, 위의 초기 population에서 2개).

부모 염색체				자식 염색체			
염색체 1	x	염색체 2	x	염색체 1	x	염색체 2	x
0110 | 1	13	1100 | 0	24	0110 | 0	12	1100 | 1	25
01 | 000	8	10 | 011	19	01 | 011	11	10 | 000	16

〈 교차 연산 〉

실전 예 2: 길 찾기(Path Finding)

이제 조금 더 구체적인 문제로 앞에서 다루었던 길 찾기 문제를 다루어보자. A* 알고리즘이라는 좋은 길찾기 알고리즘이 있지만 유전자 알고리즘의 이해를 위해서 길 찾기 문제를 풀어보자.

다음과 같은 지도에서 start에서 finish까지의 길 찾기 문제이다.▼

▼이 내용을 참고한 사이트의 주소를 잃어버렸다. 아시는 분은 연락 부탁합니다.

이제 우리는 염색체를 인코딩 해야한다. 한 지점에서 상하좌우 4 방향으로 갈 수 있으니, 각 방향을 다음과 같이 2비트로 인코딩해보자.

- 00 = up
- 01 = right
- 10 = down
- 11 = left

그리고 염색체를 적당한 길이로 만들어보자. 예를 들어서 8개의 움직임을 표현하기 위해서 총 16비트 길이의 2진수 비트열을 염색체로 사용하면, 다음과 같은 염색체는 아래 그림과 같은 길을 의미한다. 이제 감이 오는가? ▼

▼벽에 충돌되는 움직임은 무시하기로 한다.

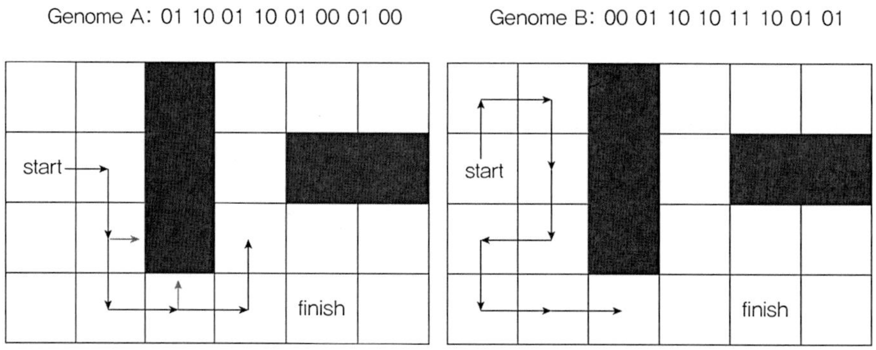

적합도 함수는 다음과 같이 만들어보자. 아래에서 distance는 염색체에 의해 도착한 지점에서 finish까지의 남은 거리, maximum possible distance는 이 지도 상의 최대 거리(예를 들면 이 문제에서는 20 정도를 하면 될것이다)이다. 아래와 같이 적합도 값을 정하면 남은 거리가 적을수록 높은 값을 가지게 된다.

$$\text{fitness score} = 1 - \frac{\text{distance}}{\text{(maximum possible distance)}}$$

이제 남은 것은 유전자 알고리즘을 통해서 반복 과정을 수행하는 것이다.

저자 소개

정기철 E-mail: jungkeechul@gmail.com kcjung@ssu.ac.kr

컴퓨터공학을 전공하고 현재 숭실대학교 IT대학 미디어학부 교수로 재직 중이며, 인공지능, HCI 등의 분야를 공부하고 있다.

최근 학부에서 컴퓨터구조론, 인공지능, 프로그래밍 언어, 컴퓨터수학 등의 과목을 강의하면서, 급격하게 바뀌는 지금의 IT 환경에서 단순한 지식이나 기술의 전달 및 암기 위주의 공부 대신 기본적인 원리에 대한 이해, 문제 해결 방법 등이 더 중요하다고 느끼면서 이를 위한 수업 방법 및 저서 집필에 노력하고 있다.

정가 18,000원

실용적인 예제를 통해 배우는 인공지능 입문서

체험! 인공지능

2016년 2월 20일 초판 인쇄
2016년 2월 29일 초판 발행
저 자 : 정기철
발행자 : 우명찬 · 송 준
발행처 : 홍릉과학출판사
주 소 : 서울시 강북구 인수봉로 50길 10
01093
등 록 : 1976년 10월 21일 제5-66호
전 화 : (02) 999-2274~5, 903-7037
팩 스 : (02) 905-6729
e-mail: hongpub@hongpub.co.kr
http://www.hongpub.co.kr
ISBN: 979-11-5600-433-2

저자와의 협의하에 인지생략